天津财经大学大公信用管理学院系列教材

公司信用评级实务
Credit Rating Practices

主编　刘喜和　潘东秀　张胜杰

中国金融出版社

责任编辑：赵天朗
责任校对：孙　蕊
责任印制：丁淮宾

图书在版编目（CIP）数据

公司信用评级实务（Gongsi Xinyong Pingji Shiwu）/刘喜和，潘东秀，张胜杰主编．—北京：中国金融出版社，2017.5
天津财经大学大公信用管理学院系列教材
ISBN 978 - 7 - 5049 - 8954 - 3

Ⅰ.①公…　Ⅱ.①刘…②潘…③张…　Ⅲ.①信用评级—高等学校—教材　Ⅳ.①F830.5

中国版本图书馆 CIP 数据核字（2017）第 060810 号

出版
发行　中国金融出版社

社址　北京市丰台区益泽路 2 号
市场开发部　（010）63266347，63805472，63439533（传真）
网 上 书 店　http://www.chinafph.com
　　　　　　　（010）63286832，63365686（传真）
读者服务部　（010）66070833，62568380
邮编　100071
经销　新华书店
印刷　北京市松源印刷有限公司
尺寸　169 毫米 ×239 毫米
印张　15.25
字数　258 千
版次　2017 年 5 月第 1 版
印次　2017 年 5 月第 1 次印刷
定价　45.00 元
ISBN 978 - 7 - 5049 - 8954 - 3
如出现印装错误本社负责调换　联系电话（010）63263947

编写委员会

主 任 委 员：孙　森

副主任委员：李腊生　佘镜怀

委　　　员：刘乐平　马亚明　刘喜和

总　　序

　　现代市场经济是信用经济，没有完整的信用体系就不可能有成熟的市场经济。在我国经济社会全面转型期，加快建立健全社会信用体系有着特殊重要的意义，国家"十一五"规划提出了加快国家信用体系建设的要求。而建设国家信用体系必然需要大批具有信用分析和管理能力的人才。据有关部门统计，在今后5年内，我国将至少需要50万名信用管理经理，200万名信用管理人员，特别是国家公布了信用管理师这一新的职业类别后，几乎所有企业都将建立起信用管理制度和信用管理部门。目前，我国只在中国人民大学、上海财经大学等几所高校开设了信用管理专业，主要侧重于培养企业信用风险管理的人才，尚没有突出信用评级人才培养特色的信用管理专业，更没有与评级公司联合办学培养人才的模式。现实表明，目前我国信用管理领域的人才需求存在较大缺口，而实用人才培养供给不足。在此背景下，2007年底，天津财经大学与我国唯一的民族品牌信用评级机构——大公国际资信评估有限公司共同组建了天津财经大学大公信用管理学院（以下简称学院），成为我国第一所信用管理学院，开创了校企合作培养我国信用管理应用型高级人才的办学模式。

　　经过几年的试点教学，目前学院信用管理专业本科生及研究生在校人数已初创规模。为了尽快培养信用管理人才，学院自2008年开始从天津财经大学的兄弟院系选拔部分二年级研究生报读信用管理专业方向，已有60多名学生毕业走上了专业岗位，部分缓解了社会对信用管理人才的急需。至此，学院已形成本科生、研究生（包括博士研究生）在内的多规格、多层次的办学规模。2011年学院的信用管理专业被天津市教育主管部门评为特色品牌专业和天津市"十二五"综合投资重点建设专业，并获批中央与地方共建专项资金，建设国内唯一的信用管理专业实验室和实践训练基地。

　　在教学过程中，针对资信评级和信用管理专业实用教材严重缺乏的情况，自2009年起，学院集中优秀师资力量，通过引进国际先进学科资源，提炼信用评级与管理机构的科研成果和实务经验，历时三年编写出一套科学性、启发性和实用性较强，具有我国信用管理特色的高水平系列教材。

这套教材是我国第一部由校企合作共同编写的教材，由于时间仓促，可以借鉴的内容不多，这套教材中的不足之处在所难免，我们衷心希望同行专家及广大读者给予批评指正。

天津财经大学
大公信用管理学院系列教材编写委员会
2011 年 9 月

序

　　信用评级（Credit Rating）也称资信评级，是由专业的机构或部门按照一定的方法和程序，根据独立、客观、公正的原则，对参与信用活动的各类经济主体及各类金融工具（包括债券、股票、基金等）的发行主体的风险因素进行综合考察，从而对其在特定期间内自主履行其相关经济承诺的能力和可信任程度进行综合评价，并以专用符号或简单的文字形式来表示其资信等级的一种管理活动。信用评级作为现代市场经济中社会信用体系的重要组成部分，可以有效地辅助市场监管，在维护市场经济秩序、促进市场健康发展、提高市场经济效率以及促进企业间经济信用交易等方面发挥着重要作用。

　　我国最初的信用评级产生于银行系统内部，银行出于贷款安全性的考虑，组织专门人员对贷款企业的履约能力和信用状况进行分析和评价。20 世纪 80 年代末，随着我国债券市场的发展，独立于银行系统的社会专业信用评级机构应运而生。目前我国信用评级业务主要分布在信贷市场、债券市场等。具体的业务种类包括借款企业信用评级、担保机构信用评级、短期融资券信用评级、企业债券信用评级、上市公司可转换公司债券信用评级、商业银行债券信用评级、资产支持证券信用评级、证券公司债券信用评级、公司债券信用评级等。

　　《公司信用评级实务》是信用管理专业本科生的专业课程，理应富有专门性和实践性。我国信用评级业务发展迅猛，在一本书中涵盖所有业务也是不可能的，更是没有必要。因此，本书只能从信用评级业务涉及的基本问题入手，择其要点和基本知识点展开介绍。

　　本书分为四篇，第一篇是公司信用评级方法导论。主要介绍公司信用评级的概念、原则、思路与方法。第二篇是主体信用评级方法。分别介绍了宏观经济环境分析、行业风险分析、经营与竞争分析、战略与管理分析、关联方与关联交易风险分析、财务风险分析、现金流预测等具体的分析方法。第三篇是债项信用评级。债项与主体信用评级的相同之处在于它们都衡量发生信用风险的可能性，也即违约概率；不同之处在于评级的对象不同。主体信用评级的对象是债券发行人，即考察发行人的信用违约概率，而债项信用评级的对象是债券，即度量债券的信用违约概率。债项信用评级除了考虑发行人主体信用评级，还需要考虑债券所采取的增信方式。通常，主体的信用级别与其一般无担保债务的信用级别相等。如果债务存在担保等增信措施，其信用级别可能会高于主体的信用级别；如果债务的清偿顺序低于一般债务，如次级债务、混合资本工具、某些结构融资工具等，则其信用级别可能要低于主体的信用级别。为了避免重复，本篇主要介绍了债券工具、债务结构与偿债保障措施、债项回收前景分析以及可转换债券的信用评级等。第四篇是专题研究。介绍了主体信用评级案例、债项信用评级案例。

在本书写作过程中，天津财经大学经济学院和大公信用管理学院的张京京、马莹莹、张童欣参与完成了第二篇的编著工作，王秋琪和王旋参与完成了第三篇的编著工作，李金鑫参与完成了第四篇的编著工作。全书由天津财经大学大公信用管理学院副院长刘喜和、北京师范大学出版集团副总经理潘东秀和恒丰银行张胜杰统一编撰，分工协作完成。由于作者水平有限，加之初次编著实务类教材，难免出现错误和挂一漏万的情况，敬请见谅。作者会在后续的教学实践中进一步提高本教材的水平。

编著者
2017 年 1 月

目　　录

第一篇　信用评级方法导论

第二篇　主体信用评级

第三篇 债项信用评级

第四篇　案例分析

第一篇　信用评级方法导论

纵观信用评级的历史，从最初依靠训练有素的专家主观判断评级到现代以统计学、运筹学和现代金融理论为基础的信用风险模型，信用评级方法在不断发展和完善。各类评级机构，根据"公正、客观、科学"的原则，以评级事项的法律、法规、制度和有关标准化的规定为依据，采用规范化的程序和科学化的方法，对评级对象履行相应经济承诺的能力及其可信任程度进行调查、审核和测定，经过横向比较和综合评价，最后以简单、直观的符号，如 AAA、AA、BBB 等，表示其评价结果。不同的评级机构由于其历史经验、技术专长不同，评级方法也不尽相同。尽管如此，在评级工作中仍有很多共同遵循的基本规则、评级思路和方法。

本篇的结构如下：

第一章	信用评级的概念 ➤ 信用评级的定义 ➤ 信用评级的对象 ➤ 信用评级的核心
第二章	信用评级的原则、思路与方法 ➤ 信用评级的一般原则 ➤ 信用评级的基本框架 ➤ 主体信用评级的思路与方法 ➤ 债项信用评级的思路与方法

第一章 信用评级的概念

信用评级工作是信用评级机构或金融机构内部评级部门按照规范化的程序，采用一定的分析技术，给出关于受评对象信用风险的判断意见，并将结果用一个简单的符号系统表示出来的活动。因此，信用评级具有一套系统的概念体系。

第一节 信用评级的定义

信用评级是由专业的独立机构，根据独立、客观和公正的原则，采用一整套科学的综合分析和评价方法，对债务人债务到期违约概率/违约可能性进行预测以及违约损失率/违约后可能给债权人造成的损失程度进行估计，并在此基础上用一套简单的、划分成几个等级的符号系统将预测/估计的结果表示出来的活动。

信用评级作为一种社会中介活动，具有如下特点：

其一，公正性。信用评级由独立的评级机构作出，通过一定的渠道向市场公开，为广大的投资人以及市场监管者提供被评级对象的信用风险信息，实现为投资者服务的目的。因此，评级结构和相关人员必须站在客观、公正的立场，不应由于已经存在或潜在的商业关系而受到影响。在避免利益冲突的基础上，向社会提供客观、公正的评级结果。

其二，客观性。信用评级是对被评对象未来不能偿还债务的风险或者违约可能性的评价。被评对象自身的信息、市场发展及经济环境信息，是做出评级结果的基础资料。在评级过程中，评级机构必须保障评级基础数据和基础资料的真实、准确。评级方法必须严谨、系统和科学。

其三，有效期。信用评级是根据一定时期和条件展开的评价活动，不同的评级对象覆盖额有效期不同。当评级对象的相关信息发生变化或者出现新的信息时，评级机构应该及时跟踪被评对象，并根据新获取的信息对评级对象进行调整或者说明。

信用风险（Credit Risk）又称违约风险，是指交易对手未能履行约定契约中的义务而造成经济损失的风险，即债务人、借款人和发行人不能履行偿还本息而使贷款人（投资人）的预期收益与实际收益发生偏离的可能性。违约概率、违约损失率、违约风险暴露和债务有效期是信用风险的四个基本要素。

违约概率（Probability of Default，PD）是指受评对象在评级观测期内发生违约的可能性。违约可能性是指债券发行人所承诺的偿债义务与投资人实际收到的利益之间存在差异的可能性。特别指出的是，不偿债也包括任何延误付款行为，包括在宽限期内支付或发行人提供给持有人一种新的债务工具或一篮子证券，而这些新的证券所包含的金融义务却缩小了。

违约损失率（Loss Given Default，LGD）是指一旦发生违约所导致的损失严重程度，违约损失率等于违约后一段时间内的扣除各项费用的净回收现金与债务本金或本息和的比。

违约风险暴露（Exposure at Default，EAD）是指受评对象有可能发生违约并导致损失的债务本息金额。

债务有效期（Effective Maturity，EM）是指债务的有效本息偿付期限。

违约风险暴露和债务有效期属于确定变量，信用评级的标的是违约概率和违约损失率，或者说，两者的乘积——预期损失率。

信用评级包括"评估"和"排序"两个部分。首先是进行信用评估，信用评估是对违约概率/违约可能性和违约损失率/违约损失程度的预测和估计。其次是将评估结果按照风险程度的不同，划分几个等级，用符号系统来表示不同的信用风险等级。信用级别符号系统针对预期损失率（违约概率、违约损失率）进行定义，高信用级别的预期损失率比低信用级别的预期损失率低，要么是违约概率较低，要么是违约损失率较低，或兼而有之。

第二节　信用评级的对象

债权人或投资者面临着多样化的金融风险，包括市场风险、外汇风险、流动性风险、信用风险及其他风险。

信用评级的对象或标的或客体是信用风险，而不是所有投资风险。信用等级并不评论受评债务工具的流动性，也不评论影响投资者的投资是否适合的任何其他因素，包括货币、利率和预付风险。

信用评级的对象一般分为主体评级和债项评级。主体评级主要是针对债券或金融契约发行主体整体信用状况的评价，主要包括实施债务融资的任何主体（如主权国家评级、工商企业评级金融机构评级）、为特定债务融资提供担保的主体（如担保公司）、经营活动中承担资信责任的主体。债项评级主要是对发行主体发行的特定金融工具展开的评级，包括债券、可转换债券、商业票据、结构性融资工具等。按照债务工具期限的长短，债项评级可分为长期债务评级和短期债务评级。长期债务是指偿还期为一年或一年以上的债务，短期债务是指一年期以内的债务。

按照被评主体是否愿意接受评级，可以将信用评级分为主动评级和被动评级。主动评级是评级机构接受被评主体的委托展开评级工作。这时，评级机构可以得到被评主体的密切配合，可以掌握比较全面、完整、可靠的信息，因此得出准确的评级结果。被动评级是被评主体没有委托评级机构对自己进行信用评级，评级机构根据已有公开信息或者自己收集的资料对被评主体展开评级活动。被动评级往往是评级机构应投资者的要求，或者评级机构认为应该向投资者揭示有关风险而进行的，非被评主体的意愿。因此，基础资料可能存在片面性和不完整性，会在一定程度上造成评级结果的扭曲。

第三节　信用评级的核心

信用评级是对被评对象的违约概率及违约后损失程度的判断（短债只需考虑违约概率）。因此，信用评级的核心是揭示债务违约的可能性及违约后损失程度。

信用评级不是对绝对违约概率的度量，而是对发行人和债务总体信用质量的相对排序。也就是说，信用评级并不是对信用风险绝对水平的一种预示，而是用来提示投资者任意两种工具的相对信用风险。进一步讲，信用评级不是对违约时间和预期违约损失的直接预计，是对违约风险（预期违约损失）的相对排序。评级过程中，可以估计绝对风险（预期违约损失），但最终信用风险的判断则是基于（定量的）绝对风险估计基础上的相对风险排序。信用评级中会采用一些绝对风险估计的方法，但这些结果仅为最终相对风险排序的参考。另外，评级不是对违约时间的预测，不同级别的企业违约可能会呈现一些时间上的特点。

如何预测、评估违约概率或违约可能性？以下两个命题是我们研究的出发点。

命题1：发行人/债务人的现金创造能力是其偿债能力的主要方面，现金创造能力越强、越稳定，偿债能力就越强，反之则越弱。

命题2：假定发行人/债务人具有偿债意愿，发行人/债务人用于偿还债务的现金对债务的覆盖程度越高，违约概率或违约可能性就越小，反之就越高。

由以上两个命题可以推断出以下命题。

推论1：发行人偿债能力评估主要是对其现金创造能力的评估。

推论2：对违约概率或违约可能性预测转化为现金流对债务的覆盖程度的预测。

现金流对债务覆盖程度的预测需要进一步分析才能达到。对发行人/借款人现金流的评估不是对其现有现金流的计算，而是对其未来现金流的预测（包括数量、发展趋势增长、减少还是不变）。要想对未来现金流进行预测，就要评估发行人/借款人的现金生成能力或现金创造能力。通过分析过去的现金创造能力以及分析内、外部影响现金创造能力的各种因素的发展趋势，来评估或预测发行人（债务人）的现金创造能力。影响现金流创造能力有多种因素，包括国家风险、宏观环境、行业因素、发行人竞争地位、企业自身因素（比如战略与管理）等因素。信用评级人员分析这些因素的当前情况、未来发展趋势以及其对发行人现金流创造能力的影响，并由此评估发行人的现金创造能力。

通过对发行人现金流创造能力的评估，预测发行人现金流未来发展趋势，对未来现金流有一个总体的判断，这只是偿债能力分析的部分内容。另一部分内容是要分析发行人/借款人债务情况，不仅要分析当前债务情况，还要预测未来债务可能的增长或减少情况。然后对未来现金流（至少为3~5年或更长）与未来债务进行比较，从而预测发行人违约概率或违约可能性。

本章小结

本章主要对信用评级的基本概念进行了定义，并介绍信用评级的对象及信用评级的核心。

简而言之，信用评级是指信用评级机构或金融机构内部评级部门按照规范化的程序，采用一定的分析技术，给出关于受评对象信用风险的判断意见，并将结果用一个简单的符号系统表示出来的活动，包括"评估"和"排序"两个部分。

信用评级的对象是信用风险，对信用风险的评估主要是对违约概率及违约后损失程度的判断。因此，信用评级的核心就是揭示债务违约的可能性及违约后损失程度。

信用评级并不是对信用风险绝对水平的一种预示，而是用来提示投资者任意两种工具的相对信用风险。评级过程中，可以估计绝对风险（预期违约损失），但最终信用风险的判断则是基于（定量的）绝对风险估计基础上的相对风险排序。

重要概念

信用评级　信用风险　违约损失率　违约风险暴露　债务有效期　发行人　偿债能力　偿债意愿　偿债义务

复习思考题

1. 信用风险包括哪四个基本要素？
2. 判断法中如何预测、评估违约概率或违约可能性？
3. 对比分析信用评级的定义。
4. 信用评级的对象是信用风险，对此你有什么看法？
5. 信用评级是国际金融市场之命门，说说你对信用评级作用及发展的观点。

参考文献

［1］李振宁等．资信评级原理［M］．修订版．北京：中国方正出版社，2009.

［2］http：//wiki. mbalib. com/wiki.

［3］http：//www. moodys. com（http：//www. moodys. com. cn）.

［4］http：//www. standardandpoors. com/.

［5］http：//www. standardandpoors. com/portal/site/sp/cn/.

［6］htttp：//www. fitchrating. com.

第二章 信用评级的原则、思路与方法

尽管信用评级的对象以及信用评级的实施单位各不相同，但也必须遵从一定的原则，按照一定的评级思路和方法展开相应的评级工作。

第一节 信用评级的一般原则

信用评级原则是信用评级工作的纲领性文件，是评级机构评级理念的核心内容。信用评级行业在上百年的发展历程中，已经形成一些公认的评级原则。以下总结和梳理国内外主要评级机构的评级原则。

一、国外主要评级机构的评级原则

全球三大评级公司——穆迪、标准普尔和惠誉采用的评级原则最具代表性，也构成了评级原则的国际惯例。

（一）穆迪信用评级的基本原则及具体解释

穆迪无论是对主体评级还是债项评级，都遵循如下基本原则：定量与定性相结合，强调定性分析；关注长期信用品质；注重现金流量的分析和预测；强调全球评级的一致性；合理的不利环境假设；明晰不同会计准则下的会计数据。各项原则的具体解释见表2-1。

表2-1　　　　　　　　　穆迪信用评级的基本原则及解释

	评级原则	具体解释
1	定量与定性相结合，强调定性分析	定量分析是信用评级不可或缺的部分，它是信用评级的起始点。但信用评级绝不是仅仅依靠一系列指标和模型就能够完成的，它是在全面、综合分析的基础上，依赖于分析师的经验、知识和公正的立场得出的。
2	关注长期信用品质	关注驱动受评主体偿付能力发生变化的长期因素。分析师在评级时不能仅仅反映短期的经营表现、供求状况和过去的财务业绩，应考虑到下一个经济循环或更长的时间。
3	注重现金流量的分析和预测	企业按期偿还债务的能力取决于其现金流量是否充足。因此，现金流量及其相关指标被看做是影响评级结果的最重要因素。其他相关财务指标均可归结到现金流量分析中。

续表

	评级原则	具体解释
4	强调全球评级的一致性	在确定信用等级时，在大量数据和案例累积基础上，以全球同类企业为参考，通过对比分析后确定信用等级。
5	合理的不利环境假设	在得出评级结论前，评级委员会通常要对被评主体做出多种经济环境下的假设，而不是仅仅依据当前的经济状况，一般情况下会将被评主体置于比当前状况更不利的环境下来衡量其偿债能力。
6	明晰不同会计准则下的会计数据	分析师不能受制于不同国家的不同会计准则，应将其视为具有各自优缺点的分析语言，重点理解交易的经济实质以及这种会计惯例如何影响经济实质。

资料来源：http://www.moodys.com.cn。

（二）标准普尔信用评级的基本原则及具体解释

标准普尔在主体评级和债项评级时，一般遵循以下原则：独立性；客观性；定量与定性相结合；强调信用评级的前瞻性；重视现金流分析。各项原则的具体解释见表 2－2。

表 2－2　　　　标准普尔信用评级的基本原则及具体解释

	评级原则	具体解释
1	独立性	根据所收集的信息和资料独立作出评级，不能受被评对象及其他外来因素的影响。
2	客观性	评级过程中时刻保持客观、公正，不带有任何偏见。
3	定量与定性相结合	在财务分析和部分指标预测中采用数据定量分析外，还需采用大量的定性分析，综合各种因素分析和专家意见得到评级结果。
4	强调信用评级的前瞻性	依据被评对象的当前信息和历史信息，预估可预见的未来事件的潜在影响。充分考虑商业周期中可预见的发展期、萎缩期及对信用可靠性的影响。
5	重视现金流分析	一般而言，受评对象经营性现金流越充足，对偿付到期债务及其他支付义务的保障程度就越强，信用风险就越小。

资料来源：http://www.standardandpoors.com/portal/site/sp/cn/。

（三）惠誉的基本原则及具体解释

惠誉进行各项评级业务时，一般遵循如下基本原则：注重实地调研、获取第一手材料；定量与定性相结合，强调定性分析；注重行业差异和全球一致性；侧重对未来偿债能力和现金流的评估。各项原则的具体解释见表 2－3。

表2-3 惠誉信用评级的基本原则及具体解释

	评级原则	具体解释
1	独立性	根据所收集的信息和资料独立作出评级,不能受被评对象及其他外来因素的影响。
2	客观性	评级过程中时刻保持客观、公正,不带有任何偏见。
3	定量与定性相结合	在财务分析和部分指标预测中采用数据定量分析外,还需采用大量的定性分析,综合各种因素分析和专家意见得到评级结果。
4	强调信用评级的前瞻性	依据被评对象的当前信息和历史信息,预估可预见的未来事件的潜在影响。充分考虑商业周期中可预见的发展期、萎缩期及对信用可靠性的影响。
5	重视现金流分析	一般而言,受评对象经营性现金流越充足,对偿付到期债务及其他支付义务的保障程度就越强,信用风险就越小。

资料来源: http://www.fitchrating.com。

上述三家评级公司合计有16条评级原则。综合比较看,"定量与定性相结合,强调定性分析"、"关注长期信用品质"、"注重现金流量的分析和预测"三大原则是三家公司的共同选择。强调"信用评级的前瞻性"原则也有两家公司采用。

二、国内主要评级机构的评级原则

国内信用评级的三大公司是"中诚信"、"联合"和"大公"。所采用的信用评级原则在国内最具代表性。

(一)"中诚信"信用评级的基本原则及解释

"中诚信"主体评级或债项评级遵循如下基本原则:个体评级与支持评级相结合;质的分析与量的分析相结合;历史分析与未来预测相结合。各项原则的具体解释见表2-4。

表2-4 "中诚信"信用评级的基本原则及解释

	评级原则	具体解释
1	个体评级与支持评级相结合	受评主体的主体信用等级体现其个体信用品质和股东或政府的支持作用。在评级时,主要从宏观、中观与微观层面来考察受评主体已经获得或者可能获得的股东或政府的支持力度。不同的支持力度最终获得的信用等级可能不同。

续表

	评级原则	具体解释
2	质的分析与量的分析相结合	在评价受评主体的信用品质时，综合运用定量分析与定性分析的方法。对能够量化分析的因素，尽量采用定量评价方法，而对难以量化的因素，则采用定性分析的方法。
3	历史分析与未来预测相结合	在评价受评主体的信用品质时，不仅依赖于受评主体的历史表现，而且重点分析其未来的信用表现。以财务指标为例，要分析其历史三年和未来三年的平均值，以体现受评主体在一个周期内的信用品质。

资料来源："中诚信"国际网站发布的《公司债务评级方法，2008 年》。

（二）"联合"信用评级的基本原则及解释

"联合"主体评级或债项评级遵循如下基本原则：定性分析与定量分析相结合；宏观分析与微观分析相结合；注重现金流的分析；评级应具有前瞻性；可比性与一致性；评级应跨经济周期。各项原则的具体解释见表 2 - 5。

表 2 - 5　　　　　　"联合"信用评级的基本原则及解释

	评级原则	具体解释
1	个体评级与支持评级相结合	受评主体的主体信用等级体现其个体信用品质和股东或政府的支持作用。在评级时，主要从宏观、中观与微观层面来考察受评主体已经获得或者可能获得的股东或政府的支持力度。不同的支持力度最终获得的信用等级可能不同。
2	质的分析与量的分析相结合	在评价受评主体的信用品质时，综合运用定量分析与定性分析的方法。对能够量化分析的因素，尽量采用定量评价方法，而对难以量化的因素，则采用定性分析的方法。
3	历史分析与未来预测相结合	在评价受评主体的信用品质时，不仅依赖于受评主体的历史表现，而且要重点分析其未来的信用表现。以财务指标为例，要分析其历史三年和未来三年的平均值，以体现受评主体在一个周期内的信用品质。

资料来源：联合资信网站发布的《联合资信评级理念，2010》。

（三）"大公"信用评级的基本原则及解释

"大公"主体评级或债项评级遵循如下基本原则：独立性与客观性原则；可比性原则；合理假设原则；权变原则；稳定原则；评级要素设置科学原则。各项原则的具体解释见表 2 - 6。

表2-6   大公信用评级的基本原则和解释

	评级原则	具体解释
1	独立性与客观性相结合	独立性包括主体独立与业务独立,主体独立是指评级公司不受任何政府及金融性投资机构的控制;业务独立指评级分析过程等不受被评对象的控制;客观性原则是在独立性原则的基础上,客观揭示信用风险。
2	可比性原则	可比性原则包括评级结果的一致性和评级方法的可比性。评级方法在过程、模式和标准上须具有一致性。信用等级的决定通过同类企业的对比进行,可随时与其他不同行业、国家及市场发债人和债务工具进行比较。
3	合理假设原则	信用评级时对信用风险的判断。由于信用风险因素的多样性与关系的复杂性、变化的不确定性,信用评级方法须建立在合理假设基础之上。
4	权变原则	在信用风险的影响因素分析过程中,充分考虑环境变数与相应管理理念以及技术间的关系,根据组织所处的内外部条件随机应变,针对不同的具体条件寻求不同的评级模式、方案和方法。
5	稳定原则	尽量避免评级结果受经济周期波动影响,使其对经济周期的敏感度降低。

资料来源:大公国际网站发布的《大公信用评级方法总论,2009》。

国内三大评级公司对"定量与定性相结合"、"关注长期信用品质"、"一致性与可比性"三条原则各有两家公司选用,是当前国内评级行业相对重视的评级基本原则。

第二节 信用评级的基本框架

履约能力不足或意愿不足都可能导致合同当事方违约。从偿债能力和偿债意愿两方面评价发行人的违约概率和债项的违约损失率。发行人对特定时期所有债务的偿付能力和偿债意愿影响其违约概率,发行人针对特定债项的偿付安排或保障措施的效力则影响该债项的违约损失率。

对信用记录的分析是评价发行人偿债意愿的主要工具。将违约行为区分为非故意违约和故意违约两种类型,只有故意违约才会被推断为缺乏偿债意愿。

在对发行人特定时期的所有偿债能力和偿债意愿进行评价以确定主体信用级别的基础上,还需进一步考察发行人对所评级债项的偿付能力以确定债项的信用级别。受评债项在偿付顺序中的位置，担保、抵押或质押等针对该债项设定的偿付保障措施，对该债项违约损失率或回收率（回收率＝1－违约损失率）产生影响，是债项信用级别评定环节考察的核心内容。强调违约损失率的判断是债项评级与主体评级的重要不同。

受评对象在特定时点对其中一项债务的违约应推断为对该时点所有债务的违约，即主体的违约概率与债项的违约概率是一致的，因此对违约概率的分析和评级主要在主体层面进行，主体的信用级别侧重于从违约概率，或者基于违约概率和主体信用债务工具的违约损失率计算的主体预期损失率进行定义。与违约概率不同，即使同一主体发行的债项，由于偿付顺序等偿付安排方面的差异，主体一旦违约，债项的损失程度也很可能不一样，因此对违约损失率的分析和评价在债项层面进行，债项信用级别是根据主体违约概率和债项违约损失率计算的预期损失率评定的。

由于偿付顺序、偿付安排以及债务保障条款方面的差异，部分债项的违约损失率会高于或低于一般无担保债务/高级无担保债务，一般而言，主体信用级别一般与一般无担保债务/高级无担保债务等级一致，因而债项的信用级别可能高于或低于主体的信用级别。

第三节　主体信用评级的思路与方法

按评级对象的不同，信用评级可分为主体信用评级和债项信用评级。下面阐述主体信用评级的思路与方法以及债项信用评级的思路与方法。

主体评级主要是对债务主体信用质量的评价，包括主权国家评级、地方政府评级、工商企业评级、金融机构评级、交易对手评级等。主体（发行人）信用评级，通常用来评价发行人偿还全部金融债务的能力，即发行人的基本信用价值，是对发行人按时履行其偿还债务义务的能力与意愿的评价。评级结果是对受评主体偿债能力的全面、综合的评价，并不针对某一项特定的债务。主体评级使用的评级符号表示为 AAA、AA、……、CC、C。

主体信用评级的目的是充分揭示受评对象的信用风险。信用评级的基本思路是从受评对象现金流量对债务的保障程度入手，充分考虑宏观经济环境、产业发展趋势、政策和监管措施等企业外部环境因素，以及企业的基本经营与竞争、战略与管理、财务状况等企业内部因素对其偿债能力的影响，通过定性和定量分析方法，对受评对象未来偿付能力做出判断，预测受评对象的违约可能性及违约损失的程度。

图 2-1 列举了主体信用评级的基本框架。依据规范化的风险分析框架，

从中提炼出完整、成套的评级指标体系，并依据信用评级实践，制作出具有实际可操作性的信用评级操作体系，以实现行业内企业信用风险的有效比较。信用评级操作是在归纳历史评级信息的基础上，总结少量核心因素（或指标）及修正因素（或指标）与受评对象信用级别对应关系的大致规律，以此作为评判标准，通过综合分析受评对象各相应指标，对受评对象的信用级别（或级别区间）作出一个基本判断。并在分析对受评对象信用级别最具实质性影响的核心因素的基础上，进行必要的修正，判断受评对象一个基本的信用级别（或级别区间），从而较为准确地反映评级对象整体信用风险特征。

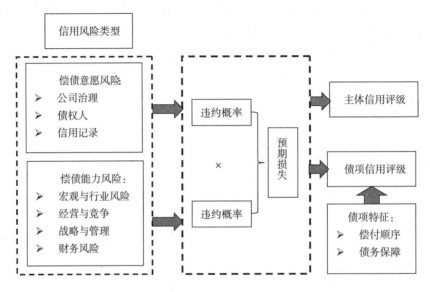

图 2-1　主体信用评级的基本框架

第四节　债项信用评级的思路与方法

债项评级是对发行人特定的某项债务的相对违约风险的评价。对债项的评级分为长期债务评级和短期债务评级。对偿还期限在一年以上的债务使用长期债务评级，对偿还期限在一年以内的债务则使用短期债务评级。

长期债务评级反映了企业按期、足额偿付某一特定债务本息的能力及其相对风险程度，是对此长期债务违约可能性和违约后损失严重程度的评价，评级结果受此债务本身特性、相关条款及保障措施的直接影响。长期债务评级符号表示为 AAA、AA、……、CC、C。

短期债务评级是对企业按期偿还特定短期债务能力的判断。评级结果与特定短期债务的特性、相关条款和保障措施有直接关系。短期债务评级符号表示为 A⁻、A⁻⁻、B、C、D。

　　在信用评级的分析中，不按时履行债务的可能性即违约概率是首要的考虑因素，也就是说，违约概率对于信用级别的影响是最重要的。违约后的损失程度，也可用违约后的损失恢复程度或损失回收程度表示，也是信用评级分析中需要考虑的重要因素。对于同一发行人发行的债项，当其中一项债务发行违约时，在大多数国家（包括中国）的法律环境下，都会要求发行人同时停止对其他债项的偿还。基于这一点，我们可以认为，债项本身设计上的特点不会改变其发行主体的违约概率，而只能改变其违约损失程度。债券自身特点导致违约损失程度变化，但违约概率未发生变化，从而使购买债券的债权人承担的信用风险相对发行人即债务人的信用风险发生变化，因而债项的信用级别会相对发行人的信用级别发生"位移"。另外，违约概率在分析中的首要地位和发行主体与债项具有相同的违约概率决定了主体级别是债项级别调整的基础，债项级别以主体级别为出发点，在一定范围内调整。债项信用级别是通过在主体信用评级的基础上进行调整而获得的，称为债项级差调整（Notching），或"子级别调整"、"小级别调整"。债项级差调整的最小单位是刻度（Notch），它是指通过对信用级别增加"＋"或"－"而形成的更小的级别跨度，如 AA 至 AA＋，AA－至 AA。通常情况下，债项级别相对于主体级别的调整范围为 1~3 个刻度，即以主体评级为起始点，向上或向下移动，调整的程度由债项本身的特点决定。

　　债项信用级别与主体信用级别不一定一致，债项信用级别可能高于或低于公司的主体信用级别。违约后回收前景好的债务，特别是抵押或担保充分的债务的信用级别会高于其主体信用级别；回收前景差的债务，特别是低级债务的信用级别会低于其主体的信用级别。

　　穆迪一般基于历史平均的违约损失率来调整债项级别（见表 2-7）。

表 2-7　不同类型债券的平均违约损失程度（相对于同一发行人的无担保债券）

债券类型	违约损失率
担保债券	－30%
优先无担保债/一般无担保债务	n/a
优先次级债	40%
次级债	52%
后偿付次级债	62%
优先股	85%

15

这些经验数据可以得出如下债项调整级别标准（见表 2 - 8）。

表 2 - 8　　　　　　　　　　　债项调整级别标准

	债券类型	调整小级别个数
如果发行人优先的担保债券级别为 A⁺⁺ 或者更高	担保债券	+ 1
	优先无担保债/一般无担保债务	0 或者 - 1
	优先次级债	- 1
	次级债	- 1
	后偿付次级债	- 1
	优先股	- 2

随着主体信用级别的降低，LGD 在评级分析中的重要性也逐渐增加，债项级差调整的幅度也会相应增大。通常情况下，主体的信用级别与其一般无担保债务的信用级别相等。如果债务存在担保等增信措施，其信用级别可能会高于主体的信用级别；如果债务的清偿顺序低于一般债务，如次级债务、混合资本工具、某些结构融资工具等，则其信用级别可能要低于主体的信用级别。对同一主体而言，其主体评级与特定的债项评级可能一致，也可能存在差异，但即使存在差异，这种差异也不会很大。也就是说，主体评级与债项评级的差异是有限的，债项评级通过在主体评级的基础上进行调整而获得，这种调整不会引起债项的风险评价相对于主体的风险评价发生根本的改变。

标准普尔认为"违约损失率低于 50% 的债项级别要高于公司的主体信用等级。相反，违约损失率高于 50% 的债项级别要低于其主体等级"。

表 2 - 9　　　　　　　　　　回收评级表和发行评级标准

为投机级公司发行人的信用评级			
回收等级	回收描述	回收预期（%）	发行等级与企业信用等级之差
1 +	最高回收预期完全回收	100	+ 3
1	非常高的回收	90 ~ 100	+ 2
2	较好的回收	70 ~ 90	+ 1
3	一般的回收	50 ~ 70	0
4	平均回收	30 ~ 50	- 1
5	较差回收	10 ~ 30	- 2
6	非常差的回收	0 ~ 10	- 3

资料来源：http://www.standardandpoors.com。

本章小结

本章主要介绍了信用评级的一般原则、基本的评级框架以及主权与债项的评级思路、方法。

信用评级强调在定量与定性分析相结合的基础上，探究发行人的长期信用基础及其变化，考虑未来各类违约风险的可能性，关注未来现金流量的构成，采用多变量指标，运用二维判断方法对相关风险进行判断，并注重不同地区、不同行业内评级对象信用风险的相互比较。此外，信用评级强调评级结果的一致性和可比性。

信用评级主要从偿债意愿和偿债能力两个方面进行评价以确定信用级别。按照评级对象不同，从总体上可以分为两部分：主体信用评级和债项信用评级。

主体信用评级主要是对债务主体信用质量的评价，包括主权国家评级、地方政府评级、工商企业评级、金融机构评级、交易对手评级等。主体信用等级是其违约概率的代理变量，或是通过违约概率和主体纯信用债务工具的违约损失率计算的主体预期损失率评定的。债项信用评级是对发行人特定的某项债务的相对违约风险的评价，包括长期债务评级和短期债务评级，其信用等级是根据主体违约概率和债项违约损失率计算的预期损失率评定的。

对同一主体而言，债项评级一般是通过在主体评级的基础上进行调整而获得。由于偿付顺序、偿付安排以及债务保障条款方面的差异，部分债项的违约损失率会高于或低于一般无担保债务/高级无担保债务，一般而言，主体信用级别一般与一般无担保债务/高级无担保债务等级一致，因而债项的信用级别可能高于或低于主体的信用级别。

重要概念

信用分析师　履约能力　违约损失率　非故意违约　故意违约　信用级别　偿付顺序　偿付安排　债务保障条款　主体评级　债项信用评级

复习思考题

1. 简述信用评级的一般原则。
2. 主体信用评级重点应关注哪些内容？
3. 债项信用评级重点应关注哪些方面？
4. 简述主体评级与债项评级的联系和区别。
5. 分析债项的信用级别可能高于或低于主体信用级别的原因。

参考文献

［1］阎波．信用评级机构改革及美国债券市场发展［J］．中国金融,2010（23）．

［2］何平，金梦．信用评级在中国债券市场的影响力［J］．金融研究，2010（4）．

［3］程芳，宋晓丹．信用债券信用评级建设亟须跟进［J］．东方企业，2010（3）．

［4］朱伟国．国内外债券信用评级技术比较分析［J］．市场周刊，2009（11）．

［5］汪办兴．我国商业银行信用风险模型的国际比较与改进［J］．当代经济科学，2007（3）．

［6］http：//www. standardandpoors. com.

［7］http：//www. moodys. com. cn.

［8］htttp：//www. fitchrating. com.

第二篇 主体信用评级

主体信用评级的目的是充分揭示受评对象的信用风险。信用评级的基本思路是从受评对象现金流量对债务的保障程度入手，充分考虑宏观经济环境、产业发展趋势、政策和监管措施等企业外部环境因素，以及企业的基本经营与竞争、战略与管理、财务状况等企业内部因素对其偿债能力的影响，通过定性和定量分析方法，对受评对象未来偿付能力做出判断，预测受评对象的违约可能性及违约损失的程度。

本篇的结构如下：

第三章	经济环境分析：包括国家风险分析、宏观经济环境、国际经济环境和区域经济环境。
第四章	行业风险分析：包括行业的定义、行业特征与行业风险因素。
第五章	经营与竞争分析：包括业务构成与产品结构、价值链/供应链分析、竞争地位分析。
第六章	战略与管理分析：包括战略评估、公司治理结构、管理评估。
第七章	关联方与关联交易风险分析：包括关联方与关联交易概述、关联方与关联交易分析要点。
第八章	财务风险分析：包括财务风险分析指引、会计特征与财务报告、资产负债表、盈利能力、现金流充足性和财务灵活性。
第九章	中小企业信用担保机构信用评级方法：包括经营环境、基本经营和风险、担保风险组合、风险管理、资本资源及充足性和收益合理性。

第三章　经营环境分析

经营环境分析是企业信用分析的起点。主要是分析国内宏观经济环境、国际经济环境、区域经济环境、行业等方面，包括分析影响宏观经济、国际经济、区域经济、行业环境的各种因素。本章重点阐述宏观经济环境、国际经济环境、区域经济环境对企业信用风险的影响。

宏观经济环境可以直接作用于企业，比如汇率的变动对国内所有地区、行业中拥有进出口业务的企业都会产生影响，也可能通过影响区域经济、行业进而间接影响企业。因此，不但要分析宏观经济因素对企业的直接影响，还要分析宏观经济环境因素变动对区域经济和行业以及企业的间接影响（见图3－1）。

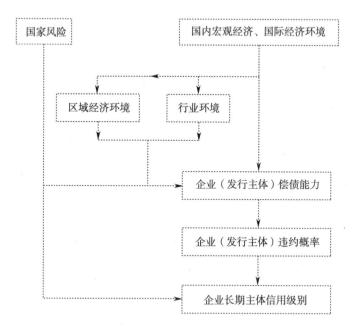

图3－1　经营环境因素作用传导路线图

第一节　国家风险分析

国家风险概念是在主权风险概念基础上形成的。主权风险是指由于主权政府的偿债能力或偿债意愿发生了变化导致一国政府发生本外币债务违约的风险。国家风险包括国家主权信用风险，也包括影响一国内非主权实体/受评企业信用质量的一切与国家有关的经济、政治、地理与文化因素（以经济因素为主）。

一、对国外/境外企业评级——国家风险分析

对国外受评企业，国家风险影响分析包括以下两个方面：一是主权上限或国家上限影响；二是国家风险因素对受评企业的信用造成各种直接或间接不可抗拒的影响。

主权信用风险就是通过"国家上限"这一概念来对非主权实体的融资成本产生影响的。在三大评级机构对非主权实体进行评级时，最初采用的是"主权上限"这一概念，即在主权面临风险时非主权实体的级别上限以主权的级别为最高限度，不能超出这一级别。但是，随着世界经济的发展，后来逐渐出现了非主权实体级别高于主权级别的情况。这是由于随着世界经济一体化程度的加深和各国金融开放程度不断扩大，非主权实体进行资本转移和外币兑换的风险大大降低，主权国家发生风险时对转移和兑换进行控制的成本增加，同时，在开放的经济中，一国政府采取紧急控制措施会对该国国内的非主权经济实体产生不良影响，因此，政府发生债务危机时不再对非主权实体进行控制而保证主权偿债的安全性。目前主权级别已经不能作为非主权实体级别的上限，国家上限的概念被引入主权评级之中。一般而言，国家上限的级别会等同于或高于主权上限的级别。国家法律健全程度越高，政府行为就越受约束，从而在非常时期采取强制管制的可能性越低，对贸易和资本流动的制度性限制比较少。同时，一国经济的开放程度和金融一体化程度越高，则该国发生债务风险时采取控制的程度越小。另外，宏观经济的抗冲击性、是否经常执行非市场化措施、汇率制度等因素，也是评估国家上限的主要因素。基于以上思路，如果主权发生危机时，国家倾向于控制私人资本流动，则主权级别会同于国家上限；如果在危机中，国家仅仅部分或完全不去控制私人资本流动，则国家上限会高于主权级别。

国家风险因素对受评企业的信用造成的影响，一般是从国家风险因素分析开始。标准普尔把能够影响私人机构/受评企业的国家风险因素拆分为两

类：政治经济风险和行业相关风险。

（一）政治经济风险

具体包括：国家的发展前景、商业周期（宏观经济因素）、影响商业环境的政治因素（政府力量）、当前及预期通货膨胀程度（宏观经济因素）、影响进出口和国际收支的外国汇率风险（外汇风险）、偿付系统和银行系统的实力和深度（金融市场）、利率和利差（宏观经济因素）、当地资本市场的深度和流动性（金融市场）、参与跨区域市场进行商业和金融交易的机会（金融市场）。

（二）行业相关风险

具体包括：劳动力市场约束或激励（物质与人力基础设施）、工会的实力和政治导向（物质与人力基础设施）、劳动成本和罢工事件（物质与人力基础设施）、国家基础设施建设状况——供水、电费和石油天然气的价格和使用方面的限制（物质与人力基础设施）、公路和飞机场等运输服务（物质与人力基础设施）、国家会计核算和公告的透明度（金融市场）；国家和州政府的法律体系（政府力量）、公用事业、银行和监管的其他实体的合规风险（政府力量）、税负过重的现实或可能（政府力量）、日常运营中的腐败风险（政府力量）。

二、对国内/境内企业评级——国家风险分析

对国内企业进行信用评级，国家风险考察侧重点则与国外受评企业不同。对产品出口份额较大或原材料进口依赖程度较高的企业，需要针对企业的具体情况，考察主要出口国或进口国的国家风险。评价国家风险主要从受评国政治、经济的稳定性、相关产业政策及税率、汇率、利率的变动趋势等方面综合考察。如果企业过分依赖于进口或出口，且进口国或出口国较为单一，则面临的国家风险较大。相反，如进口国或出口国较多，则会在一定程度上分散这种风险。

第二节 宏观经济环境

宏观经济环境分析主要侧重于国内宏观经济环境分析。国内宏观经济环境是指特定时期的宏观经济形势以及包括财政政策、税收政策、货币政策、政府投资政策等在内的宏观经济调控政策。分析的落脚点是各类因素通过传导最终对企业的偿债能力产生怎样的影响。对偿债能力的分析、判断是对违约概率预测的前提。

信用评级的核心是预测债务人债务到期违约可能性及违约后损失程度，并用特定符号加以表示。这一预测要通过分析企业的偿债能力和特定债券的特征来进行。

例如探讨偿债能力：债务是用现金来偿还的，如果一个企业现金创造能力强、手头现金充裕，那么我们说其偿债能力必然强。具体来说，就需要研究其现金创造能力。如果企业销售收入规模大，营利性强，则其现金创造能力就会强。其次要分析现金充裕程度。现金充裕、流动性好、负债率低，说明企业用自己的钱形成资产比重较大，从别人那里借的钱较少，偿还债务的压力小。

宏观经济环境无论通过区域经济、行业（包括国内行业、国际行业，以国内为主）直接或间接影响企业，无外乎是通过以下两个渠道：其一是对产品/服务需求的影响和对成本的影响。产品的需求数量决定销售规模，产品/服务价格与成本决定营利性。这两个因素形成对现金创造能力即长期偿债能力的影响。其二是对流动性的影响。

一、宏观经济运行

主要关注一国的经济增长率等能够反映宏观经济形势的指标。经济增长快慢对需求产生影响，进而影响到销售规模和价格。然后进一步地深入分析影响经济增长几大因素：消费、投资、进出口。

经济周期分析主要是掌握经济周期各阶段的现状及其对行业的影响。对行业的影响是指对行业供给与需求，包括销量、价格与成本的影响以及对产业链的影响。

二、宏观经济政策

分析国家最新出台的宏观政策及其政策的变动方向、可能性及变化原因。包括财政政策、货币政策、政府投资政策等在内的宏观经济调控政策变化会影响行业内企业的市场需求、固定资产投资、税负与资金成本等方面，最终会对企业的偿债能力产生影响。

（一）财政政策

财政政策主要包括税收政策、支出政策。税收政策直接关系到企业的成本；支出政策如建设支出加大，对于相关行业起带动作用。税收政策还会影响到区域经济、行业的发展，进而影响到相关区域和行业中的企业。

（二）货币政策

货币政策直接影响企业的融资成本。比如适度宽松的货币政策，可以使企业较容易获得融资、融资成本也可能较低。2010 年年底、2011 年年初开始的国家实行的稳健的货币政策，使得银行信贷受到控制，企业融资难度加大、融资成本上升。

（三）政府投资政策

宏观政策分析，要特别关注政策未来发展趋势，分析这些趋势将对公司/企业的收入、盈利能力及现金流产生何种影响，进而分析对偿债能力的影响。

三、通货膨胀、利率、汇率和关税

通货膨胀率的水平和变化，不仅直接影响收入和消费的价值，也同时影响产品价格和需求，并由此影响企业的财务业绩。

通货膨胀引起原材料等成本的增加，如果公司拥有足够的调整价格的能力，可以将不断上升的成本传导至下游。但是如果不具备价格调整能力，则会影响企业的盈利。

当利率走高时，会增加企业的融资成本，进而降低企业的营利性。

汇率变动对企业进出口有直接的影响。汇率下降有利于产品出口，导致企业产品收入增加；汇率上升不利于产品出口，影响产品在国外的竞争力，引起销售收入、营利性下降，如果提价则影响产品价格竞争力，如果价格保持不变则实际收入会下降、营利性下降。

关税是指外国公司试图在东道国销售商品所支付的税负，是国家从公司收取费用的另一种方式。但是，关税还有另一个目的，即影响外国公司商品的经济性，从而减少国内顾客对这种商品的需求，以支持当地的供应商。对于分析师而言，关税可以并且确实影响对商品的需求，因此，关税是一个需要考虑的重要因素。

第三节　国际经济环境

一、世界经济增长与衰退影响

世界各国经济发展彼此联系，特别是主要发达国家经济增长与衰退对本国经济环境产生影响。例如 2008 年国际金融危机导致美国及其他国家经济增长速度放缓、经济衰退，对对外依存度较高的中国产生影响，例如导致美国对中国的某些产品需求萎缩等。

二、主要国家或经济体经济政策影响

主要国家或经济体的经济政策变化对世界经济或本国经济将产生影响。

例如，美国 2010 年实施量化宽松政策，导致美元贬值，对企业出口美国的产品价格竞争力产生影响；对大宗产品价格产生影响，导致价格上升。

三、国际产业链竞争影响

一方面分析国内产业与国际同类产业的竞争；另一方面分析国际上下游产业变化对国内产业的影响。上游变化影响成本，下游变化影响销售。例如，铁矿石主要被澳大利亚、巴西等大铁矿石生产商垄断，国际铁矿石价格上涨将影响国内钢铁企业的成本。

第四节　区域经济分析

区域经济的概念应该是比较广泛一点，"大"到诸如欧盟、北美自由贸易区、东盟、东北亚等跨越国家的区域概念，"中"到国家如中国、美国等，小到一个国家的某个区域如长三角、珠三角等。区域经济分析侧重于区域经济环境对受评主体/发行人的影响（进而对信用的影响）。

一、地区与区位

广义的地区或区域包括小到一国内的某类区域、大到一个国家或一个跨国经济体或经济区。狭义的地区或区域指国内某一行政或经济地区或区域。国内区域影响分析，侧重分析区域经济发展政策、行业和企业在当地的重要性、地方财政对行业和企业的支持、地理位置、区域资源优势等。

企业区位对企业经营与财务状况将产生影响。就国内受评企业而言，企业是位于东部、中部、西部，位于东北亚经济圈，位于长三角、珠三角、环渤海，位于海西经济开发区，还是与东南亚等国邻近等都会产生影响。区位的不同，以及经济发达程度不同、自然资源不同、经济基础不同等都会对企业经营产生影响。

二、自然资源

资产资源不同，可能形成不同地区经济发展的特色（主导产业、税收来源等），可能决定着能够在这个国家里发展并取得成功的公司的类型。例如，矿物质，包括石油、黄金、铜、铁等的存在，产生了各种各样的开采业及制造业。

三、基础设施

物质基础设施在支持人类迁徙和货物流通方面起着至关重要的作用，因为如果没有它们，只可能发生小规模的商务活动。公路、铁路、航空和港口都为人们带来了便利，使原材料和产成品运送到合适的目的地。当分析一个需要远距离运输原材料或产成品的公司时，分析师应当调查基础设施方面是否存在问题，例如，潜在的港口和高速公路瓶颈问题，以及现在的基础设施是否可用于商业目的。

四、人力资源

教育和培训的质量、劳动力技能水平以及商业团体的成熟程度，都是整个人力资源基础的关键，因为它们影响商业发展的复杂性和加速程度。劳动力供应、劳动力质量和成本对所有公司都是关键作用。

本章小结

信用是在经济发展到一定程度后产生和发展起来的，经济是信用的基础，不同的经济环境造就不同的信用状况。经营环境分析是企业信用分析的起点，包括国内宏观经济环境、国际经济环境、区域经济环境、行业等方面的分析。

国家风险是在主权风险概念基础上形成的，既包括国家主权信用风险，又包括影响一国内非主权实体/受评企业信用质量的一切与国家有关的经济、政治、地理与文化因素，以经济因素为主。国家信用风险属于特殊的财政风险范畴。

宏观经济环境分析主要侧重于国内范畴，包括特定时期的宏观经济形势以及财政政策、税收政策、货币政策、政府投资政策等在内的宏观经济调控政策。宏观经济环境可能直接作用于企业，也可能通过影响区域经济、行业进而影响企业。一国经济发展水平是影响信用机制有效运行的重要因素，是信用制度存在的物质基础。

无论是对国内还是国外的企业评级都需要分析国家风险。对国外受评企业，国家风险影响分析包括以下两个方面：一是主权上限或国家上限影响；二是国家风险因素对受评企业的信用价值造成各种直接或间接不可抗拒的影响。对国内企业进行信用评级，国家风险考察侧重点则与国外受评企业则不同，主要考虑其对进出口的依赖程度及份额进行分析。

区域经济分析侧重于区域经济环境对受评主体/发行人的影响，进而对信用的影响。区域经济分析主要包括地区与区位、自然资源、基础设施、人力资源。

信用机制作为经济体制的有机组成部分，与经济机制始终保持着密切关系。一个社会信用制度是否完备是其经济体制是否成熟的重要标志，经济体制越成熟，信用制度就会越完备。

重要概念

经济环境　国家风险　长期偿债能力　短期偿债能力　宏观经济政策
通货膨胀　利率　汇率　关税　财政政策　货币政策

复习思考题

1. 经济环境分析包含哪些内容？什么是经济信用化？
2. 宏观经济环境如何影响企业的偿债能力？
3. 国家风险包含哪些内容？有哪些特征？
4. 试分析国家风险的负面效应。

参考文献

［1］刘喜和．影子银行与正规金融双重结构下中国货币政策规则比较研究［J］．金融经济学研究，2014（1）．

［2］刘喜和．不确定条件下我国货币政策工具规则稳健性比较研究［J］．国际金融研究，2014（7）．

［3］刘喜和．全球通货膨胀的驱动因素与非对称冲击分析——基于扩展的新凯恩斯菲利普斯曲线的实证分析［J］．统计与信息论坛，2013（1）．

［4］刘喜和．经济增长、国际资源品价格与输入性通货膨胀——基于扩展的新凯恩斯菲利普斯曲线的实证分析［J］．广东金融学院学报，2011（4）．

［5］刘喜和．我国通货膨胀的短期动态特征与驱动因素比较［J］．经济学动态，2011（6）．

［6］陈德胜．外部信用评级信息效应的国际最新研究进展综述［J］．科技管理研究，2005（4）．

第四章 行业风险分析

确定一个发行人的信用级别需要考虑该发行人所属的行业状况。那些处于下降趋势、过度竞争、资金密集以及周期性和不稳定性的行业，面临的风险显然要高于竞争者少、进入障碍较高、市场需求可预测的稳定性行业。固有的行业风险或行业的周期性可能决定行业信用等级的绝对上限。

许多信用问题要联系行业的风险性来考虑，才能够得出综合的评价。行业风险评估为分析特定公司风险因素或成功秘诀以及建立评级指标体系优先顺序奠定了基础。例如，如果技术是至为关键的竞争因素，那么 R&D 实力就非常重要；如果是消费品生产行业，生产成本就是主要考虑的因素。

行业风险被定义为由于行业变化、商业循环周期、消费者偏好变化、技术进步、进入壁垒降低或者竞争加剧而引起的企公司收入减少、市场份额丢失或财务绩效全面下降的风险。

第一节 行业定义

影响企业经营风险的因素首先是其所处行业，因此信用分析首先要对行业有个总体的把握，包括行业界定、行业定义。

行业是由提供相同或相似产品与服务的企业组成的群体，行业内的企业之间处于一种相对紧密的联系状态，在生产经营上存在着相同性或相似性，其产品或服务具有很强的替代性。首先，根据受评企业的产品结构和收入来源情况，对受评企业从属的行业进行界定，然后根据不同行业的信用评级方法展开评级。我们以国家统计局的行业划分标准为其行业界定的基本依据。其次，进行行业定义。行业定义可以从技术上、经济上进行定义。如《国家行业划分标准》将"农副食品加工业"定义为"直接以农、林、牧、渔业产品为原料进行的谷物磨制、饲料加工、植物油和制糖加工、肉类加工、水产品加工，以及蔬菜、水果和坚果等食品的加工活动"，这是从技术角度进行定义的。从经济上进行行业定义，包括产品特点、经济和市场特征、消费与需求特征以及销售特点等方面。例如，穆迪在《全球蛋白质食品和农业行业评级方法》（2009 年）中，对蛋白质食品和农业行业的定义为："同质化产品、易变投入成本、全球市场、高消费频率、需求稳定、批发和零售客户。"

第二节　行业特征

行业风险分析是从影响行业信用质量的主要因素——行业营利性及行业现金流角度进行特征描述。例如，穆迪在《全球蛋白质食品和农业行业评级方法》（2009 年）中，对行业特征描述为："收益和现金流具有可变性、贸易量易受政府政策（关税、限制病原传播、为出口提供包括金融融资的支持）影响、食品安全等。"又如，《标准普尔中国铝业信用评级报告》（2005 年）描述的铝和氧化铝行业的特征为："原铝和氧化铝行业的商业风险较高：表现为价格波动性、需求周期性、资本密集型和竞争激烈性。"

《标准普尔信用评级准则 2008》从周期性、竞争程度、资本密集度、技术风险、政府监管和能源敏感度等方面描述行业特征，详见表 4-1。

表 4-1　　　　　　　　主要行业特征和信用风险驱动因素

信用风险影响程度：高（H）；中（M）；低（L）

风险因素	周期性	竞争程度	资本密集度	技术风险	政府监管	能源敏感度
工业	H	H	H	L	M/H	H
航空业（美国）	H	H	H	M	M	H
汽车*	H	H	H	M	M	M
汽车供应*	H	H	M	H	L	M/H
高科技*	H	H	H	H	M/H	H
采矿*	H	H	H	L	M	L
化学工业*	H	H	H	L	M	H
旅馆*	H	H	H	L	L	M
运输*	H	H	H	L	L	M
竞争能源*	H	H	M	L	H	H
电信（欧洲）	M	H	H	H	H	L

注：带 * 号的是指全球角度。

资料来源：http：//www. standandpoors. com。

从行业特征分析出发，就可以得出行业的风险程度。例如标准普尔把部分行业按照风险程度高、中、低进行了划分，详见表 4-2。

表 4 – 2	标准普尔的行业风险分类
类型	行业
风险最高的行业	金属和采矿公司（国外此类公司均为私有，先购入探矿权，但前期勘探费用成本极高。中国此类公司多为国有，已拥有采矿权，且获得成本极低）
	钢铁企业（国外是寡头垄断，基本是夕阳行业，由成熟走向衰退。中国是垄断竞争向寡头的过渡，刚进入成熟期）
	航空（中国如果是国营企业则风险较低，非国营的风险较高）
	房地产
	商用电力生产和销售商（中国均为国有公用事业，风险低）
	造纸（类似）
风险中等的行业	石油和天然气生产商（中国是完全垄断，因此风险较低）
	技术公司包括电信设备生产商
	餐饮和零售店
	保健机构诸如医院和护理院
	旅馆和博彩公司
	基本运输业包括货运和铁路运输
风险最低的行业	品牌消费品公司（奢侈品，但国内自主奢侈品牌企业少）
	药品和医疗设备公司（美国已进入成熟期，寡头垄断；中国处于初创及成长期，风险较高）
	政府监管的公用设施
	出版和广告业（教材出版风险低，商业出版风险高）
	军火生产商
	农业、肉类和家禽公司（美国已是寡头；中国是完全竞争，少量细分产品是垄断竞争）

资料来源：http：//www.standardandpoors.com。

　　一般而言，资本密集程度高、周期性强、竞争激烈的行业风险比较高。因为具有这些特征的行业，营利性受到限制、盈利波动性和不确定性较强。例如，房地产、有色金属、钢铁、能源等的价格波动剧烈，是这些行业的盈利波动较高的主要原因。相对而言，公用事业、食品、有线电视等行业的盈利波动性较小。在盈利波动性高的行业中，大部分企业的经营易受环境影响，盈利迅速由高峰跌至低谷，信用质量不稳定。总体来看，债权投资人更偏好投资盈利比较稳定的行业。

第三节 行业风险因素

企业作为某一行业的参与者，其面临的经营风险大小取决于行业的整体状况，评级需要重点关注行业的整体状况和决定行业内企业经营状况的主要因素。行业风险影响的主要因素包括：周期性、行业竞争状况/方式/范围、资本密集程度、技术风险、政府管制、投融资特点、进退壁垒、行业供需以及影响行业内企业经营的决定性因素等。

一、周期性

对周期性的分析通常包括行业生命周期、行业对宏观经济周期的敏感度以及部分行业所特有的季节性特征等。

（一）行业生命周期

行业生命周期划分为四个阶段：初创期、成长期、成熟期、衰退期。识别行业生命周期所处阶段的主要指标有：市场增长率、需求增长率、产品品种、竞争者数量、进入壁垒及退出壁垒、技术变革、用户购买行为等。

表 4 - 3 　　　　　　　　　　　　行业所处阶段及其特点

序号	阶段	特 点	年销售增长率
1	初创期	技术发展不确定，创办成本较高，缺乏清晰的发展规划，新公司不断加入	30% ~100%
2	成长期	技术趋于先进和成熟，产品竞争力强，市场需求巨大	10% ~30%
3	成熟期	技术标准形成，市场竞争激烈但有序，竞争焦点由价格转向售后服务，顾客对产品有较丰富的知识	10% 以下
4	衰退期	技术老化，市场逐步萎缩，企业疲于生计	负值

行业所处生命周期发展阶段，即行业处于增长、稳定或衰退阶段。行业所处的发展阶段不同，行业内企业所承受的风险也不同。处于初创期的行业，技术上不够成熟、创办成本较高、行业利润和风险都相对较高；处于成长阶段和成熟阶段的行业，产品和服务都比较标准化，企业经营比较规范，市场状况较好，行业的系统风险相对较小；衰退期行业面临市场萎缩，行业系统风险较高。成长型行业主要有软件、保险、银行、证券、旅游等，成熟型行业主要有钢铁、空调、电视机等，补缺型行业主要有轮胎、钢绞线、钢帘线、制版、手机销售等。

目标行业所处生命周期阶段不同，其盈利能力和波动性不同。技术研发可能带来行业盈利能力的巨大变化并加剧波动性。经济周期性反映了行业盈利能力的稳定性受宏观经济的影响程度。

1. 股权投资人和债权投资人看法不一致的行业。对股权投资人来说，成长性高的行业是"好"行业，如：新能源。股权投资人排斥风险较高的行业，尤其是可能亏损的行业。而债权人偏好成熟型的行业，成长性一般，但波动性小，如传统的火电、水电等。债权投资人最为青睐集中度较高的垄断竞争行业，增长性一般，盈利和现金流规模大且稳定。

2. 股权投资人和债权投资人看法一致的行业。煤炭和石油行业价格和盈利的波动性较高，股权投资人通常选择在行业走出低谷或是价格快速上升前介入；债权投资者也认同这样的行业，虽然盈利的波动性大，但盈利始终保持在较高水平。

行业生命周期分析具有一定的局限性。有时要确定行业发展处于哪一阶段是困难的，整个经济的周期性变化与某个行业的演变也不易区分开来，再者，有些行业的演变是由集中到分散，有的行业由分散到集中，无法用一个战略模式与之对应，因此，应将行业生命周期分析法与其他方法结合起来使用。

（二）行业对经济周期的敏感度

这是行业周期性风险分析的重点。根据行业对宏观经济周期的敏感程度，可以将行业划分成周期性行业、增长性行业和防御性行业。周期性行业对宏观经济周期最为敏感，业务稳定性也差。因此，分析师必须准确地判断行业及行业内企业对宏观经济周期波动的敏感程度，这将有助于预测行业内企业未来的业绩。

市场经济具有周期性，经济周期性对行业需求有重要影响，从而影响行业的景气变化。经济周期的不同阶段各行业的景气表现是不同的，各行业对经济周期的敏感度也有所不同。

经济周期过程中，最终产品行业最先复苏，之后中间产品行业景气恢复，原材料等初级产品行业景气最后启动。一般情况下，经济周期过程中，经济从萧条开始复苏，政府通常出台刺激消费和投资政策，最终消费（产）品就是刺激对象，因此最终产品行业景气度最早开始提升。随着经济复苏至繁荣阶段，中间产品行业也开始景气，最终至经济高涨、狂热阶段，原材料、能源等初级产品行业景气度快速提升。经济泡沫崩溃后，全行业价格均快速、深幅下跌。各行业的景气变化即各行业对经济周期敏感情况（见表 4 −4）。

表4－4　　　　　　　　　经济周期影响特定的行业

经济周期早期	汽车制造；休闲产业（服务，最终产品），博彩业（最终产品），公寓经营，建筑材料，房地产，零售与餐饮，纺织与服装［经济从萧条开始复苏，政府通常出台刺激消费和投资政策；最终消费（产）品就是刺激对象］
稳固贯穿整个周期	保健业；食品、饮料和烟草业；酒业；快速消费品；公用事业（以最终产品为主）
经济周期后期	金属及采矿业；化工；石油和天然气；电信；有线电视；资本货物；航空；集装箱运输；造纸业；技术；广告和媒体；出版印刷业（中间材料、中间产品、原材料）

　　无论是在经济周期早期景气还是在经济周期后期景气的行业，均属于周期性比较强的行业。稳定贯穿于整个周期的行业属于经济周期不很明显的行业。周期强的行业盈利稳定性受到影响，因此行业风险较高。防御性行业由于其增长性受到限制，因此行业风险也较大。

表4－5　　　　　　　　　经济如何影响不同的行业

类型	行业
易受经济变化影响的行业	纸业和林业（中间产品）；金属和采矿（原材料）；资本货物和制造业（中间产品）；航空、公路及铁路运输（中间产品）；房地产及建材（最终产品、中间产品），石油和天然气（原材料）；化工；零售、旅馆和食品（餐饮业）、汽车（最终）、金融（银行、证券、保险）
受经济变化影响一般的行业	电信、技术、传媒及出版、建筑施工、博彩业、餐饮、快速消费品、酒类
不易受经济变化影响的行业	环保、健康及医药、公用事业、有线电视、国防、名牌消费品、烟草、教材出版

　　除了研究行业对经济周期的敏感度之外，还要研究行业对经济变化的敏感程度。不同行业受经济变动影响程度不同。

　　风险高低的衡量包括：（1）行业的规模。规模太小的行业往往不能创造出巨大的收入，偿债能力也受到限制。（2）行业的营利能力。衰退行业营利性低、竞争剧烈行业营利性低、资本密集型行业营利性低。（3）经营与营利的稳定性、持续性。易受经济波动影响的行业稳定性差，不易受影响的稳定性好。

　　（三）季节性特征

　　季节性特征属于行业的短期周期性特征。不同国家因自然环境、民族风俗习惯，抑或是行业本身与自然节气的变化，可能导致有些行业具有极强的季节性特征。

二、行业竞争程度、方式、范围

不同市场结构中的企业，其定价会有所不同。因此，企业信用风险的分析，应首先明确其所处行业的市场结构。在分析行业的市场结构时，通常会使用行业集中度。

通过对一些指标如行业中企业销售收入、销售利润率、净资产收益率或其他重要指标来判断行业内的竞争类型或竞争程度，同时列出本行业竞争能力较强的前 10 名企业并对它们各自的特点作比较分析。

根据市场集中度、产品差异与多样性、进入和退出壁垒等因素，市场结构可分为完全竞争市场、垄断竞争市场、寡头垄断市场和完全垄断市场四种类型。

（一）完全竞争市场

完全竞争市场是资源完全由市场配置，经济效率最高，但行业内竞争最为激烈，行业内企业只能获得社会平均利润。在现实生活中，初级产品市场，如农产品市场类似于完全竞争市场。在这个市场中，企业无法获得垄断利润，因此收益受到影响。

（二）垄断竞争市场

垄断竞争市场中有大量企业，但没有一个企业能有效影响其他企业的行为。在该市场结构中，造成垄断现象的原因是产品差别；竞争一般来源于产品的可替代性。在国民经济各行业中，制成品市场，如服装等轻工业产品市场，一般属于垄断竞争市场。垄断竞争行业的垄断性需要付出成本维持，具有一定程度的"脆弱性"，其垄断利润也具有"脆弱性"。

（三）寡头垄断市场

寡头垄断市场结构中，通常存在着一个起领导作用的企业，其他企业随该企业定价与经营方式的变化而相应进行某些调整。资本密集型、技术密集型产品，如电信、石化、钢铁、汽车等重工业以及少数储量集中的矿产品如石油等的市场多属于这种类型。此类行业的资本、技术壁垒较高，限制了新企业进入。行业中的企业市场地位相对稳固，获得较大垄断利润。但行业还存在竞争，需要维持高额固定费用，投入巨资进行技术研发，成本受到限制。

（四）完全垄断市场

包括政府完全垄断和私人完全垄断，前者在公用事业中居多，如国有铁路、邮电等部门；后者或根据政府授予的特许专营权，或根据专利生产的独家经营权以及由于资本雄厚、技术先进而建立的排他性的私人垄断经营。完全垄断一般可以产生垄断利润，现金流具有持续性和稳定性。

行业竞争方式，包括价格、产品质量、销售渠道及销售网络、产品概念、产品细分程度、服务等。竞争范围可能是全球的、全国的、区域的或没有竞争对手。另外，行业竞争状况的分析要特别关注行业参与者的竞争行为，如行业不正当竞争行为的普遍存在可能对企业正常经营产生巨大影响。

三、资本密集程度

分析行业是属于资本密集型、劳动密集型还是技术密集型。资金密集型行业对资金需求比较高，资金密集程度越高，行业对资金需求就越高，企业的成功要素往往与融资渠道、现金生成能力有关。劳动密集型行业一般利润空间不大，企业的盈利能力取决于劳动力成本或劳动力市场状况。技术密集型企业的盈利能力主要取决于技术创新，企业的盈利空间很大，但市场风险较高。

四、行业壁垒

行业进入的难易程度决定行业的竞争水平。如果市场障碍少，原有市场参与者的竞争优势将很快丧失。市场进入主要受规模经济性、市场营销渠道和法律法规等因素影响。行业退出的难度在信用评估中一般表现为企业的经营前景不佳，极大的行业转型机会成本对处于衰退阶段的行业带来较大的不确定因素。一般来说，专用设备、厂房占企业资产额较大比例的企业退出难度较大。

行业进入壁垒对企业盈利潜力有影响，更主要的是对盈利稳定性的影响。较高的进入壁垒可以限制新进入者，减小行业供给扩大的压力，降低来自新进入者的竞争。政府管制严格的行业通常进入壁垒较高，如：制药行业的主要产品需要国家有关部门的认证，高速公路、机场等公用事业则需要国家有关部门的特许经营等。银行、证券、保险等行业也是需要有关部门特许经营。软件行业则是靠自身经营研发形成了较高的技术壁垒。连锁零售企业的店铺数量、覆盖区域和品牌是主要的进入壁垒。随着国家"环保、限小"等政策及行业的竞争演变，水泥、煤炭、钢铁的进入壁垒越来越高。

五、政府管制/产业政策

产业政策、行业管制政策，包括准入政策、贸易规则、价格控制、工资规则政策以及反垄断政策等都会直接影响被评对象的信用质量。

（一）行业在国民经济中的产业地位

产业在国民经济中的地位越高，其获得保护和扶持的可能性越大，行业内企业业务发展也越稳定。一般来说，处于战略地位的产业更容易受到国家有关部门的扶持和干预。长期受到管制的行业内企业其经营业务的稳定性会强于未受到管制的企业。需要关注的是，受管制行业的放开则会加大行业内企业的竞争。

（二）产业政策与法规影响

重点分析国家近年来出台的相关产业政策和法规对行业内企业的影响，尤其是对行业内企业信用风险产生的影响。产业政策对产业结构、产业组织、产业技术、产业布局进行规划和调整，对企业都会产生影响。我国当前正处于体制转轨时期，产业政策对许多行业的运行和发展起着举足轻重的作用。属于国家重点支持的行业，在政策有效期内发展条件优越、信用风险较小；属于国家允许发展的行业，一般市场竞争比较充分，风险程度适中；而属于国家限制发展的行业，往往发展空间较小，风险程度偏高；国家明令禁止的行业和产品，如污染严重、技术落后、浪费资源的小煤矿、小炼油、小水泥、小玻璃、小火电等，行业风险极高，一般不应投入信贷资金。

法律风险分析旨在判断行业法律法规体系是否稳定和完善，法律环境是否存在重大变化，以及这种变化对行业的实质性影响。

六、供给与需求因素

市场供求关系是决定产品价格的基本变量，也是决定行业发展前景的重要因素。

供需分析是分析行业内企业基本经营和竞争地位以及盈利能力的重要依据。行业供需分析通常考虑行业的市场规模、市场的供需状况等。研究行业供给与需求，主要分析行业供给、需求变化因素影响产品价格、成本，进而研究如何影响企业的盈利。这是行业风险分析的出发点和落脚点。

（一）行业市场规模

通常行业市场规模越大，行业内企业经营环境稳定的可能性也越高。行业市场规模反映了行业的市场容量，决定了行业内企业发展的规模上限，世界级的超大型企业总是诞生在市场规模大的行业，其业务发展也具有较强的稳定性。

（二）行业供给分析

供给分析主要考察行业内部竞争者的生产能力、产能利用率、产销率、上游产业的需求以及行业中主要产品的进口情况等因素。此外，还应阐明对行业供给产生重大影响或约束的因素，如技术、资本、资源、制度和其他因素以及相关行业对行业供给的约束作用。

1. 产量、产销率、库存。产量是指行业内企业产品的实际供给量。一般情况下，企业根据销售情况确定实际产量，所以产销率较高，库存就处于较低水平。库存和产销率的短期波动可以在一定程度上反映短期内供给是否过剩。特殊情况下，如经济危机初期，未预期到的需求和销售大幅下降，部分企业对当前和未来一段时期的需求仍盲目乐观而保持当前产量或扩大产量，则将导致库存大幅上升、产销率大幅下降。

2. 生产能力与产能利用率。生产能力即产能，是在计划期内企业在既定的组织技术条件下，所能生产的产品数量，它反映了企业的总体生产规模。产能指的是行业的潜在生产能力，产能并不一定等于实际产量。实际上，由于市场需求的变化，企业家的判断、原材料的供给、资金约束等，各行业的产能经常不等于产量。

产能利用率也叫设备利用率，是反映实际产能的一个指标，反映了实际生产能力到底有多少在发挥生产作用。产能利用率的公式为实际产能/设计产能×100%。通常80%的设备使用率被认为是工厂和设备的正常利用水平。当产能利用率超过95%以上，代表设备使用率接近全部。有一些企业的产量在某一时期有可能大于产能，是因为某些机器设备的实际产量可以超过设计产能。反之，如果产能利用率在90%以下，且持续下降，表示设备闲置过多，经济有衰退的现象。

3. 技术研发与产品结构。技术进步可以带来产品质量提升、成本降低、产能扩大及产品升级换代。质量提升、成本降低和产能扩大将增加现有产品的供给，而产品升级换代则带来新的市场需求，从而增加新的供给。技术研发的投入与行业集中度有一定关系。寡头垄断市场中，技术投入更大，技术进步更快；完全竞争和完全垄断的行业的研发投入较少。

技术进步对不同行业的影响程度不同。计算机软件、制药等行业的技术进步非常快，影响重大；但水泥、采矿等行业的技术进步较慢，影响也有限。实证中，度量技术研发对行业供给的影响非常困难，技术研发的评价可通过考察专利数量及级别、研发投入、获奖情况等指标。

总体来看，技术研发决定着行业生命力，落后产能将逐渐被市场和监管淘汰。但技术发展速度过快或重大技术更新过于频繁，也容易给行业内现有企业带来巨大生存压力，相应行业运行的稳定性降低，行业内的竞争结构变化较频繁。

4. 上游产业。上游产业依赖度指行业经营状况受其上游产业的影响程

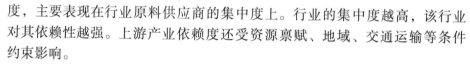

度，主要表现在行业原料供应商的集中度上。行业的集中度越高，该行业对其依赖性越强。上游产业依赖度还受资源禀赋、地域、交通运输等条件约束影响。

5. 进口。进口需求受国家进口政策及汇率变化影响较大。政府对部分商品的进口有支持也有限制政策。支持政策包括补贴、减免税、信贷优惠等。限制政策包括增加关税、增值税、消费税、出口配额等。部分行业的进口依赖性较强，如计算机硬件、钢铁、有色金属冶炼、石油化工等行业，汇率变化对这些产品进口需求的影响较大。

行业需求可预测程度比较强的行业，行业参与者往往可以根据产品需求及其占有的市场份额来确定相应的生产规模，因而其经济风险相对较低。产品需求波动比较大、可预测性较强的行业，行业参与者的生产往往带有较大的盲目性，因而其经营风险较高。

（三）行业需求分析

需求分析应考察行业需求量的历史总体变化趋势，分析经济周期的特点及行业与经济景气度的变化关系；考察居民收入和支出水平及下游需求的结构变化和依赖度；考察不同阶段其需求价格弹性、收入弹性、替代弹性的变化特点。此外，还应考察对行业需求产生重大影响或约束的因素，如社会心理、消费习惯、文化背景、企业投资、政府购买、净出口和其他因素以及相关行业对行业需求的约束作用。

1. 居民收入水平。居民收入水平与消费有密切关系。计划经济时代，我国商品货币化和居民收入水平较低，基本没有对住房、汽车的需求，粮食、日用品、自行车等生活必需品是当时居民的主要需求。随着市场经济的发展，20 世纪 80 年代后期至 90 年代，轻工、化工、钢铁等重工业需求开始快速增长。进入 21 世纪以来，对大额耐用消费品如汽车、房屋、金融、医疗保健以及煤炭、石油等基础能源的需求开始迅速增长。

中国经济的地域和城乡差异较大，分析时还应关注居民的收入结构与消费结构。过去十余年间东部和城镇居民收入和消费的投资增长较快，未来高端交通工具例如汽车、航空等的增长前景较好，较高档次的衣着需求增长也会较好。未来中西部地区和农村市场消费投资增长最快的是交通通信、衣着、家庭设备和医疗保健，基础设施建设，低端产品会面临比较好的增长前景。

2. 下游产业。下游产业的需求是影响行业需求的直接动力，不同行业对下游产业的依赖度有所不同。下游产业依赖度通常表现在产品客户群的集中度上。产品客户群的集中度越高，行业对其依赖性越强，行业的讨价还价能力相对较弱，行业风险相应较高。

3. 替代品与互补品。产品替代性是指其他行业的产品或服务具有相同功能或能满足近似需求。来自其他行业的产品替代性越高，目标行业风险越大，反之则风险越小。例如，公路、铁路、民航之间，煤炭和石油之间都存在行业替代关系。

进行行业风险评价时应重点分析它们之间此消彼长的风险关联度。替代品分析是考察行业产品替代品的种类、涉及行业、替代品替代行业产品的规模、增长率、替代品与行业产品的优劣比较与替代性分析。互补品是分析目标行业与互补品的联动关系，如汽车是轮胎等配件的互补品。

4. 出口需求。出口需求受国家出口政策及汇率变化影响较大。政府对部分商品的出口有支持也有限制政策。支持政策包括补贴、减免税等。限制政策包括增加关税、增值税、消费税等，出口配额等。部分行业的出口依赖性较强，如纺织服装、五金、玩具、家具、钢管、光伏产业等，汇率变化对这些产品出口需求的影响较大。

5. 其他。比如季节性因素，北方地区冬季建筑施工的水泥需求很低，第二季度开始至第三季度末需求旺盛。化肥、动物疫苗等也有季节性因素。

七、其他影响因素

除了以上周期性、竞争程度、资本密集程度、行业进退壁垒、政府管制/产业政策风险因素以外，还要分析技术风险和能源敏感度风险等。还要分析影响行业内企业经营的决定性因素，例如以价格竞争为主的行业，其决定因素主要是成本控制能力；以产品质量竞争为主的行业，其决定因素可能是质量管理水平；以销售渠道及销售网络竞争为主的行业，其决定因素则可能是区域、产品销售的增长水平等。

根据不同行业特征，可能还需要考虑交通运输条件、安全事故、产品替代程度、技术发展水平及其稳定性等因素对行业内企业盈利能力和现金流的影响。

本章小结

行业分析在信用评级中起到非常重要的作用，是理解企业经营模式和盈利模式的起点，是对企业经营环境和地位判断的基础，是衡量其竞争力的基础，是对未来预测的基础。行业分析最终落脚点是行业风险对企业信用质量的影响。影响因素包括：行业的营利性、稳定性、可持续性以及未来发展趋势。

行业风险分析主要通过成本结构分析、行业成熟期分析、行业同期性分析、行业营利性分析、行业依赖性分析、产品潜在性分析和法律、政策环境分析，对企业竞争情况和经营环境等行业相关因素的分析有助于估计其总体风险，了解整个行业的基本状况和发展趋势。

影响行业风险的主要因素包括：周期性、行业竞争状况/方式/范围、资本密集程度、技术风险、政府管制、投融资特点、进退壁垒、行业供需以及影响行业内企业经营的决定性因素等。

行业风险分析是信用评级的重要组成部分，但需要注意的是：第一，债务人的信用级别不仅和债务人所处的行业紧密相关，也与债务人在行业内的地位紧密相连，因此在信用评级的行业风险分析中，不应当只单纯地考虑行业风险，还应当将行业风险和债务人在行业中所处的竞争地位结合起来分析。第二，评级对象不同，行业风险分析的侧重点也有所不同。债权人或长期债务的信用评级侧重于中长期及跨经济周期的行业风险分析；短期债务的信用评级对行业风险的分析更关注行业短期的发展趋势以及风险的变动情况。

重要概念

行业　行业特征　行业生命周期　完全竞争　垄断竞争　寡头垄断　完全垄断　产能利用率　行业需求分析　资本密集程度

复习思考题

1. 从评级角度看，进行行业风险分析时哪些是必须要关注的？
2. 请从行业特征分析出发，区别不同行业风险程度。
3. 简述行业风险的影响因素。
4. 债券投资人最为青睐生命周期处于哪一阶段的企业？
5. 总结行业风险分析的指标体系。

参考文献

［1］刘喜和．世界经济增长共生视角下的人民币升值与通货膨胀［J］．天津社会科学，2011（4）．

［2］刘喜和．美元流动性、国际大宗商品价格与上证指数的关联性分析［J］．统计与信息论坛，2011（3）．

［3］王爱俭，刘喜和，王学龙．现代金融服务体系竞争力指标体系构建与评价——兼议天津金融服务体系的完善［J］．现代财经（天津财经大学学报），2011（3）．

［4］刘喜和．美元流动性周期及其溢出属性研究［J］．金融理论与实践，2010（11）．

［5］宋开宝．我国铝行业分析与发展对策研究［D］．江苏大学，2007.

［6］王笑梅．行业分析——深化公司投资价值分析的前提和基础［J］．现代企业，2007（5）．

第五章 经营与竞争分析

企业基本经营状况分析的核心是分析企业在行业中的竞争力和竞争地位。竞争地位是商业/经营风险分析的基础。有利或不利的行业环境会对商业/经营风险产生深远的影响，但竞争能力的差别会直接导致行业内企业信用地位（credit standing）方面的实质性差别。只有在竞争能力上获得较好的评价才有可能获得较好的商业信用综合评价。

第一节 业务构成与产品结构

公司业务构成和产品构成是经营与竞争分析的起点。分析企业业务构成、产品构成、收入构成、利润构成、收入和利润规模及稳定性。核心是分析未来公司最可靠的利润来源到底是什么，有多少，稳定性如何。

1. 业务构成

分析公司业务板块，主要分析公司到底从事了哪些业务、身处哪些行业。与公司资源配置战略相对应，分析其对公司盈利能力和现金流的影响。同时对各业务板块的主要竞争对手进行对比。

2. 产品构成

每个业务板块中的产品构成与业务层面战略/竞争战略相对应，包括产品收入构成、利润构成、利润率、数量及增长情况。公司现在和未来利润来源是什么，有多少，未来趋势。

第二节 价值链/供应链分析

一个企业的业务过程可以被描述为一条价值链（Value Chain），在这一链条中，开发和销售产品或服务的所有活动所带来的总收入减去总成本产生价值。在特定产业中的所有公司都拥有类似的价值链，其活动包括获取原材料、设计产品、生产、内部/外部物流、提供用户服务。公司盈利的前提是提供产品和服务的总收入大于总成本。越来越多的公司通过价值链的不同环节做到高效率和高效能。例如，沃尔玛公司通过实行严格的库存控制，批量采购和提供优质服务而建立了强有力的价值优势。

价值链的概念从"供应"、"物流"或产业角度也可以理解为供应链的概念，所有这些概念都以创造价值——获取更大利润为核心。

沿着企业最基本的价值链进行分析，通过横向比较揭示受评主体的优势和劣势。很多企业不只涉入价值链中的某一个环节，可能涉入特定环节的上游环节（即投入品市场），也可能涉入特定环节的除终端市场之外的下游环节。已经进入投入品（原材料）市场的企业具有很多的优势，比如投入品的成本更低、供应更加稳定，受市场价格波动的影响较小等。部分企业（通常是实施纵向一体化战略的企业）甚至对投入品市场具有类似于产品市场的重大影响力，对这些巨无霸级的企业来说，通过对价值链中附加值最高的价值链环节市场的掌控，积累起无可比拟的竞争优势。

价值链/供应链的不同环节的"价值"即营利性不同。制造业的情况如图 5 - 1 所示：

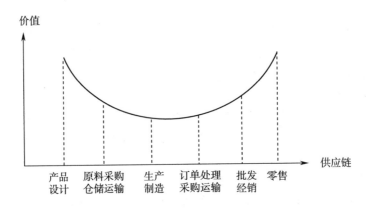

图 5 - 1   价值链微笑曲线

供应链/产业链的各个环节价值不同，基本特点是两头高、中间低。价值最高的是产品设计和零售；价值处于中间的是批发经销、原料采购（仓储运输）、订单处理（采购运输）；处于最低的是生产制造。

不同企业对供应链过程有不同的处理，最终造成了竞争结果的悬殊差距。在当今经济全球化时代，从全球资源配置的角度，如何优化每个环节，让整个供应链流程一体化，并持续更新换代，成为现代制造业参与全球竞争的关键。实践证明，对价值链的整合成为公司营利性强弱的关键。

（一）产品设计

将产品生产与产品设计联系起来，提升企业的技术水平，优化产品结构，使制造企业整个系统得到不断的效率提升和产品改进，从而在全球竞争中创造更高价值。这就是整合产品开发（Integrated Product Development，IPD）。IPD针对各部门在开发新产品中协调的情况，把产品开发的程序与市场需要、企业策略以及材料供应相结合。例如，太阳能产业的产业本质或行业成功关键因素是通过不断改进技术，大大降低成本，实现太阳能发电的低价格化，使更多消费者愿意利用太阳能的发电。为此，夏普自行研发客户所需技术，例如 BIPV，把薄膜技术融入建筑材料中。

对受评企业分析其是否运用了整合产品开发技术；对产品开发的投入、产品设计是否适应市场需要；是否在技术上具有优势；相对于竞争对手是否实现了成本最低战略或差异化。

（二）原料采购

原材料供应是否充分、价格是否合理，关系到企业生产的稳定性以及盈利能力。例如，太阳能电池的上游是硅料的提炼、纯化和硅片的切割。硅材料不仅是太阳能电池的原材料，也是 LCD 电视机、计算机芯片等半导体行业的必需原材料。半导体行业和太阳能电池行业的硅材料需求不断增长，导致硅材料短缺，硅材料价格一路上升。太阳能电池制造企业通过与上游企业合作，例如签订长期协议以确保未来的原料供应，或通过涉足上游产业。

（三）生产制造

生产制造环节分析关注以下要素：产能、产量。产能、产量与产能利用利率因素，与规模经济相联系，规模经济又与成本最低战略相联系，关系到企业竞争力。技术指标关乎到产品的差异化，也关系到企业的竞争力，特别是对传统产业来说，这是必须要分析的因素。继续上述太阳能产业的例子，在有了足够及稳定的原材料供应之后，便要积极扩大产能以确保有足够产品去应付庞大的市场需求。例如，2003 年尚德电力太阳能电池年产能是 30MW，预计 2010 年的产能达到 1000MW。产量大小是收入大小的基础。产能利用率说明企业的产品的需求状况，产能利用率高低影响企业固定成本分摊并进而影响企业营利性。技术指标在制造业特别是机械电子行业，往往是一个竞争优势强弱的指标。

（四）销售

销售分析关注以下要素：价格和销售量、产销率、渠道与网点、销售策略与推广活动。

价格与销量决定企业销售收入。产销率说明企业产品转变为"商品"的程度，产品实现销售程度。渠道的选择对企业营利性产生较大影响，网点密度说明企业的销售力度和实力，网点布局的合理性也关系到销售效率和销售费用使用效率。例如，太阳能电池生产商将太阳能电池供应到电池模块生产商以后，电池模块生产商将电池焊接到一块玻璃上成为太阳能电池板块，进而通过三个渠道（系统安装商→电力公司或房屋开发商→建筑商或系统安装商→维护保养商）为消费者提供电力。太阳能电池生产商通过设计及生产商——供应及零售商为消费者提供产品。对于家电生产商而言，销售渠道可以是大型超市、家电专卖店或自建的连锁专营店。

（五）物流（运输、仓储）

物流环节分析关注以下几点：效率、成本。物流便捷性和及时性是企业竞争优势，同时成本的节约也可以提高企业的盈利水平。有些企业的产品运输有一定运输半径，超出该半径即形成不经济。有些企业邻近交通枢纽（港口、铁路、公路）一方面节约成本，另一方面可以提高采购和供货的及时性。

上面对价值链/供应链分析，涉及分析受评企业在以下两方面的情况：其一是价值链/供应链整合，其二是价值链/供应链优化。整合与优化是相互联系的，核心思想是不仅要优化某一环节，而且要优化整合整个价值链/供应链，从而使企业的价值达到最高。例如，美国美泰公司生产芭比娃娃，自己从事产品设计，把制造环节外包给中国玩具生产企业，并控制原材料采购、仓储运输、订单处理、批发零售。实践证明，对价值链的整合成为公司营利性强弱的关键。整合供应链既要从整个供应链中选取最重要的环节加以管理、控制，又要关注整个价值链，使总体价值达到最大化。

第三节　竞争地位分析

竞争地位分析首先要关注产业链状况以及行业集中度情况；其次分析受评企业处于哪一个产业链环节；再次分析受评企业所在产业竞争结构，包括行业内竞争、上下游竞争、替代产品与服务、新进入者威胁；最后通过评级因素比较评价受评企业竞争地位高低。

一、产业链与行业内企业分布

产业链分析就是要把一个产业分解为几个环节，每个环节形成一类产品，生产这一类产品的企业形成竞争群体（或称为战略群体）。在这个行业前几位的企业行业集中度情况，说明这个竞争群体的竞争程度。

例如，太阳能产业的产业链及行业集中度。太阳能发电产业链分上、中、下游三个部分。上游包括提炼太阳能级硅、制造硅棒和硅碇、切割硅片；中游企业负责制造电池；下游则着重装嵌电池模块、系统安装及销售太阳能发电系统。

太阳能产业企业分布属于典型的金字塔模式。从事多晶硅制造，属于最上游，从事多晶硅提炼的企业全球大概有 8 家，其中前 5 强的企业占整个行业的 85%。从事硅片制造的企业大概有 18 家，其中前 5 强的企业产量占整个行业的 60%。太阳能电池制造商超过 85 家，前 5 强企业的产量占全行业的 55%。太阳能模块制造商更多，超过 130 家，前 5 强企业的产量占整个行业的比例只是 50%。最后系统安装商。

就提炼太阳能级硅来说，美国 HSC 和挪威 REC 是其中的佼佼者；硅棒和硅碇制造及硅片切割的代表则有日本京瓷（Kyocera）和日本夏普（SHARP）；而日本夏普是太阳能电池的龙头企业，紧随其后的是德国的 Q - Cells 和日本京瓷。下游市场比较分散，除了德国 SMA 占整个下游的不足 20% 外，其余企业的市场份额占有率都不太突出。

二、产业竞争结构

"五力模型"分析是"经营与竞争"分析的理论基础之一（见图 5 - 2）。

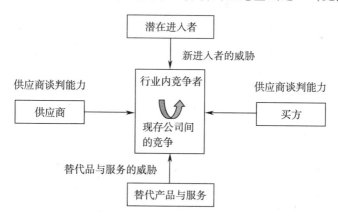

图 5 - 2　"五力模型"结构

"五力模型"认为，影响企业持续竞争力的竞争结构因素有五个：行业内的竞争、进入壁垒、与上下游的交易能力（依赖度）、产品可替代性。其他学者提出了企业内部资源与核心竞争力的资源基础论，我们放到经营与竞争中去分析。在"五力模型"的基础上，我们在分析框架中加入了影响行业盈利波动性的行业周期性、技术研发和行业生命周期三个因素，形成了考虑盈利波动性的竞争结构分析模型。

（一）现有竞争对手

分析现有竞争对手对企业的威胁程度。将主要的竞争对手同受评企业进行比较分析，分析竞争对手的强弱和对企业形成的威胁。

（二）潜在竞争者/新进入者的威胁

潜在竞争者威胁的大小取决于行业的进入壁垒和企业的反击力量。如果行业的进入壁垒很低，企业缺乏反击力量，则潜在竞争者的威胁较大，市场地位低。反之，则潜在竞争者的威胁小，市场地位高。

（三）上游供应商的议价能力

如果上游供应商的议价能力很强，将使企业处于不利的市场地位。反之，则企业处于有利的市场地位。以下几个特征将使上游供应商的议价能力增强：关键原材料掌握由少数的供应商支配；供应商提供的原材料没有替代品；企业不是关键供应商的主要客户；供应商表现出纵向一体化的现实威胁。

（四）下游客户的议价能力

如果下游企业的议价能力很强，将使企业处于不利的市场地位。反之，则企业处于有利的市场地位。以下几个特征将使下游客户的议价能力强：企业产品大批集中销售给少数买方；有同类替代品与企业的产品竞争；主要买方的经营状况很差；企业产品对主要买方的生产经营而言并不重要；买方掌握企业的充分信息；买方表现出纵向一体化的现实威胁。

（五）替代品的压力

如果企业的主要产品存在其他替代品，即使其现有产品的市场份额很大，也将面临着更加激烈的市场竞争，从而使企业处于不利的市场地位。

三、成功关键因素

分析一个公司相对于竞争者的优势和劣势，是判断这个公司在经营活动中成功的关键。所谓竞争战略，就是在一个行业中，一个经营单位在行业中找到一个合适的位置，并且在这个地位上有足够的能力有效地抵御对手，或能够根据自己的利益去影响他们。所有行业都有自己的成功要素和主要竞争因素。价格、成本、质量、客户服务和及时交货能力，都是典型的公平竞争因素。为了评定特定发行者的竞争地位，我们需要关注特定行业相关的关键因素。例如，制药公司的关键因素，可能是研发实力，而对于消费品企业来说营销可能就是一个特别重要的考虑因素。为了确定赢得竞争的关键因素，信用分析师不仅应当集中分析首要的竞争因素，最重要的是，还应当集中分析影响并最终决定输家和赢家的潜在因素。

（一）成本竞争

如果一个行业是高度竞争的行业，那么对公司市场地位的仔细评估将是分析的重点。如果一个公司与对手是基于价格上的竞争，那么潜在的因素将是它的成本。成本最低的供应商有能力降低价格，并维持毛利，并因此在价格竞争中获胜。例如美国西南航空公司，它的营业成本（即每座位英里的成本）至少比其他主要大航空公司低30%。进一步讲，在企业经营活动中，基于价格竞争产生的竞争优势其最主要的潜在因素是企业的各项成本。为此，在成本构成方面主要关注能源成本、生产成本、管理费用、营业费用、财务费用等各种成本费用构成及其变化趋势，同时将这些情况与竞争对手进行对比分析。其中原材料供应、环保与节能对成本的影响最为明显。原料供应是影响成本最直接的因素，多种原料供应渠道也是支撑信用级别的因素之一。原材料供应分析包括：（1）考察原材料的稀缺程度。（2）考察企业对主要原材料的控制方式和控制力度。对于高能耗、高污染行业，随着国家环保与节能政策的日趋严厉，身处其中的企业层面所面临的政策风险就会越大。分析环保与节能对企业竞争力与成本的影响。

（二）质量竞争

如果基于质量上的竞争，那么潜在的因素是公司人员的技术水平和生产设施的运作能力。

（三）交货能力

如果是基于交货能力上的竞争，那么经销商分布的广度或生产的速度是关键。

（四）研发与技术

技术和保健公司在创新上竞争，它们成功的关键是创新以及生产下一个顾客想要、需要和愿意购买的有价值的产品。从企业层面来讲，行业的整体技术水平代表了尚可开发的技术空间，只有在存在相当的技术空间的情况下，企业的研发能力和技术水平才能构成企业的竞争优势。同等情况下，对研发与技术创新投入程度越高的企业，研发能力与技术水平越高，企业越能获得竞争优势。

四、可持续性评估

竞争地位的可持续性和变化趋势是评级的关键因素。分析公司经营的持续性和稳定性（通过销售收入、单位销售、盈利状况和现金流量来测算）是信用分析的关键组成部分。连续性被人们认为是公司的一种优势，而波动性则被认为是一种劣势。波动性产生的原因很多，包括商业周期和经济周期的影响、竞争因素、产品过时、技术创新以及总体上对公司产品或服务的需求转移。

（一）竞争地位的可持续性

竞争优势的可持续性通常由低成本或产品差别化来决定。广义上包括：产品组合（质量、价格）和品牌知名度；市场份额（现有客户群和客户地理分布）；分销能力、客户关系；技术和制造能力；实质性的进入壁垒，例如运输、资本或者技术密集程度和规章制度。

对上述因素的评估必须注意，我们用历史数据是为了对未来趋势做出深入判断。在判断企业竞争能力的高低和可持续性时，其他一些因素也非常关键。例如，行业整合并不会必然提高资本回报率，但纵向整合通常可以增加竞争能力，因为这有利于维持客户忠诚度、定价能力和加强企业适应技术发展的能力。这就是说，竞争能力对企业能否在价值链中占据强势环节以获得高附加值也至关重要。

（二）销售收入与收益的持续性

持续的销售增长和定价能力是两个公司信用良好的标志。在一个积极的经济环境和一个顾客需求持续增长的行业中，一个有强有力的公司产品销售比它的竞争者以更快的速度增长，它的产品价格也会以与通货膨胀率相同或更高的速度增长。在经济或行业衰退期，该公司仍然会比竞争者实现更好的销售增长，但是它自身的销售和收益的环比，将会变得比较弱。

五、多样化评估

具有多样化的产品、顾客和（或者）原材料供应者能够帮助公司应对不利环境。地理上的分散也能够帮助公司抵御来自区域市场和经济上的不利变动。

（一）产品和销售的多样性

大部分行业都有各种不同的产品和服务的买主，信用度高的公司产品或服务与竞争者相比是有区别的，并因此受到顾客的喜爱。成功的公司了解自己产品的优势，并知道自己顾客的需求，因此，在提供市场需要的产品上，可以持续地做得更好。

（二）经营多样性

经营多样性体现为多种业务、多条产品线、多个生产厂、多种销售途径或者多种类型的顾客。在很多行业中，多样化意味着更强的竞争能力，因此也被认为对信用将产生正向的影响。从信用质量角度看，能够在不同的行业周期中从一系列业务中获得稳定现金流的公司，要强于那些虽然排名最佳但只从事一种业务的竞争对手。

（三）财务多样化

经营多样化为财务的稳定提供多种途径，其中之一是从多样化的产品、

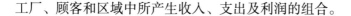

工厂、顾客和区域中所产生收入、支出及利润的组合。

六、规模评估

企业规模可以通过资产规模和生产规模两个角度进行衡量。企业的行业排名或综合排名是衡量企业是否具有规模优势的重要指标。规模和信用等级高度相关。尽管对于特定评级等级并没有最小规模标准，但是规模与信用级别之间确实存在着紧密的联系，规模往往是多样化的衡量手段，也对竞争力产生一定的影响。

规模往往对市场地位、多样化程度和财务灵活性产生重要的影响。当市场和区域经济发生变化时，小公司往往缺乏某些方面的多样化导致较低的财务弹性，而大公司因其广泛的经营范围可以从中获益。

较大的规模通常会带来较低的成本。在采购、生产和分销方面的规模经济会使大公司具有更好的现金流，这对处于周期中的衰退期时尤为重要。企业也会因为资产规模大而获得一定的优势。这类企业即使在业务上遇到麻烦，它们也有很强的支撑能力。如果它们为地方政府提供大量税收、雇用大量的雇员、使用了大量银行贷款或拥有很大的市场影响力，政府或银行都不会轻易放弃它们。更重要的是，大公司通常积累了很多可以变现的土地等外围资源或设备。

然而，判断企业规模不能仅看企业的资产规模。资产规模小的公司也可以因为在市场中占主导地位而具有竞争优势。中小企业如果能在市场细分中确立牢固的市场地位，就能够在拥有大市场份额的企业统治下得以生存甚至获得令人满意的经营业绩。德国跑车设计生产商保时捷公司就是这样的一个成功范例，该公司在大型汽车生产商的竞争市场中，成功地捍卫并扩展了自己在高级跑车市场中的地位。因此在这个意义上而言，市场方面的竞争优势并非较大的规模。

市场占有率是一项重要指标，通过进行市场份额分析可以深入了解公司的竞争优势。大的市场份额并不必然意味着拥有竞争优势或者行业的主导地位，还要看其所属产业的竞争性质而定。在寡头垄断的产业中，各个主要竞争者的规模可能都很大，但是每一家都没有明显的优势或劣势。在竞争激烈的行业（例如航空运输行业、纺织业）里，即使是大公司也无法取得价格领袖的地位。

总之，在成熟市场的大公司有可靠的持续经营能力。它们有规模庞大的雇员、数量众多的可自由支配资产和出众的重组能力，这些都能对自己的命运产生积极的影响。

本章小结

经营环境主要是指影响企业获取必需资源或确保经营活动顺利开展的因素，它比宏观环境和行业环境更易为企业所影响和控制。经营分析是管理当局进行经营决策、业绩评价的基本前提，分析的目标是总结过去的经营环境来预测未来。企业经营环境的调查是进行企业信用管理的重要内容，主要体现在供、产、销三个环节。

明晰业务构成和产品构成是经营与竞争分析的起点，但其只是对过去情况及态势的总结。价值链/供应连/产业链分析和竞争地位分析的结果才能作为未来预测的指导。分析的核心是公司未来最可靠的利润来源。

一个企业的业务过程可以被描述为一条价值链，其活动包括：获取原材料、设计产品、建造生产、内部/外部物流、提供用户服务。公司盈利的前提是，生产和提供产品和服务的总收入大于总成本。通过高效率和高效能的价值链/供应链可以积累无可比拟的竞争优势。价值链/供应链分析，涉及价值链/供应链整合与优化。

竞争地位分析，首先要关注产业链状况以及行业集中度情况；其次分析受评企业处于哪一个产业链环节；再次分析受评企业所在产业竞争结构（行业内竞争、上下游竞争、替代产品与服务、新进入者威胁）；最后通过评级因素比较评价受评企业竞争地位高低。在波特的五力模型基础上，我们在分析框架中加入了影响行业盈利波动性的行业周期性、技术研发和行业生命周期三个因素，形成了考虑盈利波动性的竞争结构分析模型。

重要概念

业务构成　产品结构　供应链分析　波特价值链　价值链微笑曲线　竞争地位分析　五力模型　经营多样性　财务多样性　企业规模

复习思考题

1. 简述制造业价值链。
2. 解释价值链微笑曲线。
3. 分析太阳能产业行业集中度。
4. 请自主选择一个企业并利用波特五力模型对其进行分析。
5. 企业如何能获得竞争优势？可持续竞争优势的来源是什么？

参考文献

［1］段黎明．如何建立我国保险资产管理公司经营业绩评价体系［J］．

财务与会计（理财版），2014（1）.

　　［2］周琳. 论企业循环战略经营业绩评价实施机制的完善［J］. 商业会计，2011（17）.

　　［3］王俊飚. 试论企业经营业绩评价中的层次性与多样化［J］. 会计之友（中旬刊），2008（4）.

　　［4］张蕊. 企业循环战略业绩评价理论问题研究［J］. 当代财经，2007（7）.

　　［5］张蕊. 循环经济下的企业战略经营业绩评价问题研究［J］. 会计研究，2007（10）.

　　［6］罗宏，朱开悉. 企业战略性经营业绩评价研究［J］. 生产力研究，2002（1）.

　　［7］张蕊. 企业经营业绩评价方法的比较研究［J］. 当代财经，2006（2）.

第六章　战略与管理分析

本章研究的主要内容是企业战略、管理行为和决策对公司信用质量的影响，主要内容包括：战略评估、公司治理结构和管理评估等方面。

第一节　战略评估

对战略、规划和政策执行情况的考察帮助我们了解公司管理的一致性和可靠性。在这个过程中，了解为什么实际结果没有达到预期目标的原因非常重要。例如，达到或高于预期的结果可能是由意料之外的好运气带来的，而非良好的管理能力。因此，在评论管理层提出的规划或方案时，我们应该着重了解是什么使执行偏离目标。此外，关于盲目而频繁地变动经营战略，包括非预期的并购、出售或者重组，都应该引起我们的注意。

一、战略与战略层次

关于战略的定义，最具代表性的是美国管理学大师亨利·明茨伯格提出的5P战略。20世纪80年代以后，明茨伯格以其独特的认识，归纳总结了"战略"的五个定义：计划（Plan）、计谋（Ploy）、定位（Position）、模式（Pattern）和观念（Perspective）。详细内容见表6-1。

表6-1　　　　　　　　　　　　　战略的定义

定义	释义
计划	战略是关于企业长期发展方向和范围的计划，其目的是实现企业的基本目标。
计谋	战略是在竞争中赢得竞争对手或令竞争对手处于不利地位及受到威胁的智谋。
模式	战略是一系列行动的模式或行为模式。"一系列行动"是指企业为实现基本目的而进行竞争、分配资源、建立优势等决策与执行活动。
定位	战略是一种定位，定位包括相对于其他企业的市场定位，如生产或销售什么类型的产品或服务给特定的部门或以什么样的方式满足客户和市场的需求，如何分配内部资源以保持企业的竞争优势。
观念	战略观念通过个人的期望和行为形成共享，变成共同的期望和行为。

资料来源：亨利·明茨伯格. 战略管理［M］，中国财政经济出版社，2000.

战略管理包括战略制定、战略实施和战略评价。战略制定是确定企业任务、认定企业的外部机会与威胁、认定企业内部的优势与弱点、建立长期目标、制定供选择的战略以及选择特定的实施战略。战略实施是树立年度目标、制定政策、激励员工和配置资源，以便使既定的战略得以贯彻执行。战略评价要重新审视外部与内部因素，度量业绩，采取纠正措施。战略管理的目的在于为明天的经营创造并利用新的和不同于以往的机会。

在大型企业中，战略的制定、实施和评价活动发生在三个层次：公司层次、分步层次（分公司）或战略事业部层次和职能部门层次。战略可以划分为三个层面的战略：第一层是公司层战略（总体战略），解决公司总体问题，回答公司是什么、业务（现在的和未来的）是什么、公司资源如何配置、公司发展方针与政策等问题。公司层战略（总体战略）是指为实现企业总体目标，对企业未来基本发展方向所作出的长期性、总体性的谋划。公司战略属于最高层战略，是总公司董事会、首席执行官负责拟定。第二层战略是业务层战略，就每一项业务如何竞争、如何取得竞争优势，业务战略就是我们常说的竞争战略。业务层战略属于经营战略，由分公司/分业务级总经理负责拟定。第三个层面的战略是职能战略，包括生产、财务、营销、研发、人力资源等方面的战略，这一层面战略为业务战略和公司战略服务。职能战略由职能部门负责人负责拟定（见表6-2）。

表6-2 战略的层次

层次	类型	定义	解决的问题	制定者
第一层	公司层战略（总体战略）	公司战略处于最高层面，又称为企业整体战略，是指为实现企业愿景/使命/宗旨、总体目标，对企业未来基本发展方向以及资源配置、产业布局所作出的长期性、总体性的谋划。	①明确企业愿景/使命/宗旨（回答"我们要成为什么样的企业"的问题）；②任务（回答"我们的业务是什么"）；③目标（总体目标/长期目标）；④确定资源配置、产业布局；⑤决定为实现愿景/使命/宗旨和目标采取何种举措（增长型战略、稳定型战略或收缩型战略）。	公司战略由企业最高管理层制定。高管层包括：首席执行官、董事会成员、公司总经理、其他高级管理人员和相关人员。公司董事会是公司战略的设计者，承担公司战略的终极责任。
第二层	业务层战略（竞争战略）	业务战略又称为业务单位战略，是由战略业务单位制定竞争战略，它关注的是特定市场、行业或产品的竞争力。	①如何实现竞争优势，以便最大限度地提高企业盈利能力和扩大市场份额；②确定相关产品范围、价格、促销手段和市场营销渠道等。	战略业务单位/事业部/子公司管理高层负责制定，并报公司/总公司管理高层批准。
第三层	职能层战略	职能战略是为实施公司战略与业务战略在生产、财务、营销、研发以及人力资源开发等职能方面采取的配套策略。	①开发各职能领域的独特的资源或核心能力；②各职能领域规划与策略。	职能部门负责人组织拟订，并报战略业务单位/子公司管理高层批准。

二、公司战略分析

公司层战略又称为公司战略，是企业最高层次的战略，指公司对进入哪些行业和区域、所进入行业和区域的投资规模以及实施横向一体化或纵向一体化的程度方面的目标定位与决策准则。公司战略是关于公司使命/宗旨——愿景和任务、发展方向、资源配置、方针政策的战略。企业是否拥有清晰的公司战略以及公司战略是否合理直接决定了公司在未来一段时期内的发展方向以及发展趋势，是公司竞争力的本源所在。

公司战略（总体战略）主要考虑的问题是企业的使命或宗旨是什么，企业的业务是什么（现在是什么，未来是什么，应该是什么），企业的业务是应当扩张、收缩还是维持不变。因此，公司战略（企业总体战略）要确定企业使命或宗旨（愿景、任务），业务是成长、稳定还是收缩。与公司业务是成长、稳定还是收缩相适应，从战略类型角度它可以划分为三种类型：成长型战略、稳定型战略和收缩型战略。

分析受评企业战略，一要明确企业各个层次的战略是什么；二要分析企业实施这些战略的适用条件，分析这些战略的合理性；三要分析这些战略实施的效果及对信用风险的影响。最后要分析企业未来战略取向并对其实施效果及对信用风险的影响进行预测。

公司战略分析的核心是分析战略的制定与实施。战略制定一般从企业愿景和使命出发，根据企业愿景和使命制定战略举措，根据战略举措制定计划与预算。战略制定是否合理，对企业经营风险产生影响。因此要分析公司战略制定合理性。但不能仅止于此，还要分析过去战略实施的效果，以此评价公司战略制定与实施可能存在的问题——稳定性、持续性等（见表6-3和表6-4）。

三、业务层战略/经营战略

业务层战略是第二层次的战略，是在公司战略所确定的某一经营领域内如何取得竞争优势的策略，比如成本领先战略、产品差异化战略等。业务战略的适合与否直接决定了公司战略目标是否能够实现，也决定了企业在市场中的地位以及核心竞争力的持续性。

四、职能（功能）战略

功能战略或职能战略是为实施公司战略与业务战略在生产、财务、营销、研发以及人力资源开发等职能方面采取的配套策略。功能战略是否合理，对业务战略能否顺利实施、公司战略目标是否能顺利实现都有重要影响（见表6-6）。

表 6 - 3　　　　　公司层战略分析（一）——愿景/使命、目标、战略措施与计划

类型		要点	举例	信用风险分析
愿景/使命、目标、战略措施与计划	愿景和任务陈述	①愿景陈述回答"我们要成为什么"的问题。②任务陈述回答"我们的业务是什么"的问题。所有公司都应制定"愿景和任务陈述"。	某大型汽车企业——A公司任务陈述："在市场经济国家制造和销售最安全、最环保、最节能的小汽车和卡车。"	主要优势：清晰的愿景可以明确发展方向；正确的业务定位有利于明确业务定位；清晰愿景和正确的任务陈述可以使企业充分利用公司资源，发挥最大能效，为形成竞争优势奠定基础。主要风险：没有愿景或愿景模糊不清，导致公司发展方向不明，没有内在价值的精神力量；错误的愿景和任务陈述导致业务定位的错误，资源浪费与竞争优势的丧失。
公司战略	企业目标	目标是根据任务陈述，将公司愿景转化为中长期具体目标。	A公司企业目标：①到2010年国内小汽车和卡车的市场占有率增加8%；②到2012年单位成本下降3%；③到2013年底公司在世界汽车市场的占有率居第一位；④到2016年在海外建成15个生产基地，实现2/3外销的目标。	主要优势：切实可行的企业目标可以使企业稳步推进，销售收入可以预测，有利于现金流的稳定性。主要风险：当企业目标定得脱离实际，或定得太高，或定得太低，会降低企业资源竞争力。
	企业战略	在企业愿景、任务和目标的基础上，结合企业的资源、能力等确定实现企业目标的战略方式。企业战略措施选择是对企业目标的进一步落实。	A公司战略选择：①通过将所有资源集中于小汽车和卡车制造行业来获得发展。主要集中发展低油耗的车型，以达到政府的耗油标准，并向竞争者挑战；②采用世界一流的汽车技术，包括拥有机器人的现代化整车生产流水线，新一代线控驱动系统等，以科技创新促进品质卓越的新产品不断推向市场；③实施垂直化集约经营，使生产设备现代化以降低原材料消耗和生产成本，快速建立企业核心能力；④与外国汽车厂商建立合资企业，以发展中国国家制造和销售汽车。	主要优势：切实可行的战略推动企业目标的实现。主要风险：不切实可行的战略延缓甚至推致企业目标的实现。

类型	愿景/使命、目标、战略措施与计划	要点	举例	信用风险分析
公司战略	执行计划和预算	战略措施需要落实到具体的计划。计划若无预算则成为空中楼阁，因此根据计划还要制定预算。	A公司的执行计划： ①在国内增加一个制造和销售新型低成本、高质量汽车的新部门； ②增聘技术开发人员200名； ③参与每年两次的世界汽车展会及赞助世界一级方程式赛事以增加品牌知名度； ④为降低成本，到2011年要在各个部门的生产操作岗位安装机器人； ⑤与外国汽车厂商谈判，建立合资企业，在世界市场上制造和销售这种汽车。 A公司的预算： 对每一个计划方案进行成本效益分析，并制订预算方案： ①为建立汽车生产部门编制预算方案，通过银行贷款为其筹集资金； ②为增聘技术开发人员200名编制预算； ③为参与每年两次的世界汽车展会及赞助世界一级方程式赛事编制预算； ④为安装机器人编制预算； ⑤为建立合资企业的谈判筹集资金编制预算。	主要优势： 可行计划与预算有助于企业目标与战略的实现。 主要风险： 不可行的计划与预算，不利于企业目标与战略的实现。

表6－4 公司层战略分析（二）——战略措施／战略类型

类型	一级	二级	三级		战略要点	适用条件	实施方式	信用风险影响分析
公司战略／总体战略	成长型战略／扩张型战略	一体化战略	纵向一体化	前向一体化	获得分销商或零售商的所有权或加强对他们的控制，或投资建立自有销售渠道。举例：家电企业建立家电连锁专卖店。	①企业现有销售商的销售成本较高或者不可靠性较差而难以满足企业的销售需要；②企业所在产业的增长潜力较大；③企业具备前向一体化所需的资金、人力资源等；④销售环节的利润率较高。	投资新建、并购、战略合作	正面影响：向下游延伸可以获得新客户，增加销售。负面影响：①不熟悉新业务领域所带来的风险；②投资数额较大、资金需求压力较大，信用资源（现金、信贷等）占用较多；③资产专用性较强，增加了企业在该产业的退出成本；④增加内部管理成本。
				后向一体化	获得供应商的所有权或对其加强控制，或投资于上游生产设施等。举例：汽车生产制造商将其生产经营领域向后延伸至钢铁、橡胶、轮胎、玻璃等业务。	①企业现有的供应商供应成本较高或者可靠性较差而难以满足企业对原材料、零件等的需求；②供应商数量少而需求方竞争者众多；③企业所在产业的增长潜力较大；④企业具备后向一体化所需的资金、人力资源等；⑤供应环节的利润率较高。	投资新建、并购、战略合作	正面影响：通过向上游延伸可以控制原材料，保证关键投入，降低成本。负面影响：与"前向一体化"相同。

续表

类型	一级	二级	三级	战略要点	适用条件	实施方式	信用风险影响分析
公司战略/总体战略	成长型战略/扩张型战略	一体化战略	横向一体化	获得竞争者的所有权或加强对其加强控制。	①企业所在行业竞争较为激烈；②企业所在行业的规模经济较为明显；③企业横向一体化符合反垄断法律法规，能够在局部地区获得一定垄断地位；④企业所在行业的增长潜力较大；⑤企业具备横向一体化所需的资金、人力资源等。	①收购，即一家实力占据优势的企业收购与之竞争的另一家企业；②合并，即两家相互竞争而实力和规模较为接近的企业合并为一个新的企业；③联合，即两个或两个以上相互竞争的企业在一个业务领域进行联合投资、开发和经营。	正面影响：增加规模和垄断性；在局部产业形成规模效应或局部垄断，有利于竞争地位的增强。负面影响：①收资数额较大，资金需求较大，占用较多信用资源（现金、信贷等）；②收购、合并后需要进行整合，面临管理成本提高甚至整合失败的风险。
		密集型增长战略	市场渗透	通过更大的销售努力在市场内提高现有产品或服务的市场份额。	①当整个市场正在增长，或可能受某些因素影响而产生增长时，企业要进入该市场可能会比较容易；相反，向市场衰退或停止市场退的市场渗透可能会难得多；②如果一家企业决定将利益局限在现有产品或市场领域，即使在整个市场衰退时也不允许销售下降，那么企业必须采取市场渗透战略；③企业拥有强大的市场地位，并且能够利用经验和能力来取得有力的强特竞争优势，那么向新市场渗透比较容易；④市场渗透战略对应的风险较低，且需要的投资相对较低的时候，市场渗透战略也比较适用。	采用提供折扣或增加广告，改进销售和分销方式，提高服务水平等营销策略。	正面影响：增加销售，扩大市场份额。负面影响：需要部分营销资金支出。

续表

类型	一级	二级	三级	战略要点	适用条件	实施方式	信用风险影响分析
公司战略/总体战略	成长型战略/扩张型战略	密集型增长战略	产品开发	通过改造现有产品或服务，或开发新产品或服务而增加销售。	①企业产品具有较高的市场信誉度和顾客满意度；②企业所在产业适宜于适合创新的高速发展的高新技术产业；③企业所在产品正处于高速增长阶段；④企业有较强研究和开发能力；⑤主要竞争对手以类似价格提供更高质量的产品。	①改造现有产品或服务；②开发新产品或服务。	正面影响：创造新需求，增加新的利润增长点。负面影响：①需要部分开发资金支出；②存在开发失败而带来的资金浪费风险。
			市场开发	将现有产品或服务打入新的地区市场	①存在未开发或未饱和的市场；②可得到新的、可靠的、经济的和高质量的销售渠道；③企业在现有经营领域十分成功；④企业拥有扩大经营所需的资金和人力资源；⑤企业存在过剩的生产能力；⑥企业的主业属于正在迅速全球化的产业。	①开发新市场，如海尔将冰箱销售到美国、欧洲等地；②在新市场投资建厂等，例如海尔于1999年和2000年在意大利和乌克兰建了两个工厂，在欧洲初步实现了当地生产、当地销售。	正面影响：扩大销售。负面影响：①投入一定市场开发资金；②面临市场开发失败风险，导致市场开发资金浪费。
		多元化成长战略	相关多元化（同心多元化）	企业以现有业务为基础进人相关产业，即增加新的与原业务相关的产品或服务。举例：苹果开发iPhone手机。	当企业在产业内具有较强的竞争优势，而该产业成长性或吸引力逐渐下降时（同心多元化），比较适宜采取相关多元化战略。相关多元化的相关性可以是产品、生产技术、管理技能、营销技能以及用户等方面的类似。	投资新建、并购	正面影响：①可以充分利用范围经济优势；②增强行业地位和垄断程度，分散经营风险。负面影响：增加部分资金需求。

续表

类型	一级	二级	三级	战略要点	适用条件	实施方式	信用风险影响分析
公司战略/总体战略	成长型战略/扩张型战略	多元化成长战略	非相关多元化（离心多元化）	进入与当前产业不相关的产业的战略，即增加新的与原业务不相关的产品或服务。举例：云南白药开发"云南白药牙膏"。	采用非相关多元化战略的主要目标不是利用产品、技术营销等方面的共用性，而是从财务上考虑平衡现金流或者当前获得新的利润增长点。如果企业不具备较强的能力和技术能转向相关产品或服务，较为现实的选择就是采用非相关多元化战略。	投资新建、并购	正面影响：①分散风险。当现有产品及市场失败时，新产品或新市场能为企业提供保护。②获得高利润机会。购买方通过购买其中比其自身拥有更高经济特征的企业来提高自身的营利性和灵活性。③企业无法增长的情况下找到新增长点。④利用未做充分利用的资源。负面影响：①资金运用分散导致局部垄断性用资能力降低；②某项业务失败可能会将其他业务拖下水，因为它会耗尽资源；③增加资金需求，提高信用程度（货币、信贷）的占用程度；④管理成本上升，面临多业务整合失败的风险。
			横向多元化	为现有用户增加新的不相关的产品或服务。		投资新建、并购	正面影响：可以增加收入。负面影响：容易造成公司定位混淆不清。

续表

类型	一级	二级	三级	战略要点	适用条件	实施方式	信用风险影响分析
公司战略/总体战略	稳定型战略①	暂停战略		降低成长速度巩固现有资源。	暂停战略主要适用于在未来不确定性产业中迅速成长成现有的企业，目的是避免出现继续实施原有战略导致企业管理失控和资源紧张的局面。		正面影响：不再投入资源（如资金等），资金流出压力减少。
		无变战略		不实施新举动。	无变战略适用于外部环境没有任何重大变化，本身具有合理盈利和稳定的市场地位的企业。		正面影响：超出必要资本支出的额外资本支出不存在，有利于现金流量的积累。
		维持利润战略		采用减少投资削减费用（如研发费用，广告费用和维修费用）维持现有利润水平。	稳定型战略的成功实施要求战略期内外部环境不发生重大变化，竞争格局和市场需求基本保持稳定。	较少投资，削减可控成本。	正面影响：现金流出减少，短期内利润可能增加。负面影响：稳定型战略的长期实施对公司持久竞争优势产生不利影响。

① 不再进行大规模的扩张，主要通过对已有资源的挖掘，降低成本，稳定现有市场份额。

续表

类型	一级	二级	三级	战略要点	适用条件	实施方式	信用风险影响分析
公司战略/总体战略	收缩型战略①		收缩	减少成本与资产，对企业进行重组，以扭转销售额利盈利的下降。	实施收缩战略是一种"以退为进"的战略。		正面影响：①对企业进行"瘦身"，有利于企业整合资源，改进内部工作效率，加强独特竞争优势；②减少成本，形成部分资金回流，集中资源于营利性较好的业务。
			剥离	出售或停止经营下属经营单位（如部分企业或全部子公司）。	①企业已财务"收缩"而未见成效；②某下属经营单位维持现有竞争地位所需投入的资源超出了企业现有能力；③某下属经营单位整个经营失败，从而影响了整个企业的业绩；④企业缺乏资金；⑤该业务在管理、市场、客户、价值观等方面与企业其他业务难以融合。	出售、停止经营下属经营单位。	正面影响：①使企业摆脱那些缺乏竞争优势、失去吸引力、不营利，占用过多资金或企业其他活动不相适应的业务，以此来优化资源配置，使企业将精力集中于营利领域。②形成部分资金回流。
			清算	为实现其有形资产价值而将公司资产全部分块售出，停止经营。	在实施其他战略均不成功的情况下，该战略被采用。	分块出售。	正面影响：尽快止损，资产变现，资金回流。

① 采取收缩型战略一般是因为企业的部分产品或所有产品处于竞争劣势，以至于销售额下降，以至企业的现金流量下降等，从而采取的收缩或撤退措施，用于降低外部环境压力，保持企业实力，等待有利时机。收缩战略的目标侧重于改善企业的现金流量，因此，一般都采用严格控制各项费用等用以渡过危机。收缩战略也是一种带有过渡性质的临时性战略。

业务战略/经营战略分析

表6-5

类型	一级	二级	战略要点	适用条件	实施方式/实施条件	信用风险影响分析
业务战略/经营战略	成本领先战略		成本领先战略的目标是成为整个行业中成本最低的制造商。通过低成本制造商在价格上可以与行业中的任一制造商竞争，并赚取更高的单位利润。	①市场中存在大量的价格敏感用户； ②产品难以实现差异化； ③购买者不太注意品牌； ④消费者的转换成本低。	①建立生产设备来实现规模经济； ②采用简单的产品设计，通过减少产品的功能但同时又能充分满足消费者需要来降低成本； ③采用最新的技术未来降低成本和/或改进生产力，或在生产可能的情况下采用廉价的劳动力； ④专注于生产力的提高，变生产流程节省成本； ⑤在高科技和在产品设计、生产方式方面依赖于劳动技能的行业中，充分利用学习曲线效应； ⑥将制造成本降到最低； ⑦获得更优惠的供应价格。	主要优势： ①低成本使企业可以制定比竞争对手更低的价格，并面对激烈的竞争，因此即使成本领先者仍然可以有效地保护企业； ②具有较强的对供应商的议价能力，成本领先战略任在通过大规模生产使这类企业对供应商建立起成本优势，较大的购买量使这类企业对供应商的议价能力，从而进一步增加了其成本优势。 ③形成进入壁垒。成本领先战略充分利用了规模经济的成本优势，使得无法达到规模经济的企业难以进入该行业。因此，成本领先者可能能获得高于平均水平的投资回报。 主要风险： ①可能被竞争者模仿，使得整个产业的盈利水平降低； ②技术变化导致原有的成本优势丧失； ③购买者开始关注价格以外的产品特征； ④与竞争对手的产品产生了较大差异； ⑤采用成本集中战略者可能在产业细分市场取得成本优势。

续表

类型	一级	二级	战略要点	适用条件	实施方式/实施条件	信用风险影响分析
业务战略/经营战略	差异化战略		企业针对大规模市场，通过提供与竞争者存在差异的产品或服务来获取竞争优势的战略。这种差异性可以来自设计、品牌形象、技术、性能、营销渠道或客户服务等各个方面。	①产品能够充分实现差异化且为顾客所认可；②顾客的需求是多样化的；③企业所在产业的技术变革较快，创新成为竞争的焦点。	①强大的研发能力；②较强的产品设计能力；③富有创造性；④很强的市场营销能力；⑤企业在质量和技术领先方面享有盛誉；⑥能够获得销售商的有力支持。	主要优势：成功的差异化战略能够吸引品牌忠诚度高且对价格不敏感的顾客，从而获得超过行业平均水平的收益。与差异化战略主要用于提高市场份额不同，差异化战略有可能获得比成本领先战略更高的利润。主要风险：①竞争者模仿，使得差异消失；②产品或服务差异对消费者来说失去了重要意义；③与竞争对手的成本差距过大。
	集中化战略	集中成本领先	在某一细分市场实施成本领先战略。			
		集中差异化	在细分市场中实施差异化战略。			

表6-6　　职能（功能）战略风险分析

类型	一级	二级	三级	战略要点	风险分析
职能战略	研究与开发战略	研发类型	产品研究——新产品开发	新产品是竞争优势的主要来源，但新产品上市可能花费大量的资金。	产品创新是产品差异化的来源，实现市场渗透战略和市场开发战略。产品创新可能需要大量资金，为确保企业的资源都集中应用在成功概率较高的项目上，进行项目的筛选是非常必要的。
			流程研究	流程研究关注于生产产品或提供服务的流程，旨在建立有效的流程来节约资金和时间，从而提高生产率。	流程创新使企业能够采用差异化战略或成本领先战略，如果成功，也将提高生产效率和质量管理水平。
			推出新技术产品	向市场推出新技术产品。例如，苹果开发、推出iPhone手机。	研发费用较大，风险较大，但利润丰厚，领导市场。
		研发方法	创新模仿	成功产品的创新模仿：先驱企业开发第一代产品并证明存在该产品的市场，然后跟进企业开发类似产品。这种战略要求在战略上拥有优秀的研发人员和优秀的营销部门。例如，联想生产手机。	研发费用适中，风险适中，但利润和市场领导地位受到一定程度的限制。
			低成本	通过大量生产与新引入的产品相类似，但价格相对低廉的产品来成为低成本生产者。	研发费用较低，风险较低，产品价格较低，规模化生产和营销，利润较低，要求企业对工厂和设备进行不断投资。
		研发组织	内部研发		
			委托研发		
		研发投入		投入到研发中的人、财、物，特别是投入到研发中的资金占销售额的比重。	对于部分企业，成功的关键是技术，因此技术及研发投入成为信用风险分析或信用评级的重要因素。

续表

类型	一级	战略要点	风险分析
职能战略	采购战略	单一货源策略	主要优势： ①采购方能与供应商建立较为稳固的关系； ②产生规模经济，集中采购，降低原材料单位成本利采购成本； ③随着与供应商关系的加深，采购方更可能获得高质量的货源。 主要风险： ①若无其他供应商，则该供应商的议价能力就会增强； ②采购方容易受到供应商中断影响。
		多货源策略	主要优势： ①一个供应商的供货中断产生的影响较低； ②供应商之间的竞争有利于对供应商压价。 主要风险： ①疏忽了规模经济，规模采购不容易形成； ②难以形成有效的质量保证计划。
		交付子部件/外包 供应商负责支付一个完整的子部件。	主要优势： ①采购方可以将内部资源用于内部核心或效率更高的工作； ②采购主体能够就规模经济进行谈判。 主要风险： ①第一阶供应商处于显要地位； ②第二阶供应商能够使用吸纳相同的外部企业，采购在在货源上不太可能确定竞争优势。
		战略采购 采购策略从使用多个供应商以取得较好的价格，发展到与少数供应商建立战略采购关系。	主要优势：降低原材料成本、采购成本、质量有保证、长期锁定货源。

续表

类型	一级		战略要点	风险分析
职能战略	采购战略	种类	种类是指企业提供的产品或服务的范围，或者企业对这些产品或服务投入的范围。如果产品灵活性要求较高，并能够适应个别客户的需求，则企业应对运营流程进行明确限定，运营流程具有标准化、常规化的运营程序及较低的运营单位成本。	
		需求变动	当需求变得较大时，运营会产生产能利用率的问题。运营流程应尽量预测需求变动并充分利用的状态，因而单位成本较高；需求旺季，运营流程可能实现较高的产能利用率，并且单位成本相应较低。	
		可见性	可见性是指运营流程为客户所见的程度。运营流程的高可见性需要良好的沟通技巧和人际关系技巧，单位成本可能较高；相反，可见性低的运营流程联系客户的技巧并不重要，单位成本应当较低。	
	生产		工厂规模、工厂地点、产品设计、设备选择、工具的类型、库存规模、库存控制、质量控制、成本控制。	主要优势： ①工厂的地点涉及成本和销售半径，进而对企业的营利性和市场范围、竞争产生影响； ②在产品多样化或新产品快速引入的情况下，生产体系的灵活性/柔性显示出重要性，进而影响企业的生产效率。

续表

类型	一级			战略要点	风险分析
职能战略	采购战略	产能	策略　领先策略	是指根据对需求增长的预期增加产能。	潜在的劣势在于工具通常会产生生产设备闲置、过量存货，导致成本增加。
			策略　滞后策略	仅当企业因需求增长而满负荷生产或超额生产才增加产能。	该策略相对保守，它能降低浪费的风险，但可能导致潜在客户流失。
			策略　匹配策略	少量地增加产能来应付市场需求的变化。	
		平衡产能与需求	资源订单式	当需求不具备独立性时，企业仅购买所需材料并在需要时才开始生产所需的产品或建筑企业就是先签订合同，后采购必需资源，再进行生产。	
		及时生产（JIT）			制造业采用JIT旨在降低库存，服务型企业采用JIT旨在消除客户排队现象，提高生产效率，降低成本。
		流程研究		流程研究关注于生产产品或提供服务的流程，旨在建立有效的流程来节约资金和时间，从而提高生产效率。	流程创新使企业能够采用差异化战略或成本领先战略。如果成功，也将提高生产效率和质量管理水平。
	营销战略	市场细分		根据客户的需要和消费习惯，将市场划分为不同的客户群市场。	
		产品定位		企业选择特殊客户群（市场细分），找出这些客户的需要，定位企业产品。	

续表

类型	一级	营销组合	战略要点		风险分析
职能战略	营销战略	产品策略	开发标准化产品		
			产品线特色化		
			产品线削减		
			战略联盟或合营		
			品牌	单一品牌	
				多品牌	
				自有品牌	
			产品差异化定价法	细分市场定价法	
				地点定价法	
				产品版本定价法	
				时间定价法	
				动态定价法	
		价格策略	产品上市定价法	渗透定价法	是指在新产品投放市场时确定一个非常低的价格策略，以便抢占市场渠道和消费者群体，从而使竞争者较难进入市场。这是通过牺牲短期利润换取长期利润的策略。
				撇脂定价法	是指在新产品开发上市之初确定较高的价格，并随着产品逐渐降低价格。这一方法旨在产品生命周期的较早阶段获取较高的单位利润。

价格策略可能通过利用需求、弹性和成本信息使利润最大化；实现目标回报率（ROI 或 ROCE）；实现目标市场份额；增强竞争力等。

续表

类型	一级				战略要点	风险分析
营销战略	营销组合	地点(分销)策略	直接分销		产品无须经过具体的中间商而直接从生产商到消费者。	采用直接分销策略,不利方面,要投入大量资金;有利方面,可以控制销售渠道而不是被敏售生产商。
			间接分销		利用了中间商(批发商、零售商或两者兼而有之)的分销系统。	采用间接分销策略,生产商能够扩大核心业务而不用在分销渠道上投入大量资金;不利方面,可能被渠道控制(例如目前中国大型超市超控制生产商),从而不利于利润增长。
		促销策略	广告促销			
			营业推广			
			公关宣传			
			人员推销			
职能战略	财务战略	企业生命周期	起步阶段		此阶段正在开发产品或服务,经营风险最高,不产生经营净现金流/自由现金流,资金来源主要是风险资本,不分配股利。	起步阶段对贷款人(或债权投资者)不具有吸引力,信用风险很高。
			成长阶段		产品或服务已经成功进入市场,但经营风险仍然很高,需要实现资本收益,最初的资金来源引力的风险投资者希望未来自公开发行的股票;股票引力分配率很低。	成长阶段对贷款人(或债权投资者)吸引力较弱,市场份额增长,为促进销售增长,仍需要投入大量资金,配合日益扩大的经营活动。此时的现金流常为负,信用风险较高。
			成熟阶段		拥有了一个相对较好市场份额,经营风险低,处于中等水平;现金流为正,开始使用债务融资,利率分配率高。	成熟阶段对贷款人(或债权投资者)最具吸引力,信用风险最低。
			衰退阶段		现金流逐步衰减,权益资本所有者因企业投资价值下降而不再投资了,资金来源主要是要是债务;高派息,支付的红利可能超过税后利润,股息等能加上折旧。	衰退阶段产生的现金流可能为正或负,现金流为负的可能性越大时,信用风险就越大。

续表

类型	一级		战略要点	风险分析
财务战略	财务政策	激进型	高杠杆（高负债）策略。	信用风险（违约风险）提高的可能性大。增大了企业投资收益资本回报率。因为权益资本成本大于债务资本成本，增加债务资本可以降低加权平均资本成本，从而增加EVA——经济利润，但却可能大违约风险，现金流对总债务的覆盖比率可能下降。
		稳健型	适度负债。	EVA适中，违约风险适当。标准普尔认为"资本负债率"（负债/资本）如果能够保持在35%左右是最好的。也就是说，资产负债率保持在26%左右最为合适。
		保守性	尽量少负债。	企业价值创造可能受到影响，短期内有利于信用风险降低；但长期来看，影响企业价值创造能力，它未必是一个好的政策，因为它可能会最终影响到企业现金创造能力，进而影响到偿债能力。
职能战略	人力资源开发战略	人力资源规划	企业为取得、利用、改善和维持人力资源而采取的策略。人力资源规划的内容：分析现有员工资源；估计资源可能发生的变化；估计企业未来的人才需求；确定人才供需之间的缺口，并制定消除该缺口的政策和计划。	人员不断流失，不断进行人员招聘意味着管理机制以及管理文化出现该问题。
		人力资源计划	旨在消除人才的预期供需之间的缺口。企业应关注以下几点：招聘计划、培训计划、再发展计划、冗员计划、保持计划等。	有计划的、稳定的、连续性的培训意味着有长期发展的考虑。否则，断续性的、无计划的和临时的培训，意味着短视期行为，毫无章法。

第二节　公司治理结构

公司治理结构是对股东、债权人、管理层等企业的主要利益相关者之间关系的综合安排。

公司的信用状况与公司治理状况有着广泛而密切的联系。公司治理可以影响企业的经营状况，也可能成为导致企业财务稳健程度下降的潜在原因。不良的公司治理将使债权人的利益无法得到保障。因此，公司治理是信用评级需要考虑的因素之一。虽然公司治理的优劣没有唯一的标准，但从债权人的角度，可重点考察以下几个方面：对股东、债权人和其他利益相关者权益的保障；董事会和监事会的作用；绩效评价与激励约束机制等。

关于公司与股东、债权人和其他利益相关者之间的关系以及公司内部流程、政策和执行的情况如何加重或缓解公司面临的危机分析，主要包括分析所有者和相互持股关系。所有者的特点对于被评级公司的经营和财务方面都会产生重要的影响，这些所有者包括政府、家族、控股公司或者战略关联企业等。所有者实力的强弱会从根本上对被评级企业的信用质量产生影响。工业集团间的相互持股、家族控制的网络关系这些在世界某些地方普遍的现象，在不同的条件下将产生不同的正面或负面作用。

第三节　管理评估

管理评估侧重于分析管理层素质（包括管理层"诚信"程度）、管理风险评估、财务管理激进程度以及风险管理等。

一、管理层素质

影响企业管理水平的关键因素首先是高级管理人员。对高级管理人员的评估需要借助主观判断。评价管理人员时，可以通过其过去管理经历和业绩以及与其面谈时的感受进行判断。关键是从企业的经营成果中判断管理水平的贡献，从而判断企业管理水平的高低以及管理层的管理素质和水平。

二、管理风险评估

管理最终要的是要符合管理规律，是在一个相对完善的管理结构（包括治理结构）下具有成熟性，即具有连续性、时效性和稳定性。

表 6-7 列举了一些治理、管理的风险因素，并一一列出风险警示信号。

表 6-7　　　　　　　　　公司治理、管理评估因素分析

序号	评估因素	警示信号
1	公司经营模式、成长和收购战略	• 建立过于乐观的发展目标/战略的历史（例如，显示出激进的或过于乐观的公司规划以及新业务和新产品的发展或导入计划）；销售收入增长明显超过同行业平均水平； • 通过收购迅速发展； • 收购时付出很高溢价的历史； • "系列"收购； • 不管商业模式是否稳定，前景是否明朗，制定迅速发展的目标； • 由于连续收购的影响，在各期财务报告之间缺乏比较性，信用分析师难以理解所报告的财务结果。
2	扩张进入新的或不成熟的产品、业务领域、行业	• 扩张进入新的业务领域或传统竞争能力之外的行业的历史； • 进入海外市场的实质性扩张，尤其是那些受国家或新兴市场风险以及管制和其他政策风险影响的项目； • 销售收入的增长（实际的或计划的），在很大程度上来源于新的或前景不明的业务领域和市场。
3	在业务或经营战略上的转型	• 由于传统业务已步入成熟期，或者出于增长压力，或是由于先前的战略失败，而采用激进的多元化或新产品战略； • 在定价、销售/广告或产品价值定位战略和战术方面的实质性变化； • 在股权、管理、法律、管制和运作架构方面的主要变化； • 公司雇佣重组顾问/专家。
4	重组、资产出售和临时停工的历史	• 造成业务领域、部门或子公司组合变动的交易（购买和出售）； • 核心业务的关闭/出售/削弱； • 为维持经营控制而出售主要资产； • 经常性的重组损失、商誉资产的冲减和/或临时停工。
5	在股东价值创造或权益价值增加战略上的进取程度	• 把股票价格上涨置于激进的位置，例如，过多地强调短期业绩表现（如季度）； • 市盈率（P/E）过高的或过快的增长； • 低红利支付的历史； • 激进的股票回购的历史； • 实质性的资产再评估； • 创设追踪股票。

序号	评估因素	警示信号
6	总裁和高层管理人员的报酬及利益	• 总裁的全部收入明显地高于行业平均水平（例如，处于同集团或行业的前25%）； • 高层管理人员的酬劳高于同行业平均水平； • 总裁和/或高层管理团队的酬劳严重偏离于以股票表现为基础的酬劳（期权和奖金）； • 产生了"贪婪文化"——一种超出正常或失控的收入状态； • 将公司财务业绩表现和高层管理人员收入相连接，但主要是根据短期表现； • 薪酬委员会没有清晰地制定出基于长远意义上的个人或公司业绩薪酬政策； • 有期权再定价和/或任何股票奖励价值低于目前市场价值的历史，以及取消期权和以更低价格重置期权； • 终止和改变会使总裁或高层管理人员报酬过高的合同； • 没有明确目的或不与业绩增长相联系而支付给管理者的特别酬劳（包括"保证"的奖励）。 • 薪酬计划或设置形成了不正当的激励（例如，鼓励过度收购的奖励或对达到一定股票交易价格的奖励）。 • 非正常额外利益的存在以及借钱给总裁和/或高层管理人员。
7	总裁和/或其他高层管理人员在控制上是过度信赖型还是过度集权型	• 领导人个人崇拜、高频度媒体介绍、总裁的傲慢； • 战略和经营决策高度依赖于总裁； • 公司和公众/客户/政府的关系严重依赖于总裁（例如，总裁是唯一的或主要的发言人）； • 权力集中于总裁层面——没有可能授权或不愿意授权； • 没有清晰的继任计划； • 总裁下属的高层管理团队太软弱或"太专横"； • 弱的、无效率的或"专横的"董事会； • 形成了阿谀奉承的公司文化（例如，不利于或不鼓励公司内部辩论和独立的、创造性的思考，形成了公司高层仅喜欢接受"好消息"的环境氛围）； • 存在着长期形成的有重大所有权利益的总裁或高层管理团队，而所有权者利益的结构复杂，有杠杆性，不透明（例如，公司几乎独有，即使公开上市，其管理层也保持着显著的所有权和控制权）。
8	过高的/或未预期的高层管理人员更替/离职	• 高层管理人员让人惊讶的离职率（自愿或被迫）； • 没有充分理由的离职或不正常的更替； • 对公司离职现象的解释缺乏可信度； • 公司招回前主席/前总裁/前首席财务官，或者员工在未预期的辞职或解雇后反而成为商业成功者。

续表

序号	评估因素	警示信号
9	公司文化历史和实践	• 以可疑的/轻率的战略和战术对待顾客、雇员、供应商、会计师、银行、调控者或政府； • 重用游说者和律师； • 为追求经营战略而打官司以及对批评者过度施压的历史。
10	公司受到政府或监管机构起诉、裁定或处理的历史	• 管制机构审查/起诉/处罚事件的增加； • 存在相当可观的或有负债，或有实质性的新增负债的可能。
11	公司结构/经营结构/税收结构	• 将管理资源过度集中于创造复杂的公司法律实体、运营和税收结构上（特别是当伴随着公司内部相互间资产销售或置换和费用偿付时）； • 担心或怀疑管理者编织了一张复杂或不透明的网，用来隐藏其在经营和财务上的问题，包括损失、下降的边际利润、很少的或负的现金流和/或非法行为，例如税收和会计欺诈； • 存在着过多的公司法定实体或载体（具有有限的经营授权）。
12	在财务杠杆结构方面的进取性或复杂性	• 在财务杠杆上的激进性； • 资本结构稳定性对再融资风险的敏感性； • 过度依赖短期负债； • 管理者不能解释资本结构和筹集资金及使用上的合理性； • 在公司结构中存在大量复杂的财务补助和/或其他融资载体； • 过度结构化的筹资安排。
13	财务稳定性（公司流动性）	• 在债务、衍生品和经营协议中存在要求清偿或债务担保或前述特定事件发生情况下的或有负债的实质性触发； • 缺乏或有负债融资的可靠计划； • 过于依赖应收账款或保理； • 触发契约阈值的危险； • 获得更低或更高成本借款的能力； • 依赖于资产出售或有收入或非同寻常的大量现金储备（在借款人或子公司处）。
14	对盈利资本管理的衍生产品及资产负债表外结构的依赖度	• 严重依赖于营利性和证券化筹集的资本、金融衍生产品和特殊目的载体（SPVs）； • 管理者不能或不愿意解释关于资产证券化、金融衍生品和特殊目的载体影响的合理性； • 与同行相比过度运用资产证券化、金融衍生品或特殊目的载体； • 对于这些技术是运用于规避风险还是运用于假设的风险方面缺乏明晰性； • 不谨慎的风险管理实践和疏忽； • 激进地运用金融衍生产品来应对风险。

序号	评估因素	警示信号
15	销售收入或利润的历史，少报成本或债务的历史	• 净利润的增长大大地高于运营现金流量的增长； • 销售收入和利润增长远远地高于同行； • 对一般公认会计准则（GAAP）（或其他会计准则）的利润采用过激的形式进行调整； • 被指控有违法财务报告实践的诉讼或处置； • 不重视项目和特别支出的历史； • 高百分比的销售收入和净利润来源于非营业性和/或非重现性资源。
16	会计实务和会计报告方面的激进性	• 在会计选择和处理上，特别是在那些影响销售收入、成本和负债的报告上频繁变动； • 由于会计错误、不规范性、欺骗或估计上的不正常变化而经常发生重述或告诫； • 与审计师交换意见； • 审计师出具无保留意见或拒签财务报告意见； • 对高层经理证明或内控报告的异义； • 薄弱的内控环境； • 不透明的或不充分的财务披露。

三、财务政策与管理

通过经营目标判断公司财务政策是激进还是保守、灵活多变还是连贯一致。会计实务、投资水平、负债比例、兼并活动和资产出售都是管理的财务政策的评估内容。

资产负债表中，资产比重大的公司相对保守，负债比重大的公司相对激进。相对激进的资产负债表中负债融资占投资资本的50%以上，表明公司借款多于所筹集的权益资本。确定何种负债率比较合适，正如上面所述，具体情况具体分析。高质量、稳定的资产，比价值和现金流有问题的资产能够承担更高的杠杆水平。

从股权持有人的角度，适当增加负债可以降低资本成本（因为债务资本成本低于股权资本成本，因此增加负债可以降低加权资本成本，进而增加公司价值），有利于股东价值的增加。从债券持有人的角度，企业负债越低越好，企业负债越低信用风险（违约概率）就越低。

当然，负债率高低的程度也要根据不同情况进行分析。如果市场需求确实很大，企业进行资本扩张有利于形成竞争优势/垄断地位，进而未来营利性和现金流预计较好，较高的资产负债率也许在可以"承受"或"忍受"的范围内。

四、风险管理与内部控制

风险管理与内部控制是管理层为识别、预警和防范各种风险而采取的一系列制度、流程和技术。有效的风险管理和内部控制能及时识别风险，进行风险预警，并及时做出有效的风险应对，从而减少甚至避免外部风险和内部风险对企业经营的影响以及对收入和现金流的影响。反之，风险管理与内部控制制度不合理，或者虽然合理但未能得到有效实施，可能无法对风险进行有效监控，不能及时发出风险预警，错过风险应对的最佳时间，使企业蒙受更大的损失，甚至产生强制性的偿付义务，因而信用风险加大。

本章小结

战略与管理的分析是评判资产质量以及经营质量的关键。本章研究的主要内容是企业战略、管理行为和决策对公司信用质量的影响，主要内容包括：战略评估、公司治理和管理评估等方面。

企业战略是指根据企业外部环境和内部资源与能力条件的分析，制定实现目标的方向、方针和路径的全局性或决定性的谋划，是企业一切管理活动的起点。战略可以划分为三个层面的战略：第一层是公司层战略（总体战略），第二层是业务层战略，第三层是职能战略。

公司治理结构与企业信用状况有着广泛而密切的联系。良好的公司治理结构能够对经理人起到有效的监督和激励作用，从而提升公司绩效，降低债券违约风险，提高信用评级。公司治理对主体评级和债券评级都具有影响，并且对主体评级的影响大于债券评级。

管理评估侧重于管理层素质、管理风险评估、财务管理激进程度以及风险管理等。

重要概念

战略 5P战略 战略管理 战略层次 公司战略 公司治理结构 人力资源规划 管理评估 管理层素质 内部控制

复习思考题

1. 企业战略包括哪三个层面？并简述分析。
2. 请设计一个对企业战略分析的框架。
3. 如何分析职能战略风险？
4. 你认为良好的公司治理结构该如何构建。

5. 如何评估管理风险？

参考文献

[1] 叶广宇，蓝海林，李铁瑛. 中国企业横向整合管理模式研究及其理论模型 [J]. 管理学报，2012（4）.

[2] 崔海钰，王晶. 关于战略与结构关系的研究综述 [J]. 中国科技信息，2010（14）.

[3] 杨慧. 基于制度理论的企业部门组织结构研究 [J]. 商业时代，2010（10）.

[4] 赵法敏，陶勇. 跨国经营中的本土化全球战略 [J]. 中国管理信息化，2009（24）.

第七章 关联方与关联交易风险分析

关联交易是指公司或者附属公司与本公司直接或间接占有权益、存在利害关系的关联方之间所进行的交易。关联交易的存在，从有利的方面讲，交易双方因存在关联关系，可以节约大量商业谈判等方面的交易成本，并可运用行政的力量保证商业合同的优先执行，从而提高交易效率；从不利的方面讲，由于关联交易方可以运用行政力量撮合交易的进行，从而有可能使交易的价格、方式等在非竞争的条件下出现不公正情况，形成对股东或部分股东权益的侵犯，也易导致债权人利益受到损害。对任何独立法人公司信用评级，均应通过客户内部和外部的各种信息渠道，对客户的关联方进行全面和准确地分析。如果客户存在隐性关联方或存在结构过于复杂的关联方，应了解、识别其真实动机。如果客户关联关系复杂，无法充分掌握关联方信息或客户不愿意提供关联方信息，应从严信用等级和风险的限额。

第一节 关联方与关联交易概述

一、关联方与关联交易界定

根据 2006 年颁布的《企业会计准则》，关联方是指由一方控制或两方共同控制第三方或对第三方产生重大影响，以及两方或两方以上同受一方控制、共同控制或产生重大影响的，都属于关联方。其中，控制指的是对公司的经营决策有参与制定的权利，共同控制指的是按合同制定对某事项所拥有的共同控制权利。

国家税务局《关联企业间业务往来税务管理规程（试行）》规定企业之间有下列关系之一的即为关联企业：（1）相互间直接或间接持有其中一方的股份总和达到 25%（含）以上的；（2）直接或间接同为第三者所拥有或控制股份达到 25%（含）以上的；（3）企业与另一企业之间借贷资金占企业自有资金 50%（含）以上或企业借贷资金总额的 20% 是由另一企业担保的；（4）企业的董事或经理等高级管理人员一半以上或有一名常务董事是由另一

企业所委派的；（5）企业的生产经营活动必须由另一企业提供特许权利（包括工业产权、专有技术等）才能正常进行的；（6）企业生产经营购进原材料、零配件等（包括价格及交易条件）是由另一企业所控制或供应的；（7）企业生产的产品或商品的销售（包括价格及交易条件等）是由另一企业所控制的；（8）对企业生产经营、交易具有实际控制权的其他利益上相关联的关系，包括家族、亲属关系等。

关联方交易指的是关联方之间发生转移资产、劳务或义务的行为，不管有没有收取价款或价款是否公允。《关联方披露准则》中给出了关联交易的具体形式：（1）购买或销售商品；（2）购买或销售除商品以外的其他资产；（3）提供或接受服务；（4）担保；（5）提供资金（贷款或股权投资）；（6）租赁；（7）代理；（8）研究与开发项目的转移；（9）许可协议；（10）代表企业或由企业代表另一方进行债务结算；（11）关键管理人员报酬。

关联交易的特点为：（1）关联方交易指的是在存在关联关系的公司之间或存在关联关系的公司和个人之间发生的交易活动；（2）关联方交易的主要特点是资源的转移，与此同时与资源相关的报酬也跟着转移了；（3）关联交易是否具有公允性，需要了解他们在交易资源时的定价原则。

二、关联交易的分类

按照交易的内容划分，可分为经营活动产生的关联交易和资产重组的关联交易。

（一）经营活动中的关联交易

经营活动中的关联交易主要有以下几种形式：

1. 关联购销。由于企业上市前资产剥离得不彻底，股份公司与控股的集团公司之间普遍存在着同业竞争现象。其优点是有利于减少上市公司营运资金的占用、降低交易成本和费用。然而事实上许多上市公司为了提升"利润"，尽管产品销售不理想，但可以通过将产品高价销售给控股的集团，并将销售收入挂入应收账款（不支付现金），从而达到虚增利润的目的。

2. 转嫁费用。股份公司上市时，一般都将属于服务性质的非生产性资产剥离出去，然而公司上市后仍需要被剥离服务企业提供相关的服务，因此上市前有关各方都会签订有关费用支付和分摊标准的协议，这些费用涵盖了医疗、饮食、教育、住房、广告和离退休人员的费用等。服务项目引起的资金往来是中国上市公司关联交易的重要内容之一。

3. 资产租赁。由于中国上市公司大多是非整体上市，上市公司与其集团公司之间普遍存在着资产租赁关系，包括土地使用权、商标等无形资产的租赁和厂房、设备等固定资产的租赁，这往往给集团公司提供了违规运作的空间。

4. 资金占用。占用资金有两个方面：一是集团或者关联方占用上市公司的资金，二是上市公司占用集团或者关联方的资金。关联企业之间巨额资金拆借，若缺乏相应的保护贷出资金的安全程序和措施，则蕴含很大的安全隐患，一旦出现信用危机，必将损害社会公众、其他股东及债权人的利益。

5. 信用担保。涉及上市公司的关联信用担保现象普遍存在，主要是上市公司与少数大股东或者关联公司相互提供信用担保。尽管关联公司之间相互提供信用担保能有效解决资金短缺问题，但常常会给担保公司带来巨大的财务风险。

（二）资产重组中的关联交易

资产重组中的关联交易形式主要有以下几种：

1. 资产转让和置换。它是资产重组的各类关联交易中，提高利润最有效的手段。如通过由控股的集团公司收购上市公司的劣质资产，或由上市公司低价收购集团公司的优质资产，或者把上市公司的劣质资产同集团公司的优质资产进行置换等，往往成为亏损上市公司扭亏为盈的重要手段，而且这些交易往往是在上市公司第一大股东变换之后才会发生。当然，通过关联交易注入优质资产会使上市公司获得可持续发展的潜力。

2. 托管经营和承包经营。上市公司的此类经营绝大多数属于关联交易，其关联方大多是控股股东。所托管上市公司资产一般质量较差或者自身无力经营，通过托管和承包上市公司能获得比较稳定的托管和承包收入。关联托管和承包往往是关联收购兼并的第一步。

3. 合作经营。其通常的形式是上市公司与关联公司就某一项目联合出资，并按事先确定的比例分配收益。这种方式因为投资各方的关联关系，因而达成项目的概率较高，但是操作透明度较低。

4. 相互持股。它是指两个或若干个公司相互持有对方公司的股份。这也是一种典型的关联交易。其优点是使上市公司和关联方形成相互合作的利益共同体，同时也会产生资本相互抵消、虚假资本、股份垄断及经营透明度不高的缺点。

第二节　关联方与关联交易分析要点

一、关联方影响分析

在公司/企业的财务和经营决策中，如果一方有能力直接或间接控制、共同控制另一方或对另一方施加重大影响，或者两方或多方受一方控制，则视其为关联方。具体包括如下两种类型：

（一）以股权关系为纽带结成的关联方

以股权关系为纽带结成的关联方包括企业的母公司、子公司或与客户受同一母公司控制的公司。控制是指有权决定一个企业的人事、财务和经营政策，并能够从该企业的经营活动中获取利益。控制包括以下情况：一方直接拥有、间接拥有或直接和间接拥有另一方超过半数以上表决权资本；虽然一方拥有另一方表决权资本的比例不超过半数以上，但通过拥有的表决权资本和其他方式达到控制，包括通过与其他投资者的协议，拥有另一方半数以上表决权资本的控制权；根据章程或协议，有权控制另一方的财务和经营政策；有权任免董事会等类似权力机构的多数成员；在董事会或类似权力机构会议上有半数以上投票权。

评级分析师要从受评公司/企业的股东结构、子公司结构和兄弟公司三个方面了解以股权为纽带结成的关联方。充分了解持有受评企业/公司5%以上股权的主要股东名单、法人代表和主营业务。分析主要股东之间的关联关系，判断实际控制方。对实际控制方或第一大股东要分析其经营状况和财务状况及其对受评企业的影响。要了解企业近三年合并报表的合并范围及其变化情况对合并报表的影响。列出纳入受评客户合并报表范围的所有子公司，分别介绍其投资额、投资比例、主营业务和年度净利润。对提供主要利润和现金流来源的主要子公司，要分析其经营状况和财务状况及对受评企业的影响。

评级人员要了解与受评企业受同一母公司控制的其他公司名称、注册资本和主营业务等基本情况。其中，对受评客户影响较大的，要在信用评级报告中说明。

（二）以关键个人为纽带结成的关联方

关键个人主要有以下四种类型：主要投资者个人、关键管理人员以及与主要投资者个人或关键管理人员关系密切的家庭成员。主要投资者个人指直接或间接地控制一个企业10%或以上表决权资本的个人投资者。关键管理人员指有权并负责进行计划、指挥和控制企业活动的人员，如董事、总经理、总会计师、财务总监、主管各项事务的副总经理以及行使类似决策职能的人员，他们对企业的财务和经营政策起决定性的作用。关系密切的家庭成员，指在处理与企业的交易时有可能影响某人或受其影响的家庭成员。

以关键个人为纽带结成的关联方分析重点是混合所有制企业。评级人员要了解受评企业关键个人的名单。了解关键个人或者关键个人控制的企业与受评企业之间是否存在关联交易，分析关联交易对受评的影响。对于股权结构复杂的企业，一定要找出企业的最终实际控制人，并在评审报告中或在评审会议上介绍实际控制人的年龄、学历、主要社会经历、管理经历及其控制的其他企业，特别要介绍其个人及其控制的企业的负债情况。

重点从母子公司关系的角度分析企业的控股公司（即母公司）对公司信用评级的影响。

对于信用状况优于被评级企业的强势母公司，评级人员应分析母公司支持子公司的经济诱因和母公司对子公司的支持程度。经济诱因的主要类型有：战略关系，子公司与母公司在业务策略和目标上是否有必然联系；子公司的重要性，子公司在母公司的整体业务中是否是其重要组成部分；历来的支持，母公司是否一向给予所有子公司支持；营运的整合，母公司与子公司是否拥有共同的营销系统、管理模式以及其他非财务资源；企业身份的认同，子公司与母公司名称中的关键识别是否相同。母公司对子公司的支持程度由弱到强可分为：隐含，母公司关键管理人员口头对子公司表示支持，或允许子公司使用与母公司相同的名称标识；明示，在隐含的基础上，出具书面的支持文件，例如现金流维持协议、业务支持协议、支持函等；担保，母公司为子公司提供不可撤销的担保，并已经签订担保合同。评级人员应分析母公司对子公司支持程度与经济诱因的匹配程度，判断强势母公司的支持对子公司信用评级的影响程度。

对于信用状况差于被评级企业的弱势母公司，评级人员应分析母公司从子公司抽取资金和支持的可能性。如果母公司对子公司影响很大，将对子公司的信用等级产生负面影响。

二、关联交易分析要点

关联交易分析的基本要求是：分析关联交易对受评企业的影响及受评企业对关联交易的依赖程度，对受评企业影响较大或受评企业依赖程度较高的关联方，还应分析其风险特征及其对受评企业的影响。

购买或销售商品交易是一次性的还是持续性的；交易金额占受评企业同类交易的比例；定价政策及交易价格与市场价格的比较；市场是否存在替代的供应商或购买商等。是否存在股东大量占用企业资金；提供资金的目的；资金的性质和用途；资金是否需要偿还及偿还计划、还款资金来源；关联方与受评企业经营目标的一致性；关联方提供资金的能力；资金到位计划等。提供担保或抵押的目的；关联方与客户经营目标的一致性；担保或抵押的金额及期限；代偿的可能性；担保人或抵押人的代偿能力；反担保措施；担保或抵押对客户经营活动的影响等。

关联交易并不一定是负面的。为了实现企业战略目标，发挥母子公司的合力，有些关联交易是必需的或合理的。评级人员在分析关联交易时，重点要识别和分析不公允或不正当的关联交易。通常不公允或不正当的关联交易有以下几种目的：逃避税赋、粉饰业绩、维持关联交易方的筹资功能、实现特殊利益集团的需要、提供二级市场操作、逃避债务、转移利润和资金等。因此，对于不公允或不正当的关联交易，评级人员需要着重考察包括但是不限于以下方面：购买或销售商品的关联交易是否存在故意低买高卖或故意高卖低买，及其对企业的盈利能力造成怎样的影响；是否存在关联方分摊销售费用、管理费用等费用项目，以实现调节利润的目的；提供资金类的关联交易，是否存在关联方故意大量占用企业资金或者向企业收取大量的资金占用费的情况；是否存在关联方故意给关联企业财务租赁（资产的整体租赁、土地使用费等）。密切关注关联交易中有关资产（资金）的无偿或低价转移。

（一）关联方销售、采购交易的信用风险分析

关联方销售、采购行为是属于经常性的关联交易，是关联方交易较常见的交易事项，例如，企业集团成员之间互相购买或销售商品，从而形成了关联方交易。相比于非经常性的关联交易，其信息披露透明度较低，规模可能更大，是否公允很难从公开信息识别。关联方如果控制了上市公司的采购或销售环节，通过关联购销就可以制造出"高收益"的上市公司，最终将导致上市公司资金持续性变差，企业基本面急剧下滑。加上关联交易的表现形式日趋复杂，致使关联方销售、采购行为对企业信用风险影响加大。

由于关联销售是经常性关联交易，从长远来看，上市公司持续的关联购销交易还将损害上市公司独立经营能力，使得其抗外部风险的能力也不断下降。一些上市公司原本就是控股公司的一个生产车间或加工厂，而控股公司则成为上市公司的原料采购基地和产品销售市场。一方面，上市公司向控股公司销售产品形成的关联交易成为上市公司主营业务的重要来源，另一方面，上市公司向控股公司购买原材料形成的关联购买交易构成上市公司主营业务成本的重要组成部分。如此巨大的交易金额必然使得关联交易引起的收入和支出在相应的账户中占据了较高的比例，从而使得上市公司在业务经营中独立性很差，对其股东有过分的依赖性，导致其市场竞争力下降，而且反过来又使上市公司与控股股东等关联方之间在人员、资产、财务方面保持着千丝万缕的联系，难以真正"三分开"。然而，一旦关联方不能自保，上市公司在脆弱的抵御外部风险的能力下，经营运营可能跌入低谷，甚至出现巨额亏损。关联购销使得企业内部的预算约束软化，企业没有动力根据其现有的资源来规划其自身的生产经营，因为产生的任何计划缺口，都会得到其他企业的相

应补贴。当然关联交易也有有利的方面：关联销售、采购行为可能增强企业竞争力。在关联方的作用下，上市公司低买高卖，利用成本结构优势，使其市场占有率提高，增强企业的市场地位，从而增强了公司的竞争力。

关联交易使企业盈利能力的不确定性加大。关联购销大多回避因会计报表合并而引起关联交易利润的抵消，从而增加上市公司的利润，表面上看增强了企业的盈利能力。然而，这种关联购销因无须合并报表，从而不必以对外的销售作为最终的销售实现，这种关联方购销形成的收益具有很大的不确定性，也使得企业盈利能力的不确定性加大。购销关联交易行为对公司盈利能力的影响，主要是对公司盈利结构、盈利水平、成本控制等方面的影响。

从利润贡献构成来看，利润总额和净利润除受主营业务影响外，还受其他业务利润、投资收益、补贴收入、营业外收支净额及所得税等多个非经常性损益因素的影响，对于利润总额和净利润而言，经常性损益更能反映出一个企业的成长能力。关联购销使得企业营业利润、净利润增加，从而改变企业的盈利结构，使得经营性收益的构成占比加大。由于关联销售是经常性关联交易，并不是一次性行为，主营业务方面的经常性非公允关联交易对企业的盈利能力产生重大影响。

关联购销行为对公司利润影响主要表现在公司主营业务收入、主营业务成本等方面，其最终结果是影响公司的利润。

从低买高卖的一方来说，购销关联交易具有降低交易成本的作用，对公司成本具有很好的控制力。但是从受控一方来说，则可能是费用、负债比例的不合理承担者。

关联交易对公司资产质量的影响主要表现为对公司资产变现能力和资产的利用效率的影响。资产的变现能力也称流动性，是指资产转化为现金的速度与金额大小。资产通过两种途径转化为现金：一是通过经营活动创造收入从而创造现金，即带来新增现金；二是通过处置活动将资产直接变现，非公允购销关联交易对资产质量的影响主要是影响经营活动创造现金收入能力；三是对公司资产利用效率的影响，主要通过影响应收账款周转率来实现。

关联购销交易会引起公司现金的流动。对于关联销售来说，如果销售所形成的现金流充足，说明关联方间的销售已完成，产品已经销售到企业外部，这种关联交易能够持续。而靠大量应收账款维持的关联交易，则说明关联方之间的销售可能没有真正完成，可能产品没有销售到企业外部，这样销售形成的收入没有给公司带来经营性净现金流的增长，致使企业销售活动产生的现金减少，公司未来的收益存在着不确定性。

关联交易引起对公司利润的调节。一方面，上市公司主要通过低买高卖的购销价格形式来达到非公允关联交易的实现，提高上市公司的销售收入，能够比较轻松地提高企业净利润。但是，这种虚假绩优并未给上市公司带来净的现金流入，而是通过应收账款等非现金形式来虚增利润，使得关联购销产生大额利润。

另一方面，由于我国的会计披露制度，比如，坏账准备可以全额计提，上市公司就会以谨慎性原则为由，对关联方的应收账款计提巨额甚至全额坏账准备。通过坏账准备的计提减少利润，使得关联购销成为上市公司利润的调节手段，而且这种"谨慎性"坏账的计提也有可能演变为关联企业尤其是上市公司大股东赖账武器。最终，上市公司甚至中小投资者可能成为应收账款的"埋单"者。

（二）关联方资产重组的信用风险分析

企业关联方资产重组的目标和方式对重组的企业产生不同影响。实行纵向一体化战略的关联方重组，可能对企业所属行业上游、下游的控制能力增强，使得企业实现成本优势；实行横向一体化战略的关联方重组，可能使得公司的产品规模优势得到加强。资产重组的业务为同质业务或相关业务，可能会导致上述效果，即取得规模化效果和成本降低效果。关联方资产重组可能会出现"报表重组"、"资格重组"、"题材重组"、"信用重组"。

1. 以"圈钱"为目的进行的"报表重组"。许多上市公司进行资产重组，都是为了达到配股所要求的净资产收益率，从而能够在股票市场上实现再"圈钱"的目的。有的上市公司与大股东进行完全不等价的关联交易，大股东用优质资产换取上市公司的劣质资产；有的上市公司在同一天买入和卖出同一笔资产，从中获得巨额差价；有的上市公司把巨额债务划给母公司，在获得配股资金后再给母公司以更大的回报。在这种目的下进行的资产重组中，地方政府主导的特征明显，存在较多的非市场化因素，而且关联交易在重组中被频频利用，造成了这种资产重组的突出弊端。

2. 以防止摘牌为目的进行的"资格重组"。根据《公司法》规定，上市公司最近三年连续亏损，国务院证券监督管理机构可以暂停其股票上市资格。根据沪深证券交易所的有关规定，对连续两个会计年度亏损以及经交易所或中国证监会认定为财务状况异常的公司，要进行特别处理（即ST）。如果上市公司最近三年连续亏损，则要暂停其上市资格并作PT处理。随着近年来上市公司中亏损企业日益增加，从而ST队伍逐步扩大以及PT股票出现（2000年底沪深两市共有8家PT股票），上市公司特别是ST公司为了避免成为PT公司、PT公司为了避免被摘牌而展开了日复一日的保"资格"大战，这就使得ST公司和PT公司日益成为资产重组的主要对象。原有的债务重组规则允许上市公司将债务重组收益计入当期损益，因而成为不少上市公司"摘帽"或保配股的有效工具。根据《中国证券报》提供的资料，2000年上市公司进行的债务重组中，绝大部分都是ST或PT成员，其中有ST深物业、ST黄河科、ST中华、ST英达、ST石劝业、PT红光等，它们从债务重组中获得的"收益"少则有几百万元，多则达几亿元，从而避免了被摘牌的危险。新修订的债务重组准则中规定，不再涉及重组收益而只确认损失，从而缩小了这种为保上市资格而进行的"资格重组"的生存空间，在一定程度上对其进行了遏制。另外，新修订的《企业会计制度》中规定，固定资产、无形资产和在建工程应计提资产减值准备，这也使上市公司利用债务重组操纵利润的可能性进一步减小。

3. 以拉抬股价为目的进行的"题材重组"。近几年来，利用资产重组题材来拉抬股价从而达到在二级市场上获利的目的已成为我国股市中一种比较普遍的现象。在资产重组公告发布前后，二级市场对公司控制权的转让都存在着明显的过度反应。这种以拉抬股价为目的的资产重组，一般都具有以下三个方面的特点。

重组题材往往具有"爆炸"性。无论重组前的上市公司属于多么传统的产业，只要一进行重组，就能立刻摇身一变，进行产业升级，科技、科教、科创等各种名目，市场题材也就由此而生。

重组能使不良资产大部分或全部转换为优良资产，公司业绩也能在短期内大幅抬升，并往往伴随有高比例的送配题材。

重组往往采取"暗箱"操作方式，上市公司的资产重组信息既不规范，也不透明，存在对许多事实的隐瞒和欺诈，这样使得资产重组成为市场上"黑马"迭出的"摇篮"。

4. 以上市公司提供"回报"为目的进行的"信用重组"。利用上市公司的"担保"或"回报"来达到重组目的，是近年来上市公司资产重组出现的引人注目的现象。

上述说明，资产重组对受评企业产业格局、竞争优势、营利性和现金流产生一定程度的影响，以"报表重组"、"资格重组"、"题材重组"、"信用重组"为目的重组将会对受评企业的长期发展产生不利影响，进而影响企业的偿债能力。

（三）关联方资金占用的信用风险分析

关联方资金占用是指关联方之间通过非公允关联交易，实现一方对另一方利益的侵占。关联方资金占用可划分为经营性的资金占用和非经营性的资金占用。非经营性资产是指不直接参与企业生产经营、不直接为企业创造经济效益的资产。大股东资金占用是指上市公司的控股股东或控股股东所控制的其他企业直接或间接地占用上市公司的资金。直接占用也称"非经营性资金占用",是指控股股东及其控制的其他企业在没有与上市公司发生交易的情况下,通过借款的方式直接挤占或挪用上市公司的资金。间接占用也称"经营性资金占用",是指控股股东及其控制的其他企业在与上市公司发生了交易后,拖欠账款不还,造成实际上的占用。关联方资金占用从占款时间划分,又可分为长期占款、短期占款。

关联方资金占用的方法也是种类繁多,包括关联方虚假出资、关联交易,也包括上市公司为关联方所提供的担保等。

按照会计制度,企业应当定期或至少于每年年终,对应收款项进行全面检查,预测各项应收款项可能发生的坏账,对没有把握能收回的,应当计提坏账准备。应收账款与其他应收款之和,计提坏账准备之后为应收款净额,从某种程度上反映上市公司资金被占用的情况。从资金占用的账面表现看,经营性资金占用多体现于应收账款、应付账款、预收账款和预付账款,非经营性资金占用多体现在其他应收款和其他应付款中,另外一些则在上市公司财务报告和公告中没有体现出来。

虽然上市公司可以通过关联交易,对资金占用单位收取资金占用费,计入当期损益来提高当年的收益,但同时也增加了企业的经营风险。

1. 严重影响盈利能力。对应收款计提巨额坏账准备,导致管理费用剧增,资金被占用直接"吞噬"了上市公司的巨额利润,甚至直接导致亏损。

2. 严重削弱资产质量,影响偿债能力。资金长期被占用导致上市公司流动资金匮乏,为维持主业经营,不得不采用向银行借款等方式,这导致上市公司财务费用的大幅增加,间接影响上市公司的盈利能力。资金被占用严重影响企业偿债能力。

(四)关联方担保的信用风险分析

上市公司担保引起的或有负债对企业资产负债率有影响。上市公司担保在财务上是企业的或有负债,在企业财务管理中如果对或有负债控制、管理的不当,就有增加企业真实负债的风险,企业真实负债的增加,就会提高资产负债率。

公司因担保连带责任引起货币资金的流出,将直接减少公司的盈利水平,加重公司现金周转压力,影响公司正常的经营活动。

本章小结

关联方是指一方控制、共同控制另一方或对另一方施加重大影响,以及两方或两方以上同受一方控制、共同控制或重大影响。关联交易是指关联方之间转移资源、劳务或义务的行为，而不论是否收取价款。

关联交易的形式多样，价格可由双方协商决定，由于天然的隐蔽性和复杂性的存在可能会扭曲资本市场资源配置的功能，从而在转移资源或义务的同时，转移风险。考察关联企业与被调查企业的关系，旨在发现用复杂关系掩盖或隐匿企业缺陷的意图，避免产生不必要的风险。

关联方的分析要点包括：第一，对于以股权关系为纽带结成的关联方来说，评级分析师要从受评公司/企业的股东结构、子公司结构和兄弟公司三个方面了解。第二，对于以关键个人为纽带结成的关联方，分析重点是混合所有制企业。评级人员要了解受评企业关键个人的名单。

关联交易分析的基本要求是：分析关联交易对受评企业的影响及受评企业对关联交易的依赖程度，对受评企业影响较大或受评企业依赖程度较高的关联方，还应分析其风险特征及其对受评企业的影响。包括关联方销售、采购交易的信用风险分析、关联方资产重组的信用风险分析、关联方资金占用的信用风险分析以及关联方担保的信用风险分析等。

重要概念

关联方　关联企业　关联方交易　关键个人　盈利结构　成本控制　资产重组　报表重组　资格重组　题材重组　信用重组

复习思考题

1. 关联交易包括哪些形式？
2. 评级分析师要从哪些方面了解以股权为纽带结成的关联方？
3. 以关键个人为纽带结成的关联方分析重点是什么？
4. 关联交易分析的基本要求是什么？
5. 简述关联交易如何调节公司利润。
6. 企业可以利用哪些方式加强对关联交易风险的防范？

参考文献

［1］张祥建，王东静，徐晋．关联交易与控制性股东的"隧道行为"［J］．南方经济，2007（5）.

［2］饶育蕾，贺曦，李湘平．关联交易与中小投资者利益的侵占——来自中国上市公司关联交易的证据［J］．统计与决策，2007（6）.

［3］高雷，宋顺林．掏空、财富效应与投资者保护——基于上市公司关

联担保的经验证据［J］. 中国会计评论，2007（1）.

　　［4］李艳荣. 上市公司关联交易及其对公司价值的影响［J］. 中共浙江省委党校学报，2007（1）.

　　［5］孟焰，张秀梅. 上市公司关联方交易盈余管理与关联方利益转移关系研究［J］. 会计研究，2006（4）.

　　［6］王力军. 金字塔控制、关联交易与公司价值——基于我国民营上市公司的实证研究［J］. 证券市场导报，2006（2）.

　　［7］朱国民，张人骥，赵春光. 关联交易与公司价值——基于我国证券市场的实证证据［J］. 上海立信会计学院学报，2005（6）.

第八章　财务风险分析

财务风险分析以企业财务报表为基础，通过财务数据揭示企业的信用风险。财务风险分析不能只看财务报表，还要与经营风险分析相结合，两者相互验证、相互说明。财务风险分析主要关注四个重要领域：资产负债表、营利性、现金产生、财务弹性。

第一节　财务风险分析指引

信用风险分析包括两方面：一是经营风险分析（商业风险分析），包括国家风险分析、经营环境分析、经营与竞争分析、战略与管理等诸多方面；二是财务风险分析，包括资产负债分析、营利性分析、现金流分析和财务弹性分析。经营风险分析是分析现金流以及负债形成原因，财务风险分析揭示的是现金流以及负债的状况＼风险和未来趋势。前者是因，后者是果。

如前所述，信用评级是通过对企业的偿债能力和偿债意愿进行分析，进而预测企业的债务违约概率以及违约损失率，并通过一个符号系统将此种预测表达出来。因此，对偿债能力的分析和判断是信用评估或信用分析的关键之所在。未来现金流对债务的覆盖程度或保障程度，是说明企业偿债能力最核心的指示器。

财务风险分析仍然要按照以下思路进行：现金流、负债以及现金流对债务的覆盖。现金流对债务的覆盖程度越高，未来现金流越稳定，则从债权人角度企业的财务风险越小，反之则越大。现金从以下三个渠道而来：一是从经营活动中来；二是从企业资产变现中来；三是从母公司、银行、债券中筹资而来。经营活动产生的现金流（或称营业现金流量）是偿债的主要来源，其他来源是辅助来源。现金流分析以营业现金流量分析为主，其他为辅。主线分析围绕偿债能力的主要来源——经营中产生的现金流对债务的覆盖展开。辅线分析围绕资产变现能力和财务弹性展开。

一、主线分析指标

把财务指标分为三大类（属类）：（1）现金流相关指标；（2）债务指标；（3）现金流对债务的覆盖指标（见表8-1）。

表8-1 财务分析主要指标选择

一级	二级	三级		说明	重要性	备注
现金流相关指标	规模指标	资产规模		资产规模与规模经济、多元性和收入规模存在联系。	三星或五星	有些行业如采矿业资产规模（如矿产储备）重要程度可以达到五星。
		收入规模		收入规模是形成现金流的基础。	四星	
	盈利指标	总额	利润（如EBIT）	利润是产生现金流的主要内在源泉，没有利润，即便短期内存在经营性现金流为正，但其持续性差。	四星	资产周转率、应收账款周转率、成本费用利润率和存货周转率。
		比率	利润率（主营业务毛利率、营业利润率）	说明了业务的盈利能力。利润率越高、营利性越强，现金流生成能力和规模才会越大。	四星	成本费用结构、定价权。
			总资产报酬率	说明了总资产的回报情况。	四星	
			净资产收益率		三星	从所有者权益角度，因此其重要性是三星。
	现金流量指标	EBIT（息税前利润）		代表现金流生成能力。	五星	
		经营活动现金总量		代表用于偿债的总的现金流。		
		经营性净现金流			五星	营运资本的产出效率。
		自由现金流			五星	资本支出。

续表

一级	二级	三级	说明	重要性	备注
负债指标	总额	总负债		四星	负债结构。
		流动负债		四星	负债结构。
		非流动负债		四星	负债结构。
		有息负债		四星	负债结构。
	比率	资产负债率		五星	与信用风险直接关联。
		债务资本比率		五星	与信用风险直接关联。
现金流对债务的覆盖指标	现金流利息保障倍数	EBITDA利息保障倍数		五星	
		经营性净现金流利息保障倍数		五星	
		自由现金流利息保障倍数		五星	

注：一星至五星重要性逐渐增强。

（一）现金流相关指标

现金流相关指标是广义的，不仅仅包括现金流量指标，而且把现金流形成的"原因"资产、收入等指标也纳入其中，因此现金流相关指标包括：资产规模、收入规模、利润指标、利润率指标、报酬率指标以及现金流量指标。

1. 资产规模与收入的关系。收入规模很大而资产规模很小的情况较少出现。现金流来源于收入，足够大的收入是现金流的基础。这里资产规模不仅指资产的"经济规模"即金额，也指资产的"技术规模"，如发电企业的装机容量、高速公路公司的高速公路里程等。如果资产的"经济规模"与"技术规模"相对较为良好，较大规模的资产的盈利潜力或创造收入的潜力就大。当然这主要体现在固定资产或非流动资产上。资产的结构主要反映流动资产和非流动资产的占比。流动资产占比较高意味着资产的变现能力比较强，这对于债务的到期支付比较有利。资产的规模与质量只有和收入、利润、现金流紧密挂钩才有意义。

资产规模庞大，但总资产周转率低，意味着总资产利用效率低，产生收入的能力低，资金使用费用（资本成本）相对较高；应收账款和存货周率的高低，一方面说明资金使用效率的高低，另一方面也直接影响经营净现金流和自由现金流的规模。资产质量包括两个方面：一是技术质量（设备的质量等）；二是流动性。流动性越强，从债权人角度来看资产质量就越好，因为流动资产的变现能力强，可以成为"现金"和偿债的一个补充来源。信用分析更注重后者。

2. 营利性与现金流量的关系。营利性越高现金创造能力越强。营利性分析要从规模和营利性分析包括收入、利润、利润率、总资产或净资产报酬率以及利润增长速度等方面的分析。收入分析以主营业务收入分析为主，非主营业务收入次之。这主要是因为主营业务收入代表了经营活动现金流创造能力。

利润有多个概念，包括：毛利润、主营业务利润、总利润和净利润等概念。毛利润主要分析主营业务的营利性，毛利润取决于主营业务收入和主营业务成本，前者取决于产品价格、销量等因素，后者取决于原材料价格、人工成本及折旧等因素。主营业务利润是在毛利润的基础上扣减了营业税费、期间费用（管理费用、销售费用和财务费用）。主营业务收入反映了企业的经营管理水平、财务政策等方面的情况。分析企业的主营业务盈利能力主要分析毛利润和主营业务利润。利润总额由于可能含有营业外支出净额（如补贴收入）等非营业利润，因此不能真实反映主营业务盈利能力。息税前利润是总利润加上计入财务费用的利息支出，或净利润加上计入财务费用的利息支出和所得税而形成的。息税前利润是企业通过经营活动或非经营活动获得的能够用来提供给所有者、债权人和政府的利润。

主营业务毛利率和营业利润率是普遍采用的利润指标，它反映了企业的盈利能力。EBIT 比总资产就等于总资产报酬率。总资产报酬率代表形成企业总资产的所有资金的回报率。一方面，这个指标越高，说明企业资产的盈利能力越强，投入企业的资金获得的回报就越高，总资产的盈利能力越强。另一方面，如果总资产报酬率大于借款或发行债券利率，则企业发债会增加企业的盈利，盈利额＝借款或发行债券额 ×（总资产报酬率－借款或发行债券利率），否则就会摧毁企业的盈利或价值。净资产收益率是净利润比所有者权益，净利润只归属于股东所有，因此这个指标是从所有者出发，反映所有者投入资金的回报率。原则上，如果净资产收益率大于所有者权益所要求的必要报酬率或社会平均资本成本时，股权所有者才会盈利，他才会投资于企业。这个指标不能反映总资产的营利性，从偿还债务角度意义也并不大。

现金流量是偿债资金的主要来源，是企业资产运营和业务盈利的结果。现金流量也有多个概念。经营活动现金流量、投资活动现金流量和筹资活动现金流量是主要的现金流量概念。上述三个现金流量净额都可以用来偿还债务。一般来讲，经营活动产生的现金（净）流量是偿债的主要来源；投资活动产生的现金（净）流量也是偿债的一个来源，但由于其不是主营业务（对于工商企业来讲），具有一定程度的不确定性、不稳定性，因此原则上不能成为偿债资金的主要来源；当企业经营活动产生的（净）现金流不够用来偿还债务时，就要通过筹资活动产生的现金流量进行偿还。

经营活动中的现金流量还包括以下几个概念：EBIT、经营现金总流量或运营资金、经营现金流或经营活动净现金流量、留存现金流量、自由现金流量等。

EBIT是个准现金流概念，并在信用分析中常常被使用。EBIT在金额上可能大于或小于经营活动净现金流，主要看其他调整项（除息、税、折旧、摊销外的非付现费用）及营运资本调整项的大小。EBIT之所以重要是因为它代表了现金流量的生成能力。此指标额度越大，说明现金流量的生成能力越强。

经营现金总流量或运营资金是经营中产生的现金流总量，没有考虑到营运资本和资本支出，即它是运营资本和资本支出前经营现金流。经营现金流量，即现金流量表中的经营活动现金流量净额，它是在经营现金总流量的基础上扣除了营运资金，但未扣除资本支出。这个现金流量在债权人"逼迫"下，可以用来还债。短期内对发行人/借款人的影响并不大，但长此以往则会损害发行人/借款人的"体质"（竞争能力）。留存现金流量是经营活动净现金流量中扣除了现金股利。自由现金流量是在留存现金流中扣除了资本支出。自由现金流量是在维持企业正常经营、保持企业现有的竞争能力的基础上企业能够获得的现金流，因此它是最"保守"的现金流量概念。从原理上，现金流分析应该以这个现金流概念为主。但是，从债权人角度和股权投资人角度进行财务分析是有所不同的。股权投资人从永续经营出发（股权投资人的时间概念是无限延伸的），利用自由现金流按照资本成本（其股权投资人要求的必要资本成本）对其进行折现，进而换算其投资价值。债权人的投资期限较短，即便是30年也有期限限制，因此在一定的期限内，他可以考虑是否要求企业推迟资本投资，甚至停止营运资本支出（当然在企业还要继续经营的情况下，后一种情况不会出现）。这样，从债权人角度，就可以采用经营现金总流量或运营资金、经营现金流或经营活动净现金流量这样的现金流概念，特别是采用经营活动净现金流的概念。

（二）债务相关指标

债务分析主要弄清楚债务的规模与结构，弄清楚到底有多少债务，都是什么性质的债务（长期、短期；有息、无息；确定债务或有债务等），这些债务什么时候偿还（偿还期限结构）。资产负债杠杆比率分析，是分析资产和负债两者的对比关系，当然负债并不由负债表中资产（既包括货币资金等流动资产，又包括固定资产等非流动资产）来偿还（负债最终要由公司资产创造

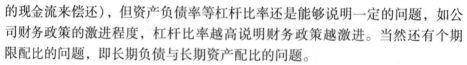

的现金流来偿还），但资产负债率等杠杆比率还是能够说明一定的问题，如公司财务政策的激进程度，杠杆比率越高说明财务政策越激进。当然还有个期限配比的问题，即长期负债与长期资产配比的问题。

（三）现金流对债务的覆盖指标

现金流对债务的覆盖指标包括 EBITDA 对利息的覆盖指标、经营性现金流或自由现金流对流动负债、总负债的覆盖程度。这类指标最直接反映了偿债能力或违约风险。这里面有一个问题，就是这类指标往往代表了过去。如果未来的情况与过去是一样的，那么通过这类指标我们就可以预测发行人/借款人的未来偿债能力和违约风险。但是，事情往往不是这样。未来未必等于过去。因此就需要对未来这类指标的变化趋势有个判断（人的主观判断），并给予一个预测。

二、辅线分析

辅线分析主要分析资产的变现能力。

资产的结构，主要反映流动资产和非流动资产的占比。流动资产占比较高意味着资产的变现能力比较强，这对于债务的到期支付比较有利。资产的流动性是分析资产变现能力的基础，如果公司资产中流动资产占比较高，意味着公司资产变现的可能性较大。但变现能力如何还要看资产价值的可靠性。从资产价值角度，现金和短期金融投资具有更高的价值可靠性。会计应收账款和库存也具有较高的价值可靠性，虽然它们也无法避免信用风险和评估风险。地产、工厂、设备——这些产生现金流的经营资产——由于产生的现金流会变动，从而使资产价值也会变动，因此是最具可变性的资产。资产变现不应成为偿债的主要来源，而只能成为辅助来源。如果一家企业到了仅仅依靠出卖资产来偿还债务的地步，说明其长期偿债能力已经失去，其偿债能力可以明确地被定义为"微弱"。

表 8 - 2　　　　　　　　　　辅线分析主要财务指标

一级	二级	三级	重要性	备注
资产流动性分析	资产结构	流动资产和非流动资产占比、现金存量	三星	主要反映资产变现能力，资产变现能力强，则偿债补充能力强。
	流动比率		三星	
	速动比率		三星	

续表

一级	二级	三级	重要性	备注
财务弹性分析	资本支出弹性		三星	
	股利分配弹性		三星	
	融资渠道		三星	

财务弹性是指融资能力如何、财务政策（如股利分配政策）是否具有灵活性/弹性等。如果公司随时能够融到其所需要的资金，或通过股权或通过信贷，或者公司可以减少或推迟股利发放，或推迟资本支出等，则说明其财务弹性较好。财务弹性不应成为偿还债务的主要支柱，因为融资能力不是偿债能力的"主能力"，偿债能力还是主要来源于经营中产生的现金流。推迟股利发放或推迟资本支出等，只是暂时性的，不能长期实施。

第二节 会计特征与财务报告

首先要确认受评主体（公司/企业）采用的会计制度，并判断其财务政策的稳健性，这一点与上面"管理与战略"方面的内容有联系。

一、会计特征评估

对发行人财务报告的分析从评价会计特征开始，以决定比率以及从财务报表中派生的统计量能否适当地用来度量被评级发行人的业绩和其在同行或更为广泛的公司发行人中的位置（评级过程，部分是比较，因此拥有通常的参照框架是非常重要的）。评估内容包括该公司的内部会计制度、会计政策、会计报表的品质、审计人员的资格以及各种会计处理方法。

1. 会计政策评估

信用评级要充分考虑会计政策对财务报表的影响。会计政策分析主要包括合并报表依据、折旧原则、收入确认政策、坏账准备提取政策、商誉和无形资产的确认、固定资产价值重估、员工福利制度、表外负债（包括租赁、专案融资、应收账款让售等）等方面的评估。企业采取的会计政策往往可以暴露出企业经营管理中可能存在的问题和风险。例如，分析企业坏账准备提取方法，可以发现其是否存在故意调节利润水平的行为。为了信用分析的目的，同时也为了避免因企业采取了不恰当的会计政策误导评级分析师，应该对财务报表的有关项目进行调整。

2. 会计准则变化影响评估

分析师还要考虑到会计准则变化的影响和发行人报告的特定事项或项目的影响。会计变更不会对信用质量产生直接影响，除非它们披露了关于公司的新信息。会计变更会产生间接影响，包括触发违反融资契约、管制或税收后果，或作为对公司显性的杠杆、获利能力、资本化的市场情绪变化的结果产生不利的市场反应，以及随之而来的，甚至可能影响商业行为。

3. 财务报表质量评估

财务报表的质量也直接影响财务风险分析的准确性，可以从以下几个方面对客户财务报表的质量进行评价：企业内部控制制度是否完备；会计师事务所状况；审计报告的内容；财务状况的异常变动等。

二、财务报表选择和使用

对企业进行财务风险分析首先要收集完整的财务报表。凡是进行了股权投资的企业，当其拥有被投资企业的实际控制权时，就需要分别编制母公司报表和合并报表。对公司本部以管理职能为主、核心资产在子公司的企业，一般选用合并报表。这类企业对子公司的控制能力较强，通过内部控制直接影响和参与子公司的经营管理，必须全面分析母公司和子公司的整体财务状况。但对子公司控制能力不强或没有通过派驻主要管理人员等方式对子公司直接施加影响的专业投资公司，尽量不选用合并报表。分析时以母公司报表数据为主，以合并报表为辅，并参考主要的子公司报表，多个报表同时进行比较分析。

1. 母公司报表

母公司报表只包括企业自身直接拥有的资产、负债、损益和现金流，合并报表还包括被投资企业（子公司）所拥有的资产、负债、损益和现金流。母公司报表和合并报表在反映企业的财务状况时，分别有各自的优点和缺点。母公司报表的优点是能够比较准确地反映借款人自身的经营状况，特别是现金流状况；其缺点是不能反映其子公司的整体情况，只在资产负债表上的长期股权投资、损益表上的投资收益和现金流量表上的取得投资收益所收到的现金等几个科目上反映其子公司的情况。特别是分析企业可用于还款的自由现金流量时，合并报表中的子公司现金流无法由母公司直接控制，只能通过现金股利分配或往来款流入母公司，不能全部成为母公司自由现金流量的组成部分。因此，要特别注意其与子公司之间现金利润分配情况和现金往来款情况。

2. 合并报表

合并报表的优点是能够比较全面地反映企业自身及其子公司的整体情况。

子公司的资产、负债、收入、利润和现金流等，都在合并财务报表中得到完整地反映。因此，其缺点就是企业实际上对合并报表内的资产、负债、现金流的控制能力不同。企业对其自身的资产负债能够直接控制，对子公司的职能间接控制。合并报表没有对此进行区分，因此合并报表无法准确地反映企业自身的财务状况，特别是现金流状况。

3. 子公司报表

对于在企业合并报表中占总资产或总收入30%以上的子公司，还要关注其自身的财务状况，对其业务状况和财务状况应有总体把握，注意其对母公司报表和合并报表的利润和现金流贡献比例及其对母公司偿债能力的影响。

4. 会计报表附注

对于分析师，会计报表附注是对财务报表的详细说明和对财务报表未披露信息的补充。尤其在分析营运资金对现金流的影响和关联交易时，会计报表附注的信息更加重要。应重点关注以下内容，发现数字背后隐含的内容，准确地把握企业的财务状况：主营业务收入与主营业务成本的构成；应收账款、其他应收款：包括账龄、主要欠款人、欠款原因、坏账准备等；应付账款、其他应付款包括账龄、主要债权人、欠款原因等；存货（包括存货的构成、减值准备等）、长期股权投资（包括被投资企业名称、投资比例、投资收益）、与客户往来款或有事项（如担保等）、关联交易及关联关系等。

三、财务报表分析性调整

对所评级公司的财务报表金额进行分析性调整是评级过程的有机组成部分。评级机构进行分析性调整是为了更好地刻画经济实质以及拉平公司间的报告差异。同行业比较和期间比较，能更好地反映经济实质，更好地反映贷款者的风险、权利和利益，有利于做出更为稳健的财务预测。对于分析师来说，虽然不太可能将整个报表重新编制，但是如果有资产高估或低估的情形，应谨记在心，在后续各个步骤的比率分析时，随时提醒自己是否会影响到对各种财务表现的判断。表8-3是标准普尔部分指标调整项举例。

表8-3 标准普尔部分指标调整项举例

种类	调整内容	调整程序	备注
应计利息和红利	未包括在债务列报中的应计利息重新分类为债务。	• 资产负债表：混合证券的应计利息和红利被重新分类为债务。权益不需要调整。	

种类	调整内容	调整程序	备注
产品开发支出资本化	虽然工业创意和产品设计相关支出列入收益表中的费用科目，但是，这些产品的技术可行性支出却能够予以资本化，且资产可以在其预计的经济寿命期内进行摊销。	数据要求： • 会计期间的产品开发支出和资本化数额； • 相关资本性支出的摊销数量。 计算方法： • EBITDA、折旧前营业利润和资本性支出："减去"资本性开发性支出净额（或者期间摊销数）； • EBIT 和折旧后营业利润："减去"（"加上"）会计期间开发性支出与摊销数之间的差额； • FFO 和资本性支出："减去"期间资本化数额。 • 资产负债表科目：我们没有对累计性资产和权益资本进行调整，主要是因为调整复杂且对我们分析帮助不大。	
利息资本化	将资本化利息作为会计期间一项费用支出。	数据要求： • 会计期间利息资本化数量。 计算方法： • 利息费用："加上"利息资本化部分； • 资本性支出、FFO、经营现金流量："减去"资本化利息（重新分类作为经营现金流量）。	
开采成本	在一些会计体系中，允许石油和天然气开采公司和生产企业选择使用两种会计核算方法，即完全成本法和成果法。	数据要求： • 开采费用支出（只适用于采用成果法核算的开采、生产型企业）。 计算方法： • 通过调整折旧、损耗和摊销前经营利润，计算 EBITDA：将开采费用加回到折旧、损耗和摊销前经营利润。如此一来，EBITDA 以及折旧、摊销前经营利润因加上开采费用而变大。	

续表

种类	调整内容	调整程序	备注
担保	根据公司对履行合同保证人支付的跟踪记录，我们能看出该企业未来的负债能力。只有当跟踪记录为我们怀疑其履约能力提供了充分证据，我们才能在计算财务比率时将其担保额记为负债。	数据要求： ● 确定资产负债表内外计入负债、税收利益净额。 计算方法： ● 负债：加上资产负债表外负债等值额；对资产负债表内负债进行再分类。 ● 权益：减去资产负债表外负债等值额。	
混合型投资工具	● 混合型投资工具兼有债权型和股权型投资工具的特征。由于股权型投资工具特点更为明显，因此，将在很大程度上将其视为股权型投资工具。公司混合型股权投资分为低等、中等和高等。 ● 对于中等混合型投资工具，应用尽可能多的数据（不包括未付应计报酬）计算财务比率：一半的本金划分为负债，另一半划分为权益资本；期间支付额的一半作为普通红利支付，另一半作为利息支付（不对税负进行调整）。这一整套比率将被用做基本的调整措施，也是对外公布的财务比率。 最低股权特征混合型投资工具为负债计算财务比率。 ● 高度股权特征的混合型投资工具作为权益资本计算财务比率。 ● 未付的应计红利甚至那些具有股权特征的证券在期末之前被视为负债。	数据要求： ● 资产负债表和股东权益中混合投资产品价值； ● 期间附加费用和应支付款； ● 未付应计利息/红利。 计算方法： ● 高股权特征混合投资按照财务报告列示作为股东权益，相关附加红利（associated dividends）也同此处理，但是其中的应计红利则视为负债。 ● 财务报告列入负债的高股权特征混合投资从中剔除后加入到权益中。相关利息支出（associated interest）从利息费用中剔除后作为红利处理。此外，在营运现金和经营现金流量计算中，利息支付也将调整为红利。 ● 中等股权特征混合型投资在财务报告列示为股东权益的（如优先股），按其50%的价值从权益中剔除转加到负债中。同时，50%的股票红利从权益中剔除转加到利息费用和已支付利息中，这将影响到经营资金流量（FFO）和营业现金流量（OCF）的计算结果。 ● 最低股权特征的混合型投资在财务报告中列示为权益的，从权益中剔除加入到负债中。相关红利加入到利息费用和支付利息中，这将因此减少经营现金流量（FFO）和营业现金流量（OCF）。 ● 最低股权特征的混合型投资在财务报告中列示为负债的，维持不变，且其相关利息支出同此处理。 ● 混合型投资工具发生的应计未付费用视为负债类。	

续表

种类	调整内容	调整程序	备注
经营租赁	企业通常使用租赁作为一种融资手段。租赁区分为经营租赁和融资租赁。融资租赁（也被称为资本租赁）以类似于债务融资投入资产的方式进行会计处理，然而经营性租赁只有在支付租金时在会计上反映。我们认为会计区分经营租赁和融资租赁是相当人为的（武断的）。在两种情形下，承租人使用这些资产，承担了类似于债务的义务，周期性的支付租金。经济租赁属于资产负债表表外债务，经营租赁未来支付的现值是对租赁的债务价值的很好的评估。	数据要求： • 最小租赁偿付款，不可撤销的未来租赁偿付流和担保残值，如果未被包括在最小租赁偿付款内；折现因子；近些年内年度有关租赁的经营费用；被分类为经营性租赁的售后租回交易递延利得； • 在财务报表附注中发现的未来租赁偿付款数。我们的调整模型假定超过第五年后的未来年度偿付款接近于第五年； • 折现因子通过以下方法之一确定：使用公司证券化债务的加权平均利率；和/或使用从总利息费用和平均债务推导出来的利率； • 年度经营性租赁有关的费用有时候在财务报表附注中可以发现并被使用。当金额不是单独披露时（比如，当提供有或租金和其他金额，或包括在其他成本中），利用第一个项目在最近年份和之前年份的年末偿付金额的平均数。 计算方法： • 债务：折现因子决定的未来偿付流的现值被增加到债务上。 • 经营利润和现金流计量：经营性租赁有关的费用被分割成利息部分和折旧部分。这些效应加到了经营利润的计量上：SG&A的全部金额，EBIT的隐含利息部分，EBITDA的隐含利息部分，FFO的隐含折旧部分。此外，经营利润将被调整为售后租回交易反向的利得或损失。 • 利息费用：利息费是折现率乘以当年以及以前年度的平均首年计划偿付款。 • 折旧：经营租赁折旧，即经营租赁相关的费用金额减去计算的租赁利息，被加到折旧费用中。 资本化费用：资本化费用以经营租赁债务的年度变化加上年度经营租赁的折旧的金额列示。这个金额不应当是负的。资本化费用在资本租赁中以同样的方式进行调整。 • 财产、工厂和设备（PP&E）：经营租赁债务以接近于折旧资产的成本金额列入财产、工厂和设备。	

资料来源：http://www.standardandpoors.com。

第三节　资产负债表

资产负债表的分析目的是要弄清楚资产质量、负债规模与结构、资本结构以及资本与资产的匹配程度，并进而判断公司资产负债的激进程度或保守程度。

资产负债表由资产、负债和所有者权益构成。从债权人角度，资产质量是指流动性如何，流动性越强，资产质量就越高；从股权投资者的角度，在保证正常流动性的基础上，增强资产的营利性是他们希望的。负债分为长期负债和短期负债、有息负债和无息负债。长期负债成本高但偿债时限压力相对小，短期负债成本低但偿债时限压力大；有息负债需要偿还利息，无息负债则不需要。因此，从债权人角度，更加关注有息负债。

一、资产分析

资产数量、质量与结构关乎到收入规模、盈利能力、流动性，进而影响企业的现金创造能力和债务偿付能力。企业的偿债能力，从长期看要关注其现金创造能力的大小以及持续性如何；从短期看，要看其资产的流动性，流动性越好，短期偿债能力或支付能力越强。

资产分析包括资产规模、资产结构、资产的利用效率、资产的变现能力几个方面。资产规模影响收入和盈利的规模，资产结构和资产利用效率决定了资产的盈利能力，资产的变现能力决定了资产的流动性。

不同的资产具有不同的回报率，现金的回报率最低，除现金以外的流动资产的回报率比现金高，固定资产等长期资产的回报率又比流动资产高。因而资产结构决定了资产的整体回报率水平，间接对现金流产生影响，最终也会影响到偿债能力。

资产的变现能力也称流动性，是指资产转化为现金的速度与金额大小。资产通过两种途径转化为现金：一是通过经营活动创造收入从而创造现金，即带来新增现金；二是通过处置活动将资产直接变现，在现金不充裕的情形下，特别是在经济下行期，通过处置活动将资产变现也是对偿债能力的保障。从资产价值角度，现金和短期金融投资具有更高的价值可靠性。会计应收账款和库存也具有较高的价值可靠性，虽然它们也无法避免信用风险和评估风险。地产、工厂、设备——这些产生现金流的经营资产——由于产生的现金流会变动，从而资产价值也会变动，因此是最具可变性的资产。

资产的利用效率即资产周转率（存货周转、应收账款周转率），资产周转次数越多或资产周转率越高，资产利用效率越高，同等资产所能创造的收入就越高。因此资产利用效率的高低在一定程度上决定了盈利水平的高低，最终对偿债能力产生影响。

（一）资产规模

关注总资产规模变动情况。总资产规模的增加或减少具有一定程度的重要性，评级机构认为规模与信用级别高度相关。资产总额＝流动资产＋非流动资产。

动用所有资产变现以偿付债务只能是在清算情况下才能发生，因此总资产分析的意义不在于通过资产变现偿还债务上。一方面，总资产的意义主要体现在规模经济上，规模经济与降低成本、动用的潜在资源总量、多样化有一定联系，总资产规模是规模经济和多样化的基础。另一方面，总资产规模与销售规模挂钩，一般认为资产规模越大则销售规模就越大，现金流的规模可能就会越大，偿债保障程度就越高。要分析后者就要分析总资产周转率这一指标。

分析资产规模变动情况及态势，分析资产增加是来源于股权投资/利润增长还是负债增加，分析哪个因素是导致资产规模增加的主要原因。前者可以使公司的自有资本实力增强，后者虽然使资产规模增加，但同时也使企业信用风险增加。股权投资和负债增加导致资产规模不断增大的同时，也使资产负债率和资本债务比率发生变化，看哪个因素增长快，导致资产负债率和资本债务比率提高或降低。资产规模增长过快或过缓，都要进行分析。通过资产规模的横向比较，可以初步认识企业的资源基础。

（二）资产结构

资产结构＝流动资产/总资产。流动资产指一年内或一个完整经营周期（超过一年）内能够变现的资产。流动资产占比越高，资产的流动性越高，有利于偿还债务。

流动资产与非流动资产是按照流动性划分。通常认为，流动资产是企业资产中流动性较强的部分，因而通常被视为可随时用于变现以偿付债务的部分。对流动资产的分析着重以下方面。

其一，分析该指标过去 3～5 年变动趋势以及行业内横向比较情况。从债权人的角度考虑问题，当然是流动资产占比越高越好。流动资产占比不断提高，则意味着资产结构不断改善。

其二，分析流动资产中货币资金、存货及应收账款占比及变化情况。流动资产中现金变现能力最强，存货及应收账款相对现金变现能力较差。流动资产中现金占比越高，越有利于偿债，越有利于债权人。

其三，流动资产占比并不是越高越好，因为与非流动资产相比，流动资产的营利性较低，过高的现金储备虽然有利于债务支付，但也降低资产的盈利能力。流动资产占比多高为宜，还是要看行业平均水平以及企业的负债情况（数量、到期结构），现金（货币资金）需要多少还要看企业的行业特征和需要。

非流动资产是指流动资产以外的资产，主要包括持有至到期投资、长期应收款、长期股权投资、投资性房地产、固定资产、在建工程、无形资产、长期待摊费用、可供出售金融资产等。非流动资产就是不能在一年之内通过某种经济运作转化为现金的资产。对非流动资产的分析着重以下方面。

其一，分析该指标过去 3～5 年变动趋势以及行业内横向比较情况。从债权人的角度考虑问题，当然是非流动资产占比越低越好。非流动资产占比不断降低，则意味着资产结构不断改善。

其二，分析非流动资产中固定资产、在建工程、长期股权投资等占比及变化情况。例如，在建工程占比较高并呈上升态势，意味企业扩大产能与规模，未来资金需求和资金压力可能较大。如果固定资产占比较高并呈上升趋势，可能意味着扩张减缓、投资逐渐完成等，未来资本投资方面的资金需求可能会下降。长期股权投资增长可能意味着非主营业务增长。

其三，非流动资产构成及变化情况分析，例如受评公司非流动资产是否以固定资产、在建工程和长期股权投资为主，这几个组成部分变动情况及变动原因。现有固定资产关乎企业的主营业务的生产能力、盈利能力，在建工程关乎未来能力的形成。这两者关乎公司的主营业务及其盈利能力。传统观点认为，长期股权投资属于非主营业务，形成一定营利性，但其规模需要得到一定的控制。

2006 年新会计准则，将"投资收益"计入"营业利润"，对此应作具体分析。长期股权投资如果是为了增强主营业务竞争力（比如参股上、下游企业），它产生一定收益，但收益主要在主营业务上；长期股权投资如果是为了盈利，收益主要来自股利分配。后一种情况，形成利润来源多样性。在某种情况下，可以在不同行业周期中平衡主营业务下滑所造成的影响。如果长期股权投资可以形成长期稳定的收益来源，则对受评企业信用质量产生一定有利影响。

（三）资产利用效率

包括总资产周转率、存货周转率与应收账款周转率。分析时要进行同行业比较，分析受评主体在行业中的位置，是高于行业平均水平，还是低于行业平均水平。

总资产周转率代表的是总资产的运营效率，这个指标越高，说明总资产的运营效率越高，资产的营利性也就越高。该指标也说明 1 元钱的资产带来多少收入，这样资产规模通过收入这一环节对信用级别起到了作用。分析该指标过去 3 ~ 5 年变动趋势以及行业内横向比较情况。

存货周转率和应收账款周转率。存货周转天数 = 360 /（主营业务成本/年初末平均存货）；应收账款周转天数 = 360 /（主营业务收入净额/年初末平均应收账款）。它反映资产转换为现金速度的指标，这也是度量营运资金占用情况的指标，周转率越高，说明流动资产所需占用的资金越小，可直接用于偿付债务的现金就越多；同时说明资金使用效率越高。分析该指标过去 3 ~ 5 年变动趋势以及行业内横向比较情况。

（四）资产流动性分析

流动比率 = 流动资产/流动负债；速动比率 = 速动资产/流动负债。这是通用的流动性比例，用于度量流动资产或速动资产相对于流动负债的比率，公认的标准是流动比率应不低于 2，速动比率不低于 1。流动比率主要表示企业短期债务偿还的资产保障能力，在这个指标的分析过程中需要注意流动资产的真实性和有效性，考察流动资产的质量和变现能力。速动比率主要考察企业流动资产的及时变现能力以及应付危机的能力，如果该指标小于 1，则说明企业应对短期突发债务危机的能力较弱。

二、债务分析

资产负债表上任何需要偿付的或产生责任的项目都是财务上的义务。倘若该项目含有确定的偿付期限、固定的利息流、不可延期或取消的强制支付，则被划分为负债。相反没有期限、没有强制收入流、无须强制偿还的就是权益。债务分析的目的是要明确将在未来一段时期内到期需偿付的债务总规模有多大，需要主体动用多少现金资源或非现金资源予以偿付；在该段时期内的各个时点，到期债务的具体分布是什么，对用于偿付债务的现金资源或非现金资源的分布提出了什么要求。

债务分析侧重分析债务性质/类型、规模与结构，包括准确地找到和计量债务的总额，分析表内债务和表外债务，分析债务期限结构以及利率结构。

（一）债务规模

从信用评级的角度来看，受评主体的所有债务（含本金及利息，下同）都应成为信用评级考察的对象，即信用评级所分析的应该是全口径的负债，既应包括在财务报表上已经确认并列报的债务，也应包括尚不符合会计的定义从而未在财务报表上列报，但有可能构成未来一段时期内偿付义务的潜在负债（包括或有负债、经营性租赁合同在未来期间的租金、其他合同中尚待履约的义务等）。资产负债表表外债务包括：退休后医疗责任；养老金；经营租赁；担保；或有负债（如可能发生的诉讼结算或判决）；保理、转让或证券化的应收账款；含有供货不足或供货质量达不到要求情况下要做出赔偿的供货合同以及不论与否都要付款的采购合同；合并子公司债务和未合并子公司的债务等。

　　已经确认并已在报表列报的显性债务是信用评级的考察重点，对于尚未在报表中列报的负债类义务则需要进一步区分：有些是相对确定的准显性债务，比如经营租赁期间将要支付的租金以及持续产生的、支出金额相对明确的未来预计负债（如产品质量保证），可与显性债务一并统计；其他不确定性较高的或有负债，如因担保产生的或有负债、因票据贴现产生的或有负债、因未决诉讼产生的或有负债，则可以不直接列入总债务中，比较适合用于压力测试。

表 8-4　　　　　　　　　　　　　资产负债表表外债务

种类	调整	备注
退休后医疗责任	养老金、退休后医疗责任等没有基金来源的部分需要想办法筹集资金，此项责任属于债务。	
养老金		
经营租赁	经营租赁未来支付的现值是对租赁价值的很好的评估。	
担保	担保负债与应收账款的实际发生总额是债务的等价物。	
或有负债，如可能发生的诉讼结算或判决	对于可能出现的或有负债，对公司实体可能需要偿付的金额进行估算是一种明智的方法。	
保理、转让或证券化的应收账款		
含有供货不足或供货质量达不到要求的情况下要做出赔偿的供货合同以及不论与否都要付款的采购合同	根据合同条款，无论提货与否均需付款的合同的现值的一定百分比可被视做负债。	
合并子公司债务和未合并子公司的债务	低于50%控股权的合资公司或公司需要认真考虑公司自身的支持能力及母公司对它的支持力度。通常情况下，母公司没有法律义务要支持子公司的债务，债务合约甚至可能会特别将债务列为对母公司的"无效追索"。但是，如果该公司的确具有战略性重要地位，母公司的管理层多半也会从经济利益上判断后给予财务上的支持。	

　　资料来源：布莱·甘吉林：《信用分析基础》，上海财经大学出版社，2006。

分析要点：债务总规模及其历年变动情况；表外债务；对资产负债表债务进行调整，即资产负债表债务加上结构化债务/混合型债务、表外债务得出公司实际、真实的全部负债。一般总负债的计算公式是：总负债＝资产负债表年初总负债＋年末总负债/2。

（二）债务的性质/类型

按照债务偿付对可供偿付债务资源的要求，可以将债务区分为以下类型：

1. 流动负债和非流动负债。按照对可供偿付债务的需求时间（即到期日），将债务区分为流动负债和非流动负债。其中短期内（通常为一年内）需偿付的债务，非流动负债为到期日在一年（或更长时间）之后需偿付的债务为流动性负债。如前所述，对偿付能力的判断应注意累积偿债资源与债务到期的观察期保持一致，因此为了清晰地获得现有债务在未来 N 年内对偿债资源的需求分布结构，应以一年为单位，逐年统计将于一年内到期的非流动负债，形成到期债务分布结构。

2. 现金债务与非现金债务。这是从偿付资源的种类角度提出的需求，需要用现金加以偿付的债务称为现金债务，指定用某种非现金资源加以偿付的债务称为非现金债务。绝大部分债务都需要通过现金偿付，除非约定以提供商品或服务为履约方式的负债（如预收账款）或者通过债务重组的方式更改偿付方式。

3. 有息债务与无息债务。按照是否要求支付利息，将债务分成有息债务和无息债务。无息债务主要是指应付账款、预收账款、约定无须支付利息的其他应付款和长期应付款、应付职工薪酬、递延所得税负债等。有息债务则是银行借款以及具有付息义务的债务性金融工具，包括应付票据、已发行的债券或融资券、其他金融债务。

短期有息债务 = 短期借款＋应付票据＋其他流动负债（应付短期债券）＋一年内到期的长期债务＋其他应付款（付息项）。

长期有息债务 = 长期借款＋应付债券＋长期应付款（付息项）。

由于相当多的长期债务的利息采取了与本金偿付相分离的方式，利息通常须逐年计算并支付，而本金则另行约定到期日进行偿付，在相当长时期内只要本金尚未到期，对长期债务来说只需偿付当年的利息，因此在判断短期偿付能力时，可无须考虑尚未到期的长期负债本金而只需纳入该项债务在未来一年内需支付的利息支出。

分析要点：流动负债与非流动负债规模与结构；流动负债规模与结构，历年变化情况；非流动负债规模与结构，历年变化情况；有息债务在总负债中的占比及有息债务的来源结构，有息债务历年变化情况，长期有息债务与

短期有息债务历年变化情况。

（三）债务期限结构

债务规模是个时点的概念，随着时点的不同，同一主体的债务余额是不同的。对一个历史时点，债务规模是指所有在该时点已经存在的未到期债务的合计金额，通常被称为存量债务。对一个历史时点之后的未来时点，债务规模则是指由历史时点至该未来时点构成的时间窗口内所有已经存在的未到期债务（存量债务）和在这一时间窗口内确定新增加债务的合计金额。只有对债务规模结合时点进一步确定各个时点需偿付的债务金额，即各时点的到期债务，才能更清晰地了解对可供偿付债务资源在时间分布方面的要求。具体来说，未来一年内到期的债务要求未来一年内具有相应的可供偿付现金或非现金资源；未来两年内到期的债务需要未来两年的累积可供偿付现金或非现金资源相对充裕，依此类推，未来 N（N 代指观察期长短，下同）年内到期的债务要求未来 N 年内的累积可供偿付现金或非现金资源相对充裕。

主要分析有息债务到期期限结构，厘清受评主体未来若干年债务偿还金额分布情况（分年），分析未来若干集中还款压力及公司有息债务安排能力。

（四）利率结构

对有息债务来说，利率的高低决定其利息支付对可偿债资源提出的需求大小。在评估可偿债资源的需求大小时，利率必然是需要考虑的关键变量，因此信用评级财务分析最好能获得受评企业利率结构方面的信息，为测算加权平均资本成本奠定基础。

三、资本结构/杠杆比率

杠杆水平通常用债务占资产的比率来代表，按照债务的不同口径，可进一步细分为会计意义上的资产负债率、包括准显性债务在内的全口径债务占资产的比率（经调整资产负债率）、长期资本（指长期债务和股东权益等可供使用期限在一年以上的资金）占总资产的比率、长期资本占长期资产的比率等，这些比率在一定程度上代表了债务的相对规模以及隐含的财务政策。

如果负债水平相对权益水平较高，说明其权益摊配损失的能力较低，因而风险也较高。也说明公司又可能会为偿付到期债务再次融资，而一旦新发行证券市场发生信用紧缩，这类措施会变得很难执行。而如果权益比例相对公司规模较低，说明该公司在面临偿债困难时很难通过削减红利支付方式筹得资金（原因为红利太小），而且资产规模及其价值也过低，无法出售筹得的偿债资金。

一般来说，常对杠杆比率加以限制，以防止偿债所需资金与利润脱节。

但对工业公司会有些特例，例如，如果某家公司经营能力很强，竞争势头强劲、产业地位牢固并有良好的政府资助保障，那么即使它的杠杆比率很高也仍能维持偿债履约水平。但对于一家经营滑坡的公司，即使债务占权益比率很低，也仍会出现偿债危机。另外，普通股产权的账面价值，在公司面临困境时并不总是准确反映其资产的真实价值。

资本结构是指公司资金来源的结构。不同的资本结构也决定了企业的资金成本以及支付压力的大小。不同资本结构决定了不同的杠杆水平，杠杆水平与信用风险程度成正比，即在同等情况下，杠杆水平越高，进一步进行债务融资的空间越小，利息支付压力越大，信用风险也会越大。

从指标分析角度，杠杆比率指标、利息支出与股利支付等方面需要分析。主要杠杆指标包括：

1. 资产负债率。资产负债率 = 负债总额/资产总额 × 100%。此指标反映受评企业财务政策的重要指标。该指标反映企业总资产中有多少是从债务来源资金形成的。该指标越高，说明受评企业的财务政策越激进。

从股东的角度，通过负债经营，可以达到"用别人的钱"来经营的目的，股东可以获得更大的利益。资产负债率越高，说明用较小的资金（股东的资金）撬动更大资金（债务资金），原理上股东的收益就越大。从债权人的角度，负债越少越好，少则受评企业偿债的压力就小，债务就越安全。当然，实际上从股东角度，不是负债率越高越好，虽然负债率越高撬动的资金越大，但也存在偿债压力，甚至存在资金断裂导致违约，出现破产清算的风险。

2. 债务资本比率。债务资本比率 = 总有息债务/资本化总额 × 100%。

总有息债务 = 短期有息债务 + 长期有息债务，其中：短期有息债务 = 短期借款 + 应付票据 + 其他流动负债（应付短期债券）+ 一年内到期的长期债务 + 其他应付款（付息项）；长期有息债务 = 长期借款 + 应付债券 + 长期应付款（付息项）。资本化总额 = 总有息债务 + 所有者权益 + 少数股东权益。

该指标只考虑有息负债，不考虑无息负债（如应付账款等）。资本是能够带来剩余价值的价值，因此将付息债务、支付股利的权益资本总和称为资本化总额。有息负债，一方面是需要支付利息的负债，另一方面是需要用企业经营产生的现金流来偿还的负债。而无息债务，多数有其他偿还来源，如购买原材料形成的应付账款，原材料形成产品并被出售后收回现金，这些现金用于偿还应付账款。因此，该指标重点说明有息债务的占比情况，它更能真实反映受评企业的债务水平。

标准普尔认为企业在财务政策管理上的好坏，将在很大程度上影响企业的财务风险。很多企业的主管们都认为现金流的充足率是保证企业发展或导

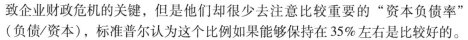

致企业财政危机的关键，但是他们却很少去注意比较重要的"资本负债率"（负债/资本），标准普尔认为这个比例如果能够保持在35%左右是比较好的。

对一家具体公司而言，到底能够承受多少的债务，也要具体情况具体分析，例如具有高确定性的价值和现金生成能力高质量、稳定的资产比价值和现金流有问题的资产能够承担更高的杠杆水平。

另外，分析时要进行同行比较，分析受评主体资产负债率在行业中位置（高于、等于或低于行业平均水平）。

四、资本与资产匹配

资本结构与资产结构的匹配程度对偿债能力也很重要。用短期资金来源满足长期资金需要，资金使用成本较低，盈利水平较高，但短期内会面临较大的偿债压力；用长期资金来满足短期资金需求，资金的使用效率偏低，盈利水平较低，对长期偿债能力会产生不利影响。主要分析指标是长期资产适合率。

长期资产适合率 =（所有者权益 + 少数股东权益 + 长期负债）/（固定资产 + 长期股权投资 + 无形及递延资产）× 100%。

此指标在一定程度上揭示了受评企业财务政策的激进程度。此指标小于100%，说明形成企业长期资产的部分资金来源于短期资金（比如短期借款等），资金成本较低，但债务到期偿还压力较大，表现为财务政策较为激进。反之亦然。

如果长期资产适合率等于100%，说明公司的长期资产由长期资金提供，这是最理想的情况。这种情况既不存在短期资金用于长期资产使企业面临短期偿债压力的情况，也不存在长期资金用于短期资金需求使资金的使用效率降低、成本增加的情况。

如果长期资产适合率大于100%，则说明不但长期资产由长期资金提供，部分流动资产也由长期资金提供，这样会增加成本（长期资金成本高于短期资金成本）。短期内偿债压力（或流动性压力）较小，债权人偏好这种情况。

如果长期资产适合率小于100%，部分长期资产资金需要由短期资金来满足，虽然降低了资金成本，但企业短期面临偿债压力。债权人不愿意看到这种情况。

长期资产适合率等于100%是最理想的情况，高也不要高太多，否则会大大增加资金成本。低于100%的情况，说明企业财务管理方面存在问题或者太激进，或者存在长期借款融资困难等问题。

五、或有事项

或有事项主要指担保以及其他或有义务。实力较强的企业为受评对象提供担保，可以提高受评对象的信用等级。但需要注意的是，即使是连带责任担保也可能因为相关法规不健全或其他人为因素而不能实现，从而使债权人的利益受到损害。因此分析师既应对担保实力作出评估，也应对担保实现的可能性予以关注。另外，企业为第三方提供担保则会对自身的偿债能力形成负面影响。分析主要指标有担保比率。

担保比率 = 担保余额 / （所有者权益 + 少数股东权益） × 100% 。担保会给企业带来一部分担保收入，担保比率应保持在一个适当水平。未决诉讼等其他或有义务会对企业造成可能的不利影响。

第四节　盈利能力

较强的盈利能力及其稳定性是企业获得足够的现金以偿还到期债务的关键因素。持续和稳定的收益往往能够反映企业良好的管理素质和开拓市场的能力，同时增强了企业在资本市场上再融资的能力，提高财务灵活性。较高的财务灵活性和资产流动性反过来又能强化企业的竞争优势。

从财务分析的角度，盈利能力分析主要包括：收入、成本与利润。从信用分析的角度，就是收入→成本→利润→现金流。

主营业务收入减去主营业务成本及其他费用等于主营业务利润。主营业务毛利率是反映主营业务营利性的重要指标。主营业务利润再减去期间费用（营业、管理、财务费用等）等于营业利润。营业利润加上投资收益、补贴收入和营业外收入等非主营业务收益等于利润总额。利润总额反映了公司总资产的盈利规模。盈利能力分析主要分析主营业务的盈利能力、总资产的盈利能力、净资产的盈利能力。主营业务盈利能力是分析的重点，主营业务盈利能力是公司的"真正的"、"真实的"盈利能力；其次是总资产的盈利能力，它反映了总体的投资效率；最后是净资产的盈利能力，它是从股东角度反映了股东投资效率。

一、盈利的结构

利润主要来源于哪里？是来源于主营业务还是非主营业务？是来源于经营利润还是投资利润？如果是来源于主营业务，那么来源于主营业务的哪个部分（按照业务板块分析）。收入结构是指企业每类产品或服务的收入占营业收入的比例；利润结构是指企业每类产品或服务的利润占营业毛利润的比率。

多元化经营的企业所涉及的各业务板块（行业）的市场结构不同、企业在市场中地位不同，其发展前景也不同，每个板块的盈利前景与持续性是不一样的。因此考察盈利的持续性，必须考察各业务板块各自的持续性，并结合各业务板块占营业收入和利润的权重来判断企业整体的盈利持续性。

二、盈利比率分析

（一）利润率指标

利润率指标回答经营效率如何，销售收入中转化为利润的百分比为多少，主要分析指标包括：

1. 主营业务毛利率 =（1 – 主营业务成本/主营业务收入净额）× 100%。主营业务的营利性是分析的重点。主营业务收入减去主营业务成本及其他费用等于主营业务利润。主营业务毛利率是反映主营业务营利性的重要指标。分析价格如何形成、成本影响因素。主营业务营利性主要是由行业、竞争格局与战略、产品技术等要素决定的。

主营业务毛利率指标主要考察主营业务对企业盈利的贡献。主营业务毛利率反映了企业主营业务的初始获利能力，没有足够大的主营业务毛利率，企业难以形成较大的盈利，因此主营业务毛利率是判断企业核心竞争力、长期盈利能力的关键。在具体分析时，需要注意结合主营业务成本的构成，结合市场占有率、市场控制能力、成本控制效果等因素进行分析，同时根据市场形势和行业平均水平判断被评企业目前的毛利状况及其主要的影响因素，以决定受评企业今后提高主营业务贡献的主要措施。

2. 营业利润率（%）= 营业利润/主营业务收入净额×100%。主营业务利润再减去期间费用（营业、管理、财务费用等）等于营业利润。期间费用是影响营业利润的重要因素，营业利润率的高低反映了"三项费用"的控制情况。营业利润除了主要受主营业务利润的影响外，还受到管理效率（包括财务管理效率）的影响，因此分析向企业内部挖掘。

营业利润加上投资收益、补贴收入和营业外收入等非主营业务收益等于利润总额。利润总额反映了公司总资产的盈利规模。

布莱·甘吉特等在其所著的《公司信用分析基础》一书中采用了如下指标：净利润/销售收入、EBIT/销售收入、EBITDA/销售收入、FFO/销售收入等指标。这几个指标应用与现金流的推演过程相一致，常用的主营业务利润率、营业利润率等指标，主要从纯粹分析"盈利能力"角度考虑，而布莱·甘吉特等考虑到现金流推演及债务偿还等因素。

（二）投资回报率指标

投资回报率指标是回答公司作出的投资决策带来多大利润。主要指标包括：

1. 总资产报酬率（%） = EBIT/年末资产总额×100%。总资产报酬率反映了企业资产利用的综合效益，该比率越高，表明资产利用的效率越高，否则相反。EBIT 的多少与企业资产的规模、资产的结构、经营管理水平有着密切的关系。因此，总资产报酬率是反映企业盈利状况的一个综合指标。可以用该指标与本企业历史水平、行业平均水平和行业内先进企业进行比较，分析企业综合效益水平的高低。

总资产报酬率反映总的投资效率，分子用息税前收益，是从债权人角度或是从信用角度进行分析的结果。净资产收益率是从股权人的角度进行分析，因此分子用净利润指标。如果两个资产规模相同、净利润相同但资产负债率不同的企业，那么负债高的企业（净资产相对少）净资产收益率就高，负债低的企业（净资产相对多）净资产收益率就低。这种情况前者净资产收益率高但信用风险也高。从信用分析的角度，总资产报酬率是一个更有价值的指标。

2. 净资产收益率（%） = 净利润/年末净资产×100%。该指标反映了企业所有者的获利能力，该指标越高，说明企业所有者的收益率越高。该指标应该和总资产报酬率一起进行研究。净资产收益率是从所有者角度来考察企业盈利水平高低的，而总资产报酬率从所有者和债权人两方面来共同考察整个企业盈利水平。在相同的总资产报酬率水平下，由于企业采用不同的资本结构形式，即不同负债与所有者权益比率，会造成不同的净资产利润率。

标准普尔认为，利润率和投资回报率超过 20% 可视为很高水平；10% ~ 20% 是平均水平；低于 10% 可视为较弱水平。

（三）盈利的持续性和增长性

分析过去 3~5 年主营业务收入、毛利率变动情况及其原因；分析成本费用（主营业务成本及营业、管理、财务费用）及价格变化对盈利的影响，深究其变化的原因；分析投资收益、补贴收入、所得税税率等的变化及其原因。在以上分析基础上，对公司盈利能力与水平的发展趋势进行预测。

增长类指标包括销售收入和利润增长指标，要对销售收入、EBIT 和净利润的年度环比变化进行比较。进行同类型公司间的盈利率的比较会影响到对每家公司竞争地位的评估——较高的盈利率意味着较有利的竞争地位。

第五节　现金流充足性

一、现金流量的基本概念和分析思路

（一）现金流量的基本概念

在企业信用评级中，现金流充足性是最为核心的评价要素。信用评级概念的核心，即企业偿付债务和其他义务的能力，取决于产生现金的能力，而不是盈余。盈余只是会计上的概念，尽管从长期来看在经营活动产生的现金流量和盈利能力之间存在很强的相关性，然而很多交易和会计事项在特定期间只会影响其中一个。现金流充足性是信用评级分析中唯一关键的方面。

比较现金产生的能力和对现金的需求是信用评级中的最关键部分。现金流分析关注理解和预测现金是如何产生和支出的。包括识别公司的现金流、确定其趋势及持续性、区分经营活动产生的现金流量与投资活动和筹资活动产生的现金流量、理解现金流的现在来源和未来的波动性。所有这些都必须基于公司个体特征进行分析，比如它在其生命周期中所处的位置。产生现金流量的能力取决于公司的业务前景——竞争力、市场动态、经济环境等，对现金的需求则是资产负债结构、管理当局财务战略及战略需求。下面首先说明现金流的基本概念，然后再说明现金流充足性分析的基本思路。

1. 经营活动现金总流量 = EBIT － 所得税 + 非现金费用，相当于营运资金。折旧和摊销作为费用被摊入产品成本，并随着产品销售以现金的形式流入。折旧与摊销虽然以费用形式摊入产品成本，但并没有支出现金。因此计算现金流量时要把折旧和摊销加回到净利润中。同样，递延税款、其他非现金项目也是如此。最后计算得到的是经营活动现金总流量。经营活动现金总流量是可以用于运营的资金，从这里面可以得到部分或全部所需要的运营资本和资本支出。

2. 经营性净现金流 = 经营活动现金总流量 － 运营资本。经营性净现金流相当于运营现金流（CFO），是通过对经营活动现金总流量进行调整而得到的，是经营活动现金总流量减去运营资本所得的结果。运营资本变化是由短期现金占用和短期现金收入引起的。应收账款或存货的增加意味着现金的流出，而应付账款或存货的减少意味着现金流入（或通过商业信用借款）。由于有些经营活动（支付运营资本）必须发生在债息偿付之前，否则公司无法运营，现金无法生成，因此经营性净现金流更好地表示了经营活动中的现金流动行为（见表8-5）。

表 8 – 5   现金流量计算表

序号	调整	科目	备注
1		EBIT	
2	–	所得税	
3	+	非现金费用	
4	=	经营活动现金总流量	
5	–	营运资本增加	
6	=	经营活动现金净流量	
7	–	股利	
8	=	留存现金流量	
9	–	必要资本支出	
10	=	自由现金流量	

3. 留存现金流＝经营性净现金流－现金股利支付。留存现金流是指满足现金分红需要后的剩余现金流，也是最能体现股东与债权人利益冲突的指标。为保护债权人的利益，债务契约中限制现金分红往往是最为关键的约束条款之一。尽管如此，债权人在现金分红决策方面的影响力仍相当有限，现金分红可能会在债务偿付之前发放。为考察现金分红对其偿付能力是否构成影响，应计算留存现金流对到期债务的保障程度，对现金流和对债务保障程度进行压力测试。

4. 自由现金流＝经营性净现金流－现金股利－必要资本支出。自由现金流是主营业务产生的现金流量的代名词。是从经营性净现金流中减去现金股利和必要资本支出计算而得的。这里的必要资本支出是指为维持公司运营的资本支出，是经营的燃料，是不可或缺的血液，没有它们，经营就无法继续下去。从长期来看，现金流还应满足维持正常生产经营活动必要的资本性支出，才能为企业带来稳定、可持续的现金流。借款或发行债务工具的重要目的之一就是筹措资本支出所需的资金，因此必要的资本支出应予以满足。为了测试必要资本支出对短期偿付能力的影响，在留存现金流的基础上进一步计算自由现金流，并将自由现金流对一年内到期债务的保障程度作为压力测试结果。

在计算现金流时应剔除的资本支出应该是维持正常生产经营活动必要的资本性支出，随意性资本支出不计算在内。

必要资本支出＝固定资产折旧＋无形资产摊销。

资本支出＝现金流量表"购建固定资产、无形资产和其他长期资产所支付的现金"，或：

资本支出＝长期资产净值变动＋本期计提的折旧与摊销－本期无息长期负债增加。

信用分析师必须认识到运营资本和长期资本投资的增加是要通过内部的现金生成或外部的借款来筹集资金的。确定去除了筹集运营资本和资本成本支出后还剩下多少现金，有助于确定还需要从外部筹集多少资金。

自由现金流量在公司未面临巨大经济困难时反映其正常现金流量。它还保守地反映公司难以削减红利但仍保持竞争力的现金流量。现金流量总额反映了在面临短期经济困难时，公司决定削减红利和其他费用时的现金流量。

（二）现金流量的分析思路

现金流量分析主要沿着现金流量表（经营性现金流、投资性现金流和筹资性现金流）的"路数"进行分析，最后落脚点在于偿债能力分析（现金流量的分析一个重要目的）。

1. 经营性现金流分析。分析近几年（3～5 年），公司经营活动现金流上升的态势，分析原因：价格、需求、成本等因素。

2. 投资活动现金流分析。分析近几年（3～5 年），公司建设项目、资本支出情况，投资活动产生现金流出情况及态势。预计未来投资现金流出情况及趋势。

3. 筹资活动现金流分析。如果公司新建项目较多或生产规模扩张，自身利润积累/经营性净现金流不足以支撑项目资金需求和生产规模扩张，只有通过筹资来解决问题，如此筹资活动现金流入必然快速增加。分析筹资性现金流增长情况（由于短、长期债务增加还是由于吸收投资导致）和态势，以及未来趋势。例如，如果未来存在较大规模的投资支出，经营活动产生的净现金流将不足以满足投资支出，预计未来公司筹资活动净现金流入将保持较大规模。

4. 现金流生成能力。反映现金生成能力的主要指标是 EBIT，分析其增长态势并预计其未来增长趋势。EBIT 由利润总额、折旧、摊销和利息支出构成。如果利润总额对 EBIT 贡献力度最大，则 EBIT 构成就较为合理。EBIT 会随着其各组成部分的增长而增长。

上述四个方面分析完后，可预计公司未来经营活动净现金流增长趋势、资本支出增长趋势以及筹资活动现金流入增长趋势。

5. 偿债能力是现金流对债务的保障程度。现金流的分析最终落脚点应在偿债能力分析。

首先，分析债务规模增长情况及态势、债务结构是否优化（如果长期债务增长大于短期债务增长，则债务结构优化）、公司资产负债率和债务资本比率变化情况与态势及原因。例如，某年由于投资活动流出大幅度超过经营活动现金净流入规模，会使得债务规模明显增长；长期债务增长较快可以使公司债务结构改善；公司总资产和所有者权益的增速高于债务规模的增速，会使公司资产负债率和负债资本比率下降等。

其次，上述情况对偿债指标的影响，例如：利息支出增加可能使 EBIT 利息保障倍数与经营活动净现金流利息保障倍数降低，总债务的增加可能使 EBIT 和经营活动净现金流对总负债的覆盖程度下降等。

再次，分析长期债务到期分布情况，分析以后各年长期债务偿还压力。

最后，偿债能力分析应有一个结论。例如，公司未来几年的资本支出将大幅度增长，给公司形成一定资金压力。分析公司现金生成能力、融资渠道（引进投资、上市、信贷）提供的偿债保障及财务弹性如何等。

二、总量增长趋势分析

企业从正常经营活动中产生的净现金流量是偿还到期债务的根本来源。一般要对经营性净现金流 3～5 年的变动情况进行分析，是否呈增长、减少或波动状态，原因是什么，并在此基础上进行未来趋势预测。

（一）经营活动现金流可持续性的含义

与持续盈利能力类似，可持续的经营活动现金流同样包括两种类型。第一种可持续性是指能在现有规模的基础上保持较小的波动率；第二种是可持续性增长，即在现有经营活动现金规模的基础上，其增长率能保持较小的波动率。

（二）影响经营活动现金流可持续性的因素

盈利是经营活动现金流的唯一来源，所有影响盈利持续性的因素均会对经营活动现金流的可持续性产生影响，对两者的分析通常可以合并进行。

从长期来看，盈利与经营活动现金流应该是一致的，因此在长期偿付能力评价中，通常可以用盈利分析来替代经营活动现金流分析。

但在相对较短的时间内，盈利并不必然会带来现金，还存在很多影响盈利现金流量的因素。企业对营运资金的管理策略是造成盈利与经营活动现金流差异的重要因素。针对应收账款的信用管理水平直接决定了应收账款周转率以及盈利的现金含量，针对存货以及应付账款的策略则决定了营业成本与经营活动现金流之间的差异。

经营性净现金流增长率 =（当期经营性净现金流 - 前期经营性净现金流）/前期经营性净现金流。这是度量经营性净现金流持续性的主要指标，只要其平均增长率大于零，那么经营性净现金流就具有基本的可持续性。

举例：《中国水利水电建设股份有限公司 2011 年度企业信用评级报告》（AAA）

"2007 ~ 2009 年，经营性净现金流分别为 30.82 亿元、44.10 亿元和 44.93 亿元，总体呈上升趋势。"

这种分析还是必要的，因为它给出了经营性现金流总额和增长情况的直观印象，也可以在直观上与营业收入以及负债（总负债、流动负债）有一个初步直观的比较。当然重点还是分析现金流产生的原因，重点在于预测未来状况。

三、现金流还本比率

现金流还本比率确定公司现金流量与总债务的比率关系，说明的是现金流长期偿债能力。主要指标如下：

（一）经营活动现金总流量对总负债的覆盖率

经营活动现金总流量/总负债（%）＝ 经营活动现金总流量或 FFO（运营资金流或经营性资金流）/［（期初负债总额＋期末负债总额）/2］ ×100%。

"现金流量占负债总额比率"是评判企业偿债能力中最常用的信用分析比率。比如，如果现金流量占负债的 25%，说明公司需要 4 年才能够有足够营业现金偿付全部债务（假设现金能全部用于偿还）。在实际分析中，还应该动态分析预测公司 3 ~ 5 年内现金流量占负债总额所能达到的水平，并将公司项目完成情况与同产业的其他公司进行比较。如果现金流量中的很大一部分需要进行再投资以维持竞争力（诸如对厂房设备、研究与开发或流动资产的投资），此时"现金流量占负债总额比率"是高估了公司实际现金缓冲。

（二）经营性净现金流对总负债的覆盖率

经营性净现金流/总负债（%）＝ 经营性现金流量净额/［（期初负债总额＋期末负债总额）/2］ ×100%。

经营性现金流相当于运营现金流（CFO），是扣除资本支出前的现金流。经营性净现金流比总负债，是假设企业只支出维持企业运营的营运资金，不支出至少维持公司原有"能力"的资本支出，在这种情况下，剩下的现金流用于还债。由此可见，经营性净现金流比总负债或流动负债这样的指标并不"保守"。最保守的是自由现金流或可支配现金流与总负债、流动负债的比率。因为企业毕竟要维持原有"能力"，资本支出还是必要的。

（三）自由现金流量对总负债的覆盖率

自由现金流量/总负债（%）＝ 自由现金流量/［（期初负债总额＋期末

负债总额）/2〕×100%。

（四）总负债/可支配现金流

总负债/可支配现金流＝经过调整的总负债/可支配现金流×100%。标准普尔可支配现金流与穆迪的自由现金流概念是一致的，标准普尔可支配现金流＝自由运营现金流－现金股利。总负债/可支配现金流这个指标反映了如果用一年的可支配现金流偿还总负债需要多少年。

（五）总负债/EBIT

总负债/EBIT＝经过调整的总负债/（营业利润＋折旧＋摊销＋计入财务费用的利息支出）×100%。EBIT常常被作为现金流的近似替代或现金流量的代名词，代表了现金流产生的能力。该指标考察企业需要以现金偿还的全部负债与企业1年内产生经营性现金流的能力之间的比例关系，它反映了企业现有的负债在理论上需要多少年才能全部还清。如果该指标过高，说明企业存在较大的长期偿债风险。

国家开发银行采用"总负债＝（短期借款＋应付票据＋1年内到期的长期负债＋长期借款＋应付债券）"这一计算公式，"短期借款＋应付票据＋1年内到期的长期负债＋长期借款＋应付债券"是有息总负债。

四、现金流支付比率

支付比率反映可用于偿付利息、本金和其他固定支出的经营利润或可获得的现金流量，反映短期偿债能力。包括：现金存量对债务的覆盖、现金存量对流动负债、一年内到期的负债的覆盖率、利息保障倍数、EBIT利息保障倍数、经营性净现金流利息保障倍数、经营现金流对流动负债、一年内到期债务的覆盖率。

（一）存量现金流

现金比率＝现金及现金等价物/流动负债×100%。现金比率＝（货币资金＋短期投资）/流动负债×100%。现金及现金等价物的统计口径与现金流量表相同，流动负债取自资产负债表。这是标准的现金比率，用于度量现金存量对流动负债的覆盖情况，是从最为保守角度计算的流动比率。从偿债能力角度看，这一比率越高，则其清偿能力越好，其应对其他现金支付需求的能力也越强。但是从盈利能力的角度，处于空闲状态的现金收益率较低，应该使现金投放到收益率较高的项目，因此该指标并不一定是越大越好，一般来说只要其保持1左右就能说明其具有较好的立即清偿能力，并且即使低于1也并不能说明其偿付能力存在很大问题，毕竟所有流动负债在该时点均需立即偿付的可能性并不大。

现金存量对一年内到期债务的覆盖率＝现金及现金等价物/一年内到期的债务。这是对现金比率的修正，将流动负债调整为一年内到期的债务。

如前所述，一年内到期的债务与流动负债相比主要突出了一年内到期的概念，如果企业的完整经营周期超过一年，那么还需对其流动负债进行按年分解。同时，一年内到期的负债剔除了短期的无息债务，因此这一指标度量的是现金存量对有息债务的立即清偿能力。无息债务和有息债务的约定偿付日如果重叠或者无息债务的偿付日在有息债务之前，那么无息债务和有息债务都必须获得清偿，在求偿权方面并无本质的区别，因此从这个角度来看，在计算现金比率时把无息债务人为进行剔除并不合适。除非有息债务约定的求偿权优于无息债务，不然应尽可能地扩大到期债务的分析覆盖范围。

经调整的高流动性非现金资产的可变现净值/一年内到期债务。这是对传统的流动比率进行的修正。第一，是完全从流动性角度调整了流动资产的统计口径，关注流动性较高的非现金资产相对于债务的充足程度，并且使用的是可变现净值，而不完全是账面价值，为评级机构在必要时调整可变现净值留下空间；第二，将流动负债调整为一年内到期债务，这是因为资产流动性所形成的偿付能力只能是短期偿付能力，利用一年内到期的债务这一概念能更为准确地表述资产流动性所形成的短期偿付能力。

（二）利息保障倍数

EBIT 利息保障倍数＝EBIT/（计入财务费用的利息支出 + 资本化利息）。EBIT 为息税前利润，利息支出包括计入财务费用的利息支出和计入资本化的利息支出，对未在财务报表主表或附表中披露利息支出明细的企业，应通过尽职调查获取每年计入财务费用的利息支出和资本化的利息支出，或者独立计算利息支出。

如果 EBIT/利息保障倍数为 3.5，说明该公司现金高于其每年利息费用 2.5 倍。如果该比率的分析选用 EBIT，则能有效地控制由于折旧和摊销过快或过慢而产生的不良影响。

EBIT 严格来讲不是现金流指标，只被视做现金流的近似替代指标（不能完全替代），都属于收益/收入指标或利润指标。但 EBIT 利息保障倍数是度量盈利对债务保障程度最广为使用的指标，也是很多财务分析框架分析短期偿债能力的主要指标，乃至公司法等相关法律也规定发行债券的净利润至少应足以偿付一年利息。其潜在的逻辑是，盈利至少应能满足偿付利息的需要。该指标越大，代表对利息支出的保障程度越高。从信用评级的角度看，即使盈利能保障利息支出的需要，也不充分说明受评企业的短期偿付能力较强。利息支出只是一年内到期债务的一个组成部分，从对债务的偿付需求来看，利息支出与一年内到期需偿付的其他债务并无本质区别，因此仅从利息支出角度考虑盈利对其保障程度是有欠缺的。

经营性净现金流利息保障倍数（倍）＝经营性现金流量净额/利息支出＝经营性现金流量净额/（计入财务费用的利息支出＋资本化利息）。经营现金流利息保障倍数与 EBIT 利息保障倍数比较，更强调现金流概念。

（三）经营现金流对流动负债、一年内到期债务的覆盖率

经营性净现金流/流动负债（％）＝经营性现金流量净额/〔（期初流动负债＋期末流动负债）/2〕×100％。表明经营性净现金流对流动负债的覆盖程度。

经营活动现金流对一年内到期债务的覆盖率＝某一个时期内的经营活动净现金流/该时期起始点起算的一年内到期债务。历史的经营活动净现金流来自现金流量表，未来的经营活动现金流则应依据盈利及经营活动现金流可持续性分析确定，评级机构可能会根据自己的口径进行必要调整。一年内的到期债务是指从会计期间初始点起算一年内需偿付的债务，年内新增加的债务统一作为下一年需要偿付的债务，不再进一步区分为当年到期和下一年到期。

从经营活动现金流量的角度度量受评主体对一年内到期债务的偿付程度。经营活动现金流是针对某个会计期间的会计变量，一年内到期债务也是一个会计期间的变量，这个指标要求经营活动净现金流与一年内到期债务所覆盖的期间保持严格一致。此外，鉴于我国所使用的经营活动净现金流统计口径已经扣除了营运资金所需现金流，因此经营活动现金流应对一年内到期的债务进行覆盖，而不是整个流动负债。一年内到期的债务一般包括一年内需要偿付的流动负债和一年内到期的长期负债。如果这个指标大于100％，则说明经营性现金流对一年内到期的债务偿还较有保障；如果小于100％，则投资性现金流量、筹资性现金流量或其他资金（库存现金、短期投资等）来源补充经营性现金流量的不足。

五、现金流对投资的覆盖程度、未来资本支出及融资需求

除了分析现金流对债务的保障程度外，还要分析"经营性现金流"与"投资性现金流"、"融资性现金流"的匹配关系。经营性净现金流除了满足偿还债务本息外，还要满足投资活动（资本支出、投资）所需资金，不足的部分由筹资活动产生的现金流来补充。

举例1：《广西桂冠电力股份有限公司 2011 年度企业信用评级报告》

"随着公司电站收购以及在建项目的资金投入，公司近年来投资性净现金流出较大（见表8-6）。公司经营性净现金流对投资活动的现金需求有一定

保障能力。公司筹资活动产生的现金流是投资活动现金需求的重要补充。2007~2009 年以及 2010 年 1~9 月，公司借款所收到的现金分别为 15.04 亿元、37.63 亿元、36.78 亿元和 62.46 亿元，公司融资能力较强。"

表 8－6　　　　　　　　2007~2009 年及 2010 年 1~9 月

公司现金流及部分偿债指标情况　　　（单位：亿元）

项　目	2010 年 1~9 月	2009 年	2008 年	2007 年
经营性净现金流	17.71	12.50	14.80	15.18
投资性净现金流	－33.23	－7.92	－9.84	－5.99
筹资性净现金流	24.37	－20.01	9.76	－8.29

举例 2：《中国水利水电建设股份有限公司 2011 年度企业信用评级报告》

"公司近三年来的投资活动产生的净现金流出不断增加，对筹资活动产生的净现金流需求增加。公司未来在电力项目开发等方面还将产生很大投资规模，其中 2010 年预计投资规模在 157 亿元，未来可能面临一定的资本支出压力"。

表 8－7　　　　　　公司 2007~2009 年现金流情况　　　（单位：亿元）

项目	2009 年	2008 年	2007 年
经营性净现金流	44.93	44.10	30.82
投资性净现金流	－112.45	－82.98	－52.27
筹资性净现金流	68.14	81.88	24.58

以上分析的目的是预测未来现金流满足投资需求的程度，并预测未来筹资资金需求。经营性净现金流不能满足投资性净现金流时，需要进行筹资。资本支出过大则是对自由现金流的削减，对偿债能力也起到削减作用。

标准普尔用"资本投资覆盖率，以确定负担资本支出的可用现金流。分析指标包括：运营资金（FFO）/资本支出、运营现金流量（CFO）/资本支出。"

经营活动现金总流量或运营资金（FFO）对资本支出的覆盖率或经营性净现金流或运营现金流（CFO）对资本支出的覆盖率。分析现金流对投资或资本支出的覆盖程度，以判断未来资金压力和融资需求。

公司/企业维持其市场地位和竞争能力，必须进行必要的资本支出，例如设备更新、技术改造和投资新项目。有些新项目可能正处于建设过程中，必须继续进行资本支出才能完成建设，形成有效资产。因此，这些都是企业的刚性资本支出。从评价企业的长期偿债能力角度看，这些刚性资本支出，在需要支出的期间内，会减少企业的偿债资金来源，降低偿债能力。相反，刚性资本支出压力小，企业财务弹性大，将有助于增强其偿债能力。评级分析师结合企业竞争力的分析和企业在建及拟建的重大固定资产投资项目，预测企业刚性支出金额，并与现金流状况进行比较，判断企业的资本支出压力。

第六节　财务灵活性

公司信用风险分析的焦点是确定公司将耗尽资金且无能力足额并及时偿还债务的风险。公司具有财务灵活性，意味着在需要的时候，它有可能获得资金（这就是灵活性），从而避免不履行偿付的责任。

一、流动性需求

信用分析师要注意观察引起现金支出起伏的情况。分析债务到期情况（债务期限结构），债务包括长期债券、商业票据、长期负债偿还基金支付、银行借款、优先股的强制赎回等。其他重要债务（包括那些资产负债表外债务）也应该被考虑到，因为它们单独地或整体地产生对流动性的实质性需求，包括额外的资本支出、可能的收购以及与经营租赁、必需的退休基金分摊、所得税、或有负债（例如诉讼结算）、信用证、支持协议、补充担保相关的支付，还有合作伙伴或分支机构引起的负债。

二、流动性来源

公司获得资金的方法有三种：资金可以从内部产生；资金可以从减少现金支付中产生；资金可以从外部获得。

（一）资金从内部产生

1. 自由现金流量。这是最重要的来源。

2. 公司的内部现金来源首先是可用的剩余现金和短期可出售的证券，从定义上来看，这些是最容易获得的流通手段。

3. 从出售资产中所实现的收入能够经常性地为公司的流动性作出贡献。

（二）资金从减少现金支付中产生

1. 资本支出的灵活性，即减少资本支出。

2. 股利分配的灵活性，即减少股利分配。

（三）资金从外部获得

1. 银行支持程度，包括可用授信额度。

2. 股东支持程度，分为股东利益关联度与股东综合实力两个方面，前者包括控股股东持股比例，后者包括控股股东资产规模或收入规模。

3. 政府支持程度，分为政府与企业的利益关联度和政府综合实力两个维度，前者包括政府持股比例或企业所在区域的地位，后者包括区域政府财政实力等。

4. 商业票据。一般情况下商业票据为投资级公司提供了可靠的短期流动性。银行贷款支持下的商业票据的易获得性，是流动性危机的重要保证。

5. 债券和股权资本市场等公开融资渠道，也是考虑中的流动性来源。管理者在流动资产保理和证券化（如应收账款证券化）上的能力，对某些公司来讲，也是一项重要的流动性来源。

此外，帮助公司避免流动性危机的最好管理方法包括：避免过度依赖短期、信息敏感的债务；安排易管理的和分布良好的债务到期日；与银行维持牢固的和良好的关系；在银行贷款合同条款中留有实质性空间。

本章小结

财务风险分析揭示的是现金流和负债的状况及风险和未来趋势，可分为"主线"分析和"辅线"分析两部分："主线"分析围绕经营中产生的现金流对债务的覆盖展开，分析指标包括现金流相关指标、债务指标及现金流对债务的覆盖；"辅线"分析围绕资产变现能力和财务弹性展开，包括资产流动性分析和财务弹性分析。

对发行人财务报告的分析从评价会计特征开始。评估内容包括该公司的内部会计制度、会计政策、会计报表的品质、审计人员的资格以及各种会计处理方法。对于财务报表的选择和使用，要根据母公司对子公司控制能力的不同选择采用母公司报表、子公司报表或合并报表。最后对所评级公司的财务报表金额进行分析性调整，以更好地刻画经济实质以及拉平公司间的报告差异。

资产负债表分析的目的是弄清资产质量、负债规模与结构、资本结构以及资本与资产的匹配程度，进而判断公司资产负债的激进程度或保守程度。资产负债表分析的内容包括资产分析、债务分析、资本结构/杠杆比率、资本与资产匹配程度以及或有事项分析。

在进行营利性分析时，要注意几个方面：一是企业盈利能力比率是否发生变化、变化的趋势及变化的原因；二是企业的盈利能力比率与竞争对手的比较，分析其高出或低于竞争对手的原因；三是企业的主要利润来源于哪些产品或服务，它们未来的盈利前景如何。因而企业盈利能力分析主要包括三个方面的内容：盈利的结构、盈利比率分析和盈利的持续性和增长性分析。

对于现金流的概念，不同机构有不同的看法，可以分为以下几个层次：EBIT 和 EBITDA、经营活动现金总流量、经营性净现金流、留存现金流以及自由现金流。对于现金流的分析主要沿着现金流量表（经营性现金流、投资性现金流和筹资性现金流）的"路数"进行，最后落脚于偿债能力分析。这里主要关注总量增长趋势分析、现金流还本比率、现金流支付比率、现金流对投资的覆盖程度、未来资本支出及融资需求。

公司具有财务灵活性，意味着在需要的时候，它有可能获得资金（这就是灵活性），从而避免不履行偿付的责任。信用分析师要注意观察引起现金支出起伏的情况，分析债务到期情况（债务期限结构），关注公司流动性的来源。公司获得资金的方法有三种：内部产生、减少现金支付和外部获得。

重要概念

现金流相关指标　资产规模　利润　主营业务毛利率　营业利润率　资产负债杠杆比率　财务弹性　会计制度　会计准则　财务报表　资产负债表　资产利用率　资产周转率　债务期限结构　或有事项

复习思考题

1. 财务风险分析可分为主线分析和辅线分析，两者各包括哪些指标？
2. 会计特征评估的内容包括哪几个方面？
3. 会计准则的变更是否会对公司信用质量产生直接影响？
4. 流动资产占比越高越好吗？为什么？
5. 如果一家企业杠杆水平过高，对企业未来债务融资有什么影响？
6. 企业盈利能力分析需要关注哪几个方面的内容？
7. 简述现金流量的分析思路及各部分分析关注的内容。
8. 公司流动性来源的渠道有哪几种，分别包括哪些途径？

参考文献

［1］吴多阳. 论企业财务风险成因及其对策［J］. 现代营销（学苑版），2013（10）.

［2］史春光. 浅谈企业财务风险的成因及规避对策［J］. 财经界（学术版），2012（3）.

［3］周霞，陈光明. 后金融危机时代房地产企业财务风险控制分析［J］. 会计之友，2012（1）.

［4］王丹. 国内外财务风险预警研究文献综述［J］. 合作经济与科技.

2012 （1）．

　　［5］张宏勇．财务风险及其防范探析［J］．企业导报，2011（22）．

　　［6］刘儒晒，曾宙．企业财务风险控制浅析［J］．财会通讯，2011（23）．

　　［7］雷霆．公司治理结构与财务可持续增长——一个实证研究［J］．财会通讯，2011（3）．

　　［8］陈凌霞．企业财务风险防范与财务预警机制［J］．当代经济，2010（13）．

　　［9］曲远洋，武文，高巍．关于防范房地产开发企业财务风险的研究［J］．中国商界（上半月），2010（7）．

　　［10］吴星泽．财务预警的非财务观［J］．当代财经，2010（4）．

第九章 中小企业信用
担保机构信用评级方法

担保机构是一类提供特殊金融服务的非金融机构，它在业务结构上类似于保险公司，在风险管理上又类似于商业银行。担保机构承担了银行或其他债权人不愿意或不能够承受的高信用风险，与此同时，极大地增强了债务人的信用，降低了债权人的信用风险。担保机构则通过谨慎地选择担保客户、妥善安排风险分担措施以及分散风险组合等多种手段管理自己的风险。良好的信用风险管理是确保担保机构安全运营的主要因素。

担保机构的信用评级，着重于分析这些机构未来一段时期内的代偿能力。为此，大公详细研究支持和损害代偿能力的所有有利与不利因素，并从一个相对长期的角度分析这些因素在多种情景下的表现和影响，在此基础上给出担保机构未来代偿能力和意愿的意见。

本章节所说的担保机构信用评级是指对担保机构财务实力的评级，即对担保机构在经营过程中代偿能力不足的可能性所发表的意见。财务实力评级旨在分析担保机构依靠自己的稳健经营而持续发展的能力，它不同于对担保机构特定债务的评级。

以下将影响担保机构代偿能力的所有因素概括为以下七个方面，作为分析方法的指引，具体包括：经营环境、基本经营和风险、担保风险组合、风险管理、资本资源及充足性、收益合理性、管理战略和质量。

第一节 经营环境

影响担保机构经营和发展的环境因素包括国家政策、监管环境、中小企业整体状况、法律制度以及整个社会的信用环境等。例如，法律制度不完善使担保机构的担保及反担保条件难以落实，社会信用环境差增大了信用审查的难度，也增大了担保机构的信用风险。在诸多的环境因素中，我们认为影响最直接的是国家政策、监管环境和中小企业整体状况。

一、国家政策

国家政策包括国家和地方两个层次。国家从促进中小企业发展和建立信用体系的高度在全国范围内设计中小企业信用担保体系，积极支持担保机构的发展，"一体两翼三层"的架构基本上规定了各担保机构业务经营的区域范围，以及在体系中的承上启下的作用。基于这种架构，各担保机构主要从事本地区中小企业信用担保，并通过本省的再担保中心分担风险，同时又对区县级的担保机构具有再担保和监督的职能。不以盈利为目的的担保机构的存在和政府对它们的支持，对商业性担保公司的经营会产生不利影响，但在信用环境差、担保需求大的背景下这种影响还不能体现出来。国家对该行业的入门标准、定价和监管方式及内容作了粗略的规定，对维持行业的正常经营秩序和保证担保机构稳健发展起到了积极作用。政府的支持和监管是担保机构信用增强的有利因素。

对担保机构运作的具体监管和资本金的补偿机制由地方政府来实施。目前，各地对担保机构的业务范围、监管方式、补偿机制、与银行的风险分担比例以及再担保机构的设立等方面的具体规定和运作有很大的不同。例如，有的担保机构允许适当的投资证券，甚至在进行风险投资尝试，有的则不行；对担保损失超过风险准备金的部分有的由财政分担一部分比例，有的则完全由担保机构承担，还有的则一次拨入代偿资金；有的与银行按固定比例分担风险，有的则没有一定模式，风险分担采用一事一议的方式等，不一而足。因此，具体到一家担保机构的政策环境，应详细核实，重点在于了解当地政策的透明性、稳定性及其对担保机构经营模式的影响和对当地担保行业的影响。

二、监管环境

对担保机构的监管政策由国家经贸委和财政部制定，而由当地政府组织专门机构具体实施。通常的监管方式为要求定期上报资料和现场检查，监管的内容包括业务范围、资金运用、准备金提取、风险集中限制、风险比例限制等多个方面。对由财政出资的担保机构，监管是对担保机构管理层代理行为的规范，缺乏监管，则可能导致违规经营，而民营担保公司内部具有很强的自我约束激励，对其监管既缺乏法理依据，也没有必要。

有效的监督对担保机构稳健运营和增加信用具有重要作用。对监管的分析，关键是了解监管的构架、力度、监管内容以及它们对担保机构经营的影响。例如，为担保机构而专设的由经贸委、财政局等政府部门有关人员兼职组成的监管联席会议是否能实质性地履行监管职能，需要谨慎地评估。

担保机构受地方政府支持和地方有关部门监管，实际运行中可能会出现妨碍其市场化操作的政府指令的干预，本书将了解避免出现这种情况的制度保障。

三、中小企业整体状况

中小企业是担保机构的目标客户群，因此，地方中小企业的发展状况对担保机构的风险具有重要影响。由于地区经济的关联性和担保机构服务地区的限制，担保机构的集中性风险在所难免。然而，如果能详细了解本地区中小企业的结构和产业政策，则有可能通过慎选客户的分布而极大地降低集中性风险。中小企业的结构重点包括成长型中小企业的比例、产业分布、规模结构等，在了解中小企业尤其是成长型中小企业的结构特点基础上，可进一步分析其存在的主要问题、行业之间的关联度、本地区的产业政策和中小企业发展环境等。本书认为，作为促进本地区中小企业发展的担保机构对这些问题应有较深入的研究，并据此制定自己的客户选择和风险管理等各方面政策。

第二节 基本经营和风险

一、主要业务

担保机构的主要业务是向中小企业提供信用担保，包括融资担保、工程履约担保和商业信用担保等。信用担保解决了中小企业的融资困难问题，降低了债权人的信用风险，使媒介双方均从中收益，担保机构则承担了信用风险，并从担保收费中得到一定的补偿。由于中小企业资产小、经营环境差、抗风险能力弱，经营和盈利都不稳定，因而这种风险相对于银行的总体信用风险更大。为了缓解过高的信用风险，使担保资金保值增值，担保机构往往采用多种风险防范措施，这些措施按控制过程可分为事先控制、事中控制与事后控制三种。事先控制如加强风险评审，慎选客户；与银行签订风险分担比例合同；参加再担保；与贷款企业签署反担保方案合同；让贷款企业交一部分风险保证金等。事中控制如加强贷后对企业的检查；加强对抵押物的检查；加强与贷款银行合作，对贷款人的财务与资金状况进行动态监测等。事后控制主要是对违约贷款采用及时有效的措施进行追偿，最大限度地减少损失。由于担保机构主要经营信用风险，因此对风险的管理策略、技术与执行是经营活动涉及的主要内容。

除了对外担保外，为了增加资金的收益，担保机构还经营一小部分投资业务。投资的范围主要是国债、金融债券、国家重点企业债券和证券投资基金等，少数担保机构正在做风险投资的尝试。虽然较高风险的投资不被鼓励，但为了提高收益，吸引更多的非国有资金进入担保领域，以扩大担保机构的资金实力和提高其市场化运作能力，高风险的投资在严格控制比例的情况下有可能在担保机构中开展。当前较现实的投资业务主要是风险低、流动性好的债券和投资基金。

当担保机构有多种经营业务时，本书将仔细分析各种业务的资金配置、风险管理、操作流程、盈利状况和未来的资金需求等，特别是从宏观上了解担保机构的资金使用战略、控制措施及执行的有效性，以便更准确地判定担保机构未来在正常的和不利的情景下的真实经济状况。

二、主要风险

担保机构在经营活动中会面临许多风险，包括信用风险，流动性风险、定价风险、法律风险、市场风险等。

（一）信用风险

由于担保的客户因还款能力不足或不愿意履行还款承诺而触发担保机制启动致使担保机构蒙受损失。客户违约有多种表现形式，如强制性拖延（未经担保机构和银行或其他债权人同意的还款期限拖延）、担保本息部分损失或全部损失等。不同的违约形式造成的债务追收成本及最终导致的损失可能不同。信用风险是担保机构经营的对象，也是影响担保机构财务实力评级的最重要因素之一。担保机构针对信用风险安排了详细的管理策略、制度和技术，同时信用风险也是监管机构的主要监管内容。

（二）定价风险

担保费用是担保机构的主要收入来源，也是担保机构提取各种风险准备金应付信用风险及保持资本金不减值的重要资金基础。担保费过低不足以弥补风险和维持经营，担保费过高则可能丧失公司的竞争力，即在过高的担保费率下，会有更多的商业担保介入该领域，同时银行可能会提高利率而放松对客户的第三方担保要求。因此，合理收取担保费对于保持正常经营具有重要意义。

目前，中小企业担保收费的问题在于难以按风险的大小核定费率，一是因为企业难以承担过高的费用，并且风险越高的企业困难越大的现象较普遍；二是担保机构对风险的辨识结果可能难以与企业达成共识。不能将定价与风险联系起来就难以建立一种奖优罚劣的机制，使担保机构与企业信息不对称的矛盾更加突出（企业可以从隐埋信息中获得利益），从而不能形成稳定的高信用的客户群。定价不反映风险，担保机构也不可能从持续发展的角度制定合理的资金配置战略（风险决定了经济资本的配置），造成的后果是，要么反映真实风险的调整后的放大倍数很大，从而增加了代偿风险；要么放大倍数很小，使资金的利用效率降低。

（三）流动性风险

流动性风险即担保机构因随时可支取或变现的资产不足而不能及时代偿损失的可能性。如果担保机构将较多的资金投入到流动性较差的证券中，或者担保机构的资金运用与代偿损失的时间正好不匹配，就有可能导致头寸不足，尤其是在担保机构还没有融资渠道，其代偿损失的资金只能依赖自有资本的情况下，这种风险更大。担保机构通常通过限制投资于证券的资金比例以及选择高质量、高流动性的投资品种等手段管理自己的流动风险。

（四）法律风险和市场风险

当担保机构采用反担保措施缓减信用风险时，其法律风险和市场风险却增加了。例如，有些反担保措施不能实施有效的法律手续，各种合同的制定需起草缜密的法律文件，债务追偿需要通过法律手段等，在各个环节中，防止法律纰漏和减小法律成本是非常重要的。市场风险涉及抵押、质押物的价值随市场条件发生变化，当价值大幅度下降时，其对信用风险的缓减功用也将大幅减损。另外，担保机构的证券投资也存在着市场风险，风险大小视投资的证券品种而不同。本书在评价担保机构的各种风险缓解技术时，重在判断这些技术的经济实质，而不是形式，即从法律、市场、成本、流动性等各方面来仔细分析各种反担保措施的完备性及对降低信用风险的作用，并将这种作用考虑进担保贷款的信用级别中。

担保机构不以营利为主要目的，并不意味着没有营利的内在激励。因此，在审核担保机构的经营与风险时，应关注担保机构各种合规的或逃避监管的、现实的或潜在的资金运作方式。随着机构的发展和管理资金量的增大，资金运用方面必然会出现新的动向，本书会分析各种可能性及对担保机构带来的风险。

第三节　担保风险组合

中小企业信用担保机构是经营杠杆很高的行业，信用风险是其业务的有机组成部分，因此对信用风险的评价，是判断担保机构财务实力的核心因素之一。

确定担保标的的信用质量是信用分析师们面临的最大挑战，其原因首先在于，许多中小企业的经营历史较短，其成长性和未来的发展状况很难判断；其次，担保机构在评价客户信用方面缺乏成熟的方法和系统的经验，而银行方面虽然有较严格的系统制度，但具体执行可能不够准确。比如，银行分支行的人员素质可能不适应信用评价的技术要求，统一的评价打分方法可能不适用于中小企业的特点等，因此很难确定他们自己评价结果的一致性；再次，中小企业的财务报表大多是不经审计的，或者即使是经过审计的，其信息披露的程度可能不够，准确性也较差；最后，由于后续分析的缺乏，中国的银行业内还没有建立起对贷款违约频率及违约后损失程度进行评价的系统。因此，我们无法根据担保机构和银行的信用分析结果来判断贷款的损失分布。

对贷款组合分析的要点是估计出代偿损失的分布，这需要知道每一笔贷款的违约概率、违约后的损失率以及这些贷款违约之间的相关性。在担保机构和银行没有较好模型情况下，本书将用自己的模型对这些参数进行估计，并在此基础上得到担保贷款的损失分布。

一、单个客户担保风险

（一）分析框架

担保机构对单个客户的代偿损失取决于以下几个风险要素：调整后的净担保额即调整后的净风险暴露、期望违约率、违约后的损失严重性、违约率的变动和损失分布。

根据这些要素确定单个客户的代偿损失分布的过程如下：

1. 客户的风险量化

对同一担保客户的担保逐笔分析，确定其风险折扣；

将该客户所有担保综合成一笔担保，并确定其净风险暴露，即调整后的净担保额。

2. 期望损失率的计算

根据贷款的数量、期限、反担保措施等确定信用级别，并根据信用评级确定期望违约率；

根据信用级别确定违约后的损失率 = 违约后的实际损失/净风险暴露，并据此确定期望损失：期望损失 = 净风险暴露 × 期望违约率 × 违约后的损失率。

3. 违约率的变动

期望违约率随经济周期及客户自身不利因素等的变化而变化，估计期望违约率的波动区间和一个最不利情景下的违约率。

4. 非预期损失的计算

非预期损失是损失的波动性。非预期期望损失 = 风险暴露 × （最不利情景下的违约率 – 期望违约率）×违约后的损失率。

（二）风险要素估计

调整后的净风险暴露是指有多少或有负债量或者净担保余额，它一般不等于对客户的担保余额。首先，担保机构承担的风险暴露需根据与银行及再担保机构的风险分担比例来调整；其次，由于同一客户的一笔贷款违约时，该客户的其他所有贷款也有极高的违约可能，即这些贷款的信用质量间存在着非常高的相关性。因此，本书将根据这些贷款计算出一个单一的风险暴露，好像该客户仅有一笔担保一样；最后，同一个客户可能有的多笔担保业务的反担保、再担保、与银行风险分担比例及贷款期限等各不相同。在计算风险暴露时，应综合考虑这些因素的影响，给总担保余额以合理的折扣，得到调整后的净担保额，作为担保机构需要承担风险的真实暴露量。

贷款违约后通过追偿可以使损失降至最低，不能追偿的部分与贷款本金和利息之和的比称为违约后损失率。通常情况下，信用级别越高，违约后损失率越低。

期望违约率、违约后损失率和调整后净风险暴露的乘积，就是为单个客户担保的期望损失。我们强调的是，虽然计算出了期望损失，但实际的损失可能与之相差较远。这是因为，首先，信用评价是对风险的评估，而不是对具体结果的预测，这两者间有较大的区别。一笔贷款的违约率可能是 10%，亦即违约风险是 10%，但是否违约只有两个结果——是或者不是，期望值或者平均值只能从较长时期和风险组合的角度去理解，这是概率理论中的常识。其次，将一种信用评价转换成违约率和损失率，是基于对过去同类事件的统计，而不是一种因果关系。过去的经济环境与现在及将来的也许有较大的不同，一个信用级别例如 AA 级或者一个评分区间涉及许多行业和产品领域等，各个不同行业的平均也许与某个行业有较大区别。最后，考虑到一个具体项目的基本条件的不同，例如独特的反担保条款、公司独特的管理方式和市场定位等。

基于以上考虑，在分析单个客户的信用风险并评出信用级别时，要注重做情景分析，尤其是在利用银行或担保机构自己的评价结果时，要检查这些评价是否考虑了情景分析。在做了多个情景压力测试后的信用评价要稳健得多。

二、组合风险

当得到单个客户担保损失的期望值时，担保机构总的调整后的净担保额的期望损失就是各单个期望损失的和。

期望损失分析提供了各单个客户交易的重要信息，然而仅靠期望损失尚不足以说明组合风险、边际风险和担保机构在一定财务实力水平上的资本充足性。由于各笔贷款违约之间存在着相关性，贷款组合的风险增加了，即这种风险将导致非预期损失。根据现代投资组合理论，只有当贷款组合充分分散化即贷款总额由无数笔小额且行业、地域、产品等均无关的贷款组成时，与具体贷款相关的非系统风险才能消除，此时组合的实际信用损失等于各笔贷款信用期望损失之和。否则，组合的实际损失将在一个区间内变动，此时，期望损失与一定置信度下（通常为98%～99.9%）的最大损失之间的差，称为非预期损失（见图9-1）。

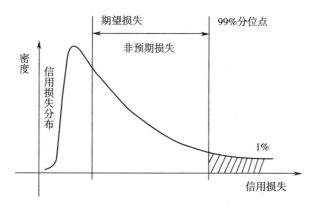

图9-1 信用损失分布

在实际中，担保的信用组合不可能完全分散化，尤其对于中小企业信用担保机构，其担保企业组合集中于本地中小企业，并且根据担保客户选择原则，担保对象是生产型、高技术、高就业、高成长的企业，同一地区和相同特性使担保公司的客户在系统风险上存在着较大的相关性，由此而产生的非预期损失必然较大。因此在不利情景下，实际发生的损失可能远远高于期望损失。所以，对中小企业担保机构而言，组合风险分析具有十分重要的意义。

担保贷款组合损失的波动性，即非预期损失主要取决于以下三个因素：（1）贷款组合是否集中度过高，即是否存在着相对较大的单一风险，包括单一客户、单一行业、单一产品领域等；（2）实际违约损失的不确定性有多大；（3）各客户或行业、产品领域违约率之间的相关性有多大。当担保机构的风险组合中的担保笔数不多，且有较大比例的笔数相对于担保总额而言风险暴露较大，进一步地，若同时各笔贷款由于其对相同的区域经济特征、宏观经济周期及其他经济特征比较敏感而导致信用关联度较大时，则这一风险组合就面临着较大的非预期损失风险。由上述担保机构的体系和业务特征可知，从事地区性业务的中小企业担保机构符合这一风险特点。

然而，要实际估算组合的非预期损失是相当困难的，原因首先在于不同地区的相关领域可能不同，比如在东北违约相关的两个领域到广州可能就不相关了，这样针对不同地区寻找相关领域及其相关程度是极其困难的，除非当地的银行系统已经进行过这方面的系统研究，这种研究是可能的，因为银行里有最丰富的数据。其次，不同地区的区域经济特征不同，因此实际违约率的波动原因和程度可能不同。在最简单的情况下，我们仅考虑各客户贷款的违约受地区宏观因素的影响，使期望违约率在一个区间中波动，从而计算出对每个客户期望损失的波动区间。我们将每一区间的最大值相加即得到担保机构现有风险组合近似的最大可能损失值。当然，更精细地测算分布可能需要借助于数值模拟的方法。

三、主要组合风险比率

通过风险组合分析，得到了几个非常重要的参数，即组合的期望损失，最大可能损失，最大一客户和最大五家客户的风险暴露以及最大一个领域的风险暴露等，据此可以计算出几个反映组合风险的关键比率，这些比率为理解担保机构的风险构成提供了非常重要的线索。

1. 信用质量比率

组合的期望损失与净风险暴露的比率，表示单位风险暴露的期望损失，反映了由组合中各贷款信用级别、期限、领域分布等决定的平均信用质量。该比率越小，表明信用组合质量越好。

2. 组合多样化比率

最大可能损失与期望损失的比率，反映了组合的风险程度。这个比例越小，说明风险越分散。由于最大可能损失估计比较粗略，我们还用单一客户、单一领域、最大五家客户等的净风险暴露与组合的净风险暴露的比来反映组合的风险集中程度。根据银行风险管理的经验，风险集中是导致资产质量下降的重要原因。因此，应对风险集中度的这几个指标予以足够重视，特别是对中小企业信用担保机构而言，更是如此。

3. 核心资本比率和总资本比率

除了反映组合风险的指标外，还将信用损失与担保机构的资本进行对比，反映资本吸收损失的能力。核心资本比率和总资本比率分别是核心资本和总资本与最大可能损失的比，是反映担保机构资本充足性的两个重要指标，也是确定担保机构财务实力评级的重要指标。

第四节　风险管理

对业务较多（除担保业务外，还有证券投资、风险投资业务等）的担保机构，风险管理主要包括信用风险管理、流动性风险管理、市场风险管理和操作风险管理等。本书的风险管理分析着重于担保机构的管理政策、技术、组织构架以及具体执行的有效性。担保机构目前的风险和资本状况是以往管理的结果，虽然可以说明未来的财务实力，但毕竟不等同于未来的状况，对未来的分析判断要依赖于目前的状况和以后打算如何去做，这是信用分析的基本思想。因此，风险管理方面的分析在代偿能力评级中占据重要位置。

一、信用风险管理

对担保机构信用文化和业务增长的分析，关键在于理解信用管理和控制的过程。在信用评级时，要理解管理层管理和控制信用风险的方法以及担保审查与批准的程序，了解信用风险控制的各个环节中各部门的设置、职能及内在的激励与制约机制，探索其中可能出现的漏洞及管理层的应对方法。同样重要的是，对管理层信用管理文化的理解不仅要注重当前情景、当前领导的表现，还要注重其他情景下的表现。例如，当宏观经济较好、企业普遍盈利较高、违约率较低时，为了追求利润或迫于盈利的压力，担保机构是否会放松信用限制等。

担保机构在担保前的审查中，普遍使用了内部评分系统来测度被担保人的信用风险。在信用评级时，要对这一系统的有效性进行分析，并去了解这种系统是否被真正且一致地应用。一般地讲，担保公司以及中国各银行的评分系统并不可靠，它们通常只是输出基于一组财务比率的分数，因而这一系统的真正作用在各担保机构间并不相同。例如，有的机构把它作为担保与定价的依据，有的机构只是把它作为参考，担保要依赖于评审会的定性讨论，有的机构实际上并没有建立起真正的信用风险测评系统。总的来说，会议评审机制在担保决策中起着关键作用，因而分析的关键在于探明主要决策人员的风险文化和风险分析的技术。会议评审机制不是信用风险计量的有效方法，如果担保机构不逐渐完善其风险评价体制，担保机构的信用风险始终是难以控制的。

对客户及其抵押物等定期跟踪检查以及加强与银行合作共同防范风险是贷款后风险管理的重要手段。在信用评级时，要根据卷宗管理、客户检查和分析报告等资料来分析担保贷款跟踪制度的完备性和执行的有效性。

担保机构比其他金融机构的经营杠杆要大，因此，担保组合的风险配置就更具重要性。一组信用从集合的角度看，其损失的波动性要大于所有单个信用的波动性，因而带来了较大的非预期损失，但同时这种波动性却小于所有单个信用损失的波动性之和，因此，只要采取积极的策略，就可以有效地减小组合带来的非预期损失。

二、其他风险管理

除了信用风险外，其他一些较重要的风险管理包括以下几个方面：

1. 流动性风险管理

当担保机构处于建设初期时，尚不允许将资金投资到证券等其他领域，因此，一般流动性风险不大。但不能排除在监管不力或制度不健全情况下，担保机构可能将一部分资金运用于投资。

2. 法律风险管理

针对担保与反担保过程中的各个环节，要分析担保机构采取了何种措施来保证自己的权益，这些措施是否得到有效执行，机构内部设置了什么部门来负责法律事务，它的工作程序和监督机制如何。

3. 操作风险管理

操作风险是指由于工作失误、诈骗或其他内控制度的不健全导致担保机构遭受损失的可能性。例如，担保机构长期持有的大量现金资源可能被挪用或做高风险投资，担保客户提供虚假信息骗取担保贷款或工作人员与客户合谋骗取担保贷款，担保客户与银行合谋骗保等，对操作风险的管理主要是建立一套完善的内控制度并切实贯彻。

第五节　资本资源及充足性

一、资本类型

对高杠杆经营的担保机构而言，资本是其财务实力最重要的组成部分。为了获得较好的信用评级，担保机构必须保持充足的可随时利用的资本以吸收潜在的担保损失及其他经营损失，这种可即刻运用以代偿损失的资本为核心资本。除此之外，其他形式的资本对于提升担保机构的信用也具有重要作用，如分期收取的担保收入、再担保协议以及财政或其他出资人与担保机构达成的承担损失协定等，这种形式的资本为非核心资本，它们或者随时间的推移将逐渐变为核心资本，或者在被担保人违约时可以用来吸收损失。

（一）核心资本

类似于银行的法定资本金，核心资本是指被监管者认为可以用来吸收损失的资本金，它是担保机构代偿能力的核心。核心资本由三部分构成，即有效净资产、风险准备金和未确认担保收入。

1. 有效净资产，即担保机构净资产的市场价值。

2. 风险准备金，即资产负债表中的各种风险准备金之和，扣除已发生但尚未反映在资产负债表中的代偿损失所需资本资源。

3. 未确认担保收入。对短期贷款担保通常预收担保费用，它代表了资产负债表中的一个预收科目，即担保机构已提前收取了现金，但按权责发生制尚未确认为收入的项目。随着项目担保时间的延续，这项预收费用逐渐变为收入，成为硬资本。对于短期贷款而言，绝大多数项目均为到期偿还，提前偿还的比例很小，因此，预收担保费用具有很高的可靠度而变为收入，同时又由于它是担保机构可以掌握的资金，所以，它具有即时吸收损失的能力，可以视为一种可靠的资本资源。

（二）非核心资本

非核心资本的主要构成如下：

1. 分期收取的担保收入。对中长期担保的担保费用是在担保期间分期收取的（例如按月、按季或按年等）。担保机构尚未收取这种费用，当然也没有列入资产负债表，它只是担保合同中规定的可按期收回的现金流。与尚未确认为收入的预收费用相比，分期收取的担保费具有不能按时回收的风险，因此，作为资本，它具有一定的不确定性。虽然如此，从正常而不是从保守的角度看，这部分收入可视为能够吸收未来损失的总资本的一部分，作为信用增强的因素。

2. 再担保。再担保为担保机构提供了一种软资本资源，这种资源不会直接成为核心资本，但由于在贷款违约时，它能吸收一部分损失而减轻核心资本支出，从而对核心资本具有保护作用。然而，再担保措施只是在担保机构和再担保机构之间对贷款违约损失风险进行了重新分配，或者说是担保机构将一部分风险连同它的收益一起转移出去，从而减轻了贷款违约时担保机构的损失。担保机构是债务担保的直接责任人，当再担保人不能履行再担保合同中的代偿义务时，担保机构仍然面对承担较多或全部损失的风险，因此，具体考虑担保机构的再担保风险缓解技术时，再担保人的财务实力是确定再担保协议实际经济效力的重要因素。

3. 防止资本金损失的协议。为了保证中小企业担保机构的正常运转，地方政府财政部门除了每年补偿一定数量的资本金外，有的还与担保机构签订了防止资本金损失的协议。例如，规定当担保机构每年的代偿率不高于一定标准时，在风险准备金不足以抵偿代偿损失时，由财政部门弥补代偿之不足部分。再如，有的地方财政一次性拨入代偿基金，并规定其使用方法，等等。各地方财政对防止资本金损失的具体方法并不相同，有的还没有明确规定。具体分析时只能按照实际能吸收损失的程度来计量。

4. 其他。中小企业担保机构正处于试点发展阶段，有可能通过吸引投资、财政拨款或借贷等各种途径取得新的资本。另外，其利息收入和其他投资收入也是较好的资源。只要在评估的期限内能可靠地取得，这些资金可以视为具有吸收损失的能力而成为非核心资本的来源。

二、再担保的类型

再担保通过向担保行业提供有价值的附加资本资源而在担保业务发展中起着非常重要的作用。

再担保有两种主要形式，一种是对特定风险的再担保，例如对一笔大额或某种类型的贷款的再担保，担保机构和再担保机构就这些贷款违约损失的代偿机制经谈判达成协议。担保机构一般是用这种再担保形式来管理自己的组合风险，将对组合影响较大或超过监管规定的风险转移出去，避免组合中的单笔担保、单个行业或领域的担保集中度超过自己的承受能力。另一种再担保是针对一组甚至担保机构的全部担保业务。例如，监管机构要求当担保机构的实际放大倍数达到某一临界值时，必须参加强制再担保，转让规定的风险，而再担保人也必须同时接受合同中规定的所有风险，以防止担保机构资本面临较大的损失。

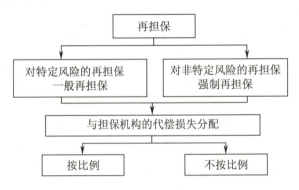

图9-2　再担保的类型

代偿损失的分配也有两种主要形式，即按比例的和非比例的。代偿损失在担保机构和再担保机构间根据承担风险比例分配时，担保收入也相应地按比例分配。代偿损失的非比例分配是指只有当担保机构的实际损失超过合同中约定的水平时，再担保机构才提供损失保护，在这种情况下，当实际损失低于临界值时，损失由担保机构全部承担，再担保机构仅就超过临界值以后的损失承担责任。实际中，临界值也可能设置为多个点，规定了不同水平的损失两者间承担的不同比例。至于担保收益的分配方式，不同的公司间有很大的不同，通常都是基于具体谈判达成的具体协议，没有固定的模式。实际中有些地方财政在补偿损失时也一定程度上采用了这种方式，它们对担保机构资本的影响也适用再担保的方式，除去没有收益分配的考虑。

三、资本充足性

对于经营杠杆很高的担保机构来讲，用于代偿损失的资本资源的质量和充足性是决定其财务实力的关键因素。对担保机构资本充足性的评价是一项复杂的任务，它涉及担保合同风险、损失弥补能力、担保组合质量以及各种形式的资本资源等。

在吸收担保损失方面，核心资本的数量起着非常重要的作用，也是决定财务实力的最重要因素。经营杠杆与核心资本充足率是反映担保公司资本充足性的两个重要指标。它们的定义如下：

经营杠杆：净风险暴露与硬资本的比率。

核心资本充足率：硬资本与担保组合期望损失的比率，它是信用质量比率的倒数。

除了核心资本，非核心资本对增强财务实力也具有非常重要的价值。财务实力在很大程度上取决于担保机构有较高且稳定的担保收入以及其他收入（比如投资收入）。另外，高质量的再担保、财政对代偿部分损失的承诺等向担保公司提供了重要支持。最后，担保公司通过借债或吸收资本金等途径增加资本资源也在一定程度上提高了机构的代偿能力。为了反映非核心资本的影响，用核心资本与非核心资本之和表示可利用的资本即总资本，以调整后的放大倍数来表示考虑非核心资本后的资本充足性，即：调整后的放大倍数 = 净风险暴露/总资本。

应该注意到，这些指标不是决定财务实力的全部因素，尤其是非核心资本作为资本资源具有不确定性。担保机构长期的财务实力取决于低风险政策、谨慎的定价策略以及完善的组合管理技术。偏离这些政策与技术将最终损害机构的盈利和其他非核心资本来源。例如，当担保公司风险管理不善时，银行将会降低承担风险的比例，地方财政部门可能不愿补充资本金等。因此，担保公司资本充足性的评价不仅要分析当前的担保组合，还要考虑其业务和战略的持续性，以判断现在的资本是否能在未来确定地发挥代偿损失作用。

第六节　收益合理性

中小企业信用担保机构不以盈利为主要目的，但从整个行业的角度看，盈利能力依然是维持任何一个担保机构长期存在的关键因素。只有盈利才能为风险提供保护或缓冲的资源，只有盈利才能为业务开拓、全体员工福利等创造经济资源，也只有保持适当的盈利，担保机构才能真正不改变自己的主营业务，并在发展过程中不断提高风险管理水平。

在盈利分析时，要理解担保机构的盈利模式和基于这种模式的前景，并将这种盈利能力与同行业或不同行业的公司进行比较。

影响担保机构收益的主要因素是支出控制和资金运用。支出控制包括管理费用和代偿损失，收入的主要来源是担保费收入、存款利息、项目评审收入和投资收益等。支出方面要侧重分析管理费用的水平与当地同类型行业相比是否合理，过去的损失比例以及风险管理水平与未来代偿支出的关系。收入方面要侧重分析收入的结构、稳定性及其变化趋势。

为了准确评估担保机构未来的收益状况，对其管理战略的分析也是非常重要的途径之一。担保机构以往的业绩在一定程度上反映了未来财务状况，但目前制定或执行的长短期战略也决定了未来的发展趋势。战略分析方法重在探索其现实性和持续性，并在此基础上评价可能带来的后果。

分析的要点是了解担保机构是否制定了明确的战略计划及相应的各阶段实施目标和措施，这些计划对目标客户选择、业绩增长、机构扩张、风险回报、定价策略和风险管理等作出了怎样的设计。

管理战略是过程管理，要注重分析担保机构为实现这些目标所采取的具体方法和组织，而不是目标本身。管理层的经验、风险偏好、信息来源与可靠性、健全的决策流程等都将成为管理战略评价的主要因素。不能孤立地去看待风险，而是把风险与可靠的风险管理和收益结合起来判断担保机构的信用级别。并不是担保业务越少，业务范围越窄，信用级别就会越高。只要风险管理得当，期望的收益能为风险提供可靠的保护和缓冲资源，担保业务量大、投资风险稍高的机构也会得到较高的评级。

在定性分析中，以往的业绩常常成为判断管理战略、计划能否得以顺利实施的有效证据。因此，应把以前年度的计划与执行进行对比，分析其中的差异，是计划不可靠，还是执行不力，是环境变化太大，还是风险应对乏术等。

本章小结

担保机构信用评级是指对担保机构财务实力的评级，即对担保机构在经营过程中代偿能力不足的可能性所发表的意见。影响担保机构代偿能力的因素概括为以下七个方面：经营环境、基本经营和风险、担保风险组合、风险管理、资本资源和充足性、收益合理性、管理战略和质量。

影响担保机构经营和发展的环境因素包括国家政策、监管环境、中小企业整体状况、法律制度以及整个社会的信用环境等。在诸多的环境因素中，本章认为国家政策、监管环境和中小企业整体状况是最直接的影响因素。

担保机构的主要业务是向中小企业提供信用担保，包括融资担保、工程履约担保和商业信用担保等。除了对外担保外，为了增加资金的收益，担保机构还经营一小部分投资业务，少数担保机构正在进行风险投资的尝试。担保机构在经营活动中面临的风险包括信用风险、流动性风险、定价风险、法律风险、市场风险等。

非预期损失是期望损失与一定置信度下（通常为98%～99.9%）的最大损失之间的差。通常我们仅考虑各客户贷款的违约受地区宏观因素的影响，计算出对每个客户期望损失的波动区间，再将每一区间的最大值相加即得到担保机构现有风险组合近似的最大可能损失值。在对担保机构代偿能力评级的过程中，信用质量比率、风险多样化和集中度比率以及核心资本和总资本比率非常重要。

资本可分为核心资本和非核心资本两部分，核心资本是指被监管者认为可用来吸收损失的资本金，包括有效净资产、风险准备金和未确认担保收入，它是担保机构代偿能力的核心。非核心资本包括分期收取的担保收入、再担保协议以及防止资本金损失的协议等。通过调整担保余额，用调整后的净担保额即调整后的净风险暴露来反映担保机构本身承担的风险量。

重要概念

担保机构　经营环境　融资担保　履约担保　商业信用担保　信用风险流动性风险　定价风险　市场风险　法律风险　期望违约率　调整后的净风险暴露　信用风险管理　核心资本　非核心资本　资本充足性

复习思考题

1. 担保机构在经营活动中会面临哪些风险？
2. 信用分析师确定担保标的的信用质量时往往面临很大挑战，试分析原因。

3. 单个客户担保的期望损失是怎样确定的，简述确定的过程。

4. 非预期损失是由哪些因素决定的?

5. 信用风险管理的关键是什么，信用风险管理包括哪些内容?

6. 什么是代偿损失的非比例分配，此时再担保机构怎样承担损失?

7. 如何评价担保机构的资本充足性?

参考文献

[1] 李娇. 中小企业信用担保体系运行现状及模式选择研究 [D]. 吉林大学，2014.

[2] 沈妍. 中小企业信用担保风险控制研究 [D]. 河北经贸大学，2013.

[3] 尚文娜. 我国中小企业信用担保模式研究 [D]. 山东大学，2013.

[4] 姚庆玲. 中小企业信用担保机构全面风险管理研究 [D]. 山东大学，2013.

[5] 杨盈. 创新型中小企业融资担保模式分析及建议 [D]. 西南财经大学，2013.

[6] 杨舒涵. 中小企业信用担保机构与银行合作的问题及对策研究 [D]. 西南财经大学，2013.

[7] 杨晓娇. 我国中小企业信用担保法律制度的完善 [D]. 华中科技大学，2012.

[8] 裴琦. 我国中小企业信用担保体系问题研究 [D]. 东北财经大学，2012.

[9] 宣刚. 我国中小企业信用担保体系建设中政府行为 [D]. 福建师范大学，2012.

[10] 倪雄飞. 我国中小企业信用担保的法律属性研究 [J]. 改革与战略，2011 (6).

[11] 米文通. 我国中小企业信用担保机构监管体系研究 [J]. 浙江金融，2011 (6).

[12] 王晓军，仲伟周. 中小企业信用担保风险及控制 [J]. 理论导刊，2011 (6).

第三篇　债项信用评级

公司公开发行债券通常需要由债券评信机构评定等级。债券的信用等级对于发行公司和购买人都有重要影响。

债券评级是度量违约风险的一个重要指标，债券的等级对于债务融资的利率以及公司债务成本有着直接的影响。一般来说，资信等级高的债券，能够以较低的利率发行；资信等级低的债券，风险较大，只能以较高的利率发行。另外，许多机构投资者将投资范围限制在特定等级的债券之内。

债券评级方便投资者进行债券投资决策。对广大投资者来说，由于受时间、知识和信息的限制，无法对众多债券进行分析和选择，因此需要专业机构对债券的还本付息的可靠程度进行客观、公正和权威的评定，为投资者决策提供参考。

本篇研究债券本身的特征、偿债顺序以及担保等偿债保障措施对回收率的影响或对违约损失率的影响。在主体级别的基础上，分析特定债券违约损失程度，以确定如何调整级差，最终得出特定债券的信用级别。

本篇的结构如下：

第十章	债券工具： ➤ 债券的种类 ➤ 债务契约与文书
第十一章	债务结构与偿债保障措施： ➤ 债务结构分析 ➤ 担保 ➤ 其他偿债保障措施
第十二章	可转换公司债券信用评级： ➤ 可转换公司债券的基本理论 ➤ 我国发行可转换公司债券的实践 ➤ 可转换公司债券的评级方法

第十章　债券工具

债券（Bonds / debenture）是一种金融契约，是政府、金融机构、工商企业等直接向社会借债筹措资金时，向投资者发行，同时承诺按一定利率支付利息并按约定条件偿还本金的债权债务凭证。债券的本质是债的证明书，具有法律效力。债券购买者或投资者与发行者之间是一种债权债务关系，债券发行人即债务人，投资者（债券购买者）即债权人。

债券尽管种类多种多样，但是在内容上都要包含一些基本的要素。这些要素是指发行的债券上必须载明的基本内容，这是明确债权人和债务人权利与义务的主要约定，具体包括：

其一，票面价值。债券的面值是指债券的票面价值，是发行人对债券持有人在债券到期后应偿还的本金数额，也是企业向债券持有人按期支付利息的计算依据。债券的面值与债券实际的发行价格并不一定是一致的，发行价格大于面值称为溢价发行，小于面值称为折价发行。

其二，偿还期。债券偿还期是指企业债券上载明的偿还债券本金的期限，即债券发行日至到期日之间的时间间隔。公司要结合自身资金周转状况及外部资本市场的各种影响因素来确定公司债券的偿还期。

其三，付息期。债券的付息期是指企业发行债券后的利息支付的时间。它可以是到期一次支付，或1年、半年或者3个月支付一次。在考虑货币时间价值和通货膨胀因素的情况下，付息期对债券投资者的实际收益有很大影响。到期一次付息的债券，其利息通常是按单利计算的；而年内分期付息的债券，其利息是按复利计算的。

其四，票面利率。债券的票面利率是指债券利息与债券面值的比率，是发行人承诺以后一定时期内支付给债券持有人报酬的计算标准。债券票面利率的确定主要受到银行利率、发行者的资信状况、偿还期限、利息计算方法以及当时资金市场上资金供求情况等因素的影响。

其五，发行人名称。发行人名称指明债券的债务主体，为债权人到期追回本金和利息提供依据。

上述要素是债券票面的基本要素，但在发行时并不一定全部在票面印制出来，在很多情况下，债券发行者是以公告或条例形式向社会公布债券的期限和利率。

第一节　债券的种类

一、按照发行主体分类

1. 政府债券

政府债券是政府为筹集资金而发行的债券，主要包括国债、地方政府债券等，其中最主要的是国债。国债因其信誉好、利率优、风险小而又被称为"金边债券"。除了政府部门直接发行的债券外，有些国家把政府担保的债券也划归为政府债券体系，称为政府保证债券。这种债券由一些与政府有直接关系的公司或金融机构发行，并由政府提供担保。

中国历史上发行的国债主要品种有国库券和国家债券，其中国库券自1981 年后基本上每年都发行，主要对企业、个人等。国家债券包括国家重点建设债券、国家建设债券、财政债券、特种债券、保值债券、基本建设债券等，这些债券大多对银行、非银行金融机构、企业、基金等定向发行，部分也对个人投资者发行。向个人发行的国库券利率基本上根据银行利率制定，一般比银行同期存款利率高 1～2 个百分点。当通货膨胀率较高时，国库券也采用保值办法。

2. 金融债券

金融债券是由银行和非银行金融机构发行的债券。我国目前金融债券主要由国家开发银行、中国进出口银行等政策性银行发行。金融机构一般有雄厚的资金实力，信用度较高，因此金融债券往往有良好的信誉。

3. 公司（企业）债券

在国外，没有企业债和公司债的划分，统称为公司债。在我国，企业债券是按照《企业债券管理条例》的规定发行与交易，由国家发展和改革委员会监督管理的债券，实际中，其发债主体为中央政府部门所属机构、国有独资企业、国有控股企业，因此，它在很大程度上体现了政府信用。公司债券管理机构为中国证券监督管理委员会，发债主体为按照《中华人民共和国公司法》设立的公司法人，在实践中，其发行主体为上市公司，其信用保障是发债公司的资产质量、经营状况、盈利水平和持续盈利能力等。公司债券在证券登记结算公司统一登记托管，可申请在证券交易所上市交易，其信用风险一般高于企业债券。2008 年 4 月 15 日起施行的《银行间债券市场非金融企业债务融资工具管理办法》进一步促进了企业债券在银行间债券市场的发行，企业债券和公司债券成为我国商业银行越来越重要的投资对象。

二、按财产担保分类

1. 抵押债券

抵押债券是以企业财产作为担保的债券，按抵押品的不同又可以分为一般抵押债券、不动产抵押债券、动产抵押债券和证券信托抵押债券。以不动产如房屋等作为担保品，称为不动产抵押债券；以动产如适销商品等作为担保品的，称为动产抵押债券；以有价证券如股票及其他债券作为担保品的，称为证券信托债券。一旦债券发行人违约，信托人就可将担保品变卖处置，以保证债权人的优先求偿权。

2. 信用债券

信用债券是不以任何公司财产作为担保，完全凭信用发行的债券。政府债券属于此类债券。这种债券由于其发行人的绝对信用而具有坚实的可靠性。除此之外，一些公司也可发行这种债券，即信用公司债。与抵押债券相比，信用债券的持有人承担的风险较大，因而往往要求较高的利率。为了保护投资人的利益，发行这种债券的公司往往受到种种限制，只有那些信誉卓著的大公司才有资格发行。除此以外在债券契约中都要加入保护性条款，如不能将资产抵押其他债权人、不能兼并其他企业、未经债权人同意不能出售资产、不能发行其他长期债券等。

三、按债券形态分类

1. 实物债券（无记名债券）

实物债券是一种具有标准格式实物券面的债券。它与无实物票券相对应，简单地说就是发给你的债券是纸质的而非电脑里的数字。

在其券面上，一般印制了债券面额、债券利率、债券期限、债券发行人全称、还本付息方式等各种债券票面要素，其不记名，不挂失，可上市流通。实物债券是一般意义上的债券，很多国家通过法律或者法规对实物债券的格式予以明确规定。实物债券由于其发行成本较高，将会被逐步取消。

2. 凭证式债券

凭证式国债是指国家采取不印刷实物券，而用填制"国库券收款凭证"的方式发行的国债。我国从1994年开始发行凭证式国债。凭证式国债具有类似储蓄、又优于储蓄的特点，通常被称为"储蓄式国债"，是以储蓄为目的的个人投资者理想的投资方式。从购买之日起计息，可记名、可挂失，但不能上市流通。与储蓄类似，但利息比储蓄高。

3. 记账式债券

记账式债券指没有实物形态的票券，以电脑记账方式记录债权，通过证券交易所的交易系统发行和交易。我国近年来通过沪、深证券交易所的交易系统发行和交易的记账式国债就是这方面的实例。如果投资者进行记账式债券的买卖，就必须在证券交易所设立账户。所以，记账式国债又称无纸化国债。

记账式国债购买后可以随时在证券市场上转让，流动性较强，就像买卖股票一样，当然，中途转让除可获得应得的利息外，市场定价已经考虑到，还可以获得一定的价差收益，不排除损失的可能，这种国债有付息债券与零息债券两种。付息债券按票面发行，每年付息一次或多次，零息债券折价发行，到期按票面金额兑付，中间不再计息。由于记账式国债发行和交易均无纸化，所以交易效率高，成本低，是未来债券发展的趋势。

记账式国债与凭证式国债的区别：

其一，在发行方式上，记账式国债通过电脑记账、无纸化发行，而凭证式国债是通过纸质记账凭证发行；

其二，在流通转让方面，记账式国债可自由买卖，流通转让也较方便、快捷。凭证式国债只能提前兑取，不可流通转让，提前兑取还要支付手续费；

其三，在还本付息方面，记账式国债每年付息，可当日通过电脑系统自动到账，凭证式国债是到期后一次性支付利息，客户需到银行办理；

其四，在收益性上，记账式国债要略好于凭证式国债，通常记账式国债的票面利率要略高于相同期限的凭证式国债。

四、按转换可否分类

1. 可转换债券

可转换债券是指在特定时期内可以按某一固定的比例转换成普通股的债券，它具有债务与权益双重属性，属于一种混合性筹资方式。由于可转换债券赋予债券持有人将来成为公司股东的权利，因此其利率通常低于不可转换债券。若将来转换成功，在转换前发行企业达到了低成本筹资的目的，转换后又可节省股票的发行成本。根据《公司法》的规定，发行可转换债券应由国务院证券管理部门批准，发行公司应同时具备发行公司债券和发行股票的条件。

目前在深、沪证券交易所上市的可转换债券是指能够转换成股票的企业债券，兼有股票和普通债券双重特征。一个重要特征就是有转股价格。在约定的期限后，投资者可以随时将所持的可转换债券按股价转换成股票。可转

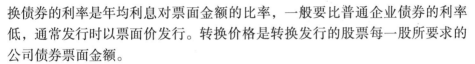

换债券的利率是年均利息对票面金额的比率，一般要比普通企业债券的利率低，通常发行时以票面价发行。转换价格是转换发行的股票每一股所要求的公司债券票面金额。

2. 不可转换债券

不可转换债券是指不能转换为普通股的债券，又称为普通债券。由于其没有赋予债券持有人将来成为公司股东的权利，所以其利率一般高于可转换债券。

五、按付息的方式分类

1. 零息债券

零息债券，也叫贴现债券，是指债券券面上不附有息票，票面上不规定利率，发行时按规定的折扣率，以低于债券面值的价格发行，到期按面值支付本息的债券。从利息支付方式来看，贴现债券以低于面额的价格发行，可以看做是利息预付，因而又可称为利息预付债券、贴水债券，是期限比较短的折现债券。

2. 定息债券

固定利率债券是将利率印在票面上并按其向债券持有人支付利息的债券。该利率不随市场利率的变化而调整，因而固定利率债券可以较好地抵制通货紧缩风险。

3. 浮息债券

浮动利率债券的息票率是随市场利率变动而调整的利率。因为浮动利率债券的利率同当前市场利率挂钩，而当前市场利率又考虑到了通货膨胀率的影响，所以浮动利率债券可以较好地抵制通货膨胀风险。其利率通常根据市场基准利率加上一定的利差来确定。浮动利率债券往往是中长期债券。

六、按是否能够提前偿还分类

按是否能够提前偿还，债券可以分为可赎回债券和不可赎回债券。

1. 可赎回债券

可赎回债券是指在债券到期前，发行人可以以事先约定的赎回价格收回的债券。公司发行可赎回债券主要是考虑到公司未来的投资机会和回避利率风险等问题，以增加公司资本结构调整的灵活性。发行可赎回债券最关键的问题是赎回期限和赎回价格的制定。

2. 不可赎回债券

不可赎回债券是指不能在债券到期前收回的债券。

七、按计息方式分类

1. 单利债券

单利债券指在计息时，不论期限长短，仅按本金计息，所生利息不再计入本金计算下期利息的债券。

2. 复利债券

复利债券与单利债券相对应，指计算利息时，按一定期限将所生利息计入本金再计算利息，逐期滚算的债券。

3. 累进利率债券

累进利率债券指年利率以利率逐年累进方法计息的债券。累进利率债券的利率随着时间的推移，后期利率比前期利率更高，呈累进状态。

八、按能否上市分类

按能否上市，分为上市债券和非上市债券。可在证券交易所挂牌交易的债券为上市债券，反之为非上市债券。上市债券信用度高，价值高，且变现速度快，故而容易吸引投资者，但上市条件严格，并要承担上市费用。

根据深、沪证券交易所关于上市企业债券的规定，企业债券发行的主体可以是股份公司，也可以是有限责任公司。申请上市的企业债券必须符合以下条件：

1. 经国务院授权的部门批准并公开发行；股份有限公司的净资产额不低于人民币三千万元，有限责任公司的净资产额不低于人民币六千万元；

2. 累计发行在外的债券总面额不超过企业净资产额的百分之四十；

3. 最近三年平均可分配利润足以支付债券一年的利息；

4. 筹集资金的投向符合国家产业政策及发行审批机关批准的用途；

5. 债券的期限为一年以上；

6. 债券的利率不得超过国务院限定的利率水平；

7. 债券的实际发行额不少于人民币五千万元；

8. 债券的信用等级不低于 A 级；

9. 债券有担保人担保，其担保条件符合法律法规规定，资信为 AAA 级且债券发行时主管机关同意豁免担保的债券除外；

10. 公司申请其债券上市时符合法定的债券发行条件及交易所认可的其他条件。

九、按衍生品种分类

1. 发行人选择权债券

发行人选择权债券，是指发行人有权利在计划赎回日按照面值赎回该类品种，因此该类债券的实际存续期存在不确定性。

2. 投资人选择权债券

投资人选择权债券，是指投资人有权利在计划回售日按照面值将该类品种卖还给发行主体，从实际操作角度来看，投资人卖还与否依然是借助于远期利率与票息的高低比较来判断。

3. 本息拆离债券

严格意义上来说，本息拆离债券是一级发行市场的概念范畴，进入流通市场后，为零息债券。

4. 可转换债券

可转换债券是指一种可按确定价格将债券持有者的约定买卖权转换为其他类型证券的债券，通常为普通股可转换债券。在与低息票的股票交换过程中，可转换债券的持有者将可能获得资本收益。

可转换债券类似于附加发行认股权证书的债券。认股权证书表明持有者能够按照法定价格购买股票，因此，如果股票价格上涨，认股权证书的持有者就会获得资本利息。可转换债券比不转让债券的票面利率低，但它可能给持有者带来更多的资本收益。

第二节　债务契约与文书

借款人和贷款人的关系有合同来规定，在这些债务工具中称做贷款协议或债券契约。信用分析师有必要熟悉这些协议的格式、内容以及如何对它们进行解释。某些方面是客观的，如利率、筹集资金的使用和期限、债务工具的偿还和预付。其他方面更具有主观性，用于描述获得信用需要增加的必要条件，以及这些条款不再满足时会怎样。该部分通常在贷款协议中称为承诺，在债券契约中称为限制性条件，而且只是针对信用较低的借款人。例如，规定：公司只能从事当前的业务；未来投资限制在一定的额度内；如果某些信用比率恶化，债务工具的定价可能上涨；如果某些信用标准或其他条件不再满足，整个债务工具可能会提前并要求立即支付。

一、关键文书的种类

分析师应仔细查阅的关键文书包括：

1. 信用协议或契约

这种文书规定了债务人和债权人在特定的债务工具中的权利和义务。贷款大多通过信用协议管理，债券则通过契约管理。

2. 条款清单

未来投资者或支付人通常会收到一份条款清单，实质上是一份主要条款和债务工具条件总结，不管是用于贷款还是购买债券。

3. 发行说明书

发行说明书也称为发售备忘录或发售说明书。主要的内容有：封面提供了债务发行者名称、提议的债务工具数量、利率、到期日、利息支付日期、发行价、清算公司和账簿管理人及经理的名称；对发行者的简单介绍；财务信息摘要；对债务的描述；对资金使用的描述；说明钱款实际上是怎样在不同参与者之间转移的；关于税务事项的说明。

4. 担保协议和其他证券文件

用于描述担保的资产，规定债务人和债权人之间协议的类型。

二、债券契约的分析要点

分析师从以下两方面分析债券契约或信用协议：

1. 鉴别信息的真实性

信用分析师必须鉴别关于债务的真实信息，它们通常来源于债券的封面或摘要。下面有 10 个信用分析师应该提出的问题，目的是更好地了解债券的发行。需要弄清楚的问题：发行者是谁，发行者位于什么地方；与母公司的关系如何；发行债券的额度是多少；以何种货币发行；发行价格和利率为多少；什么时候到期；利息支付日是什么时候；债务的优先等级如何；适用法律是什么；所得资金预计将用于哪些目的。

2. 鉴别信用信息

阅读债券契约或贷款协议的释义部分，主要是要了解如下信息：公司状况是否良好；公司的活动是否受到限制；是否有信用悬崖或信用触发器；是否存在财务承诺；是否存在非财务承诺；怎样就算构成违约；违约后有什么补偿措施等。

本章小结

本章对债项信用分析的对象——债务工具进行了介绍，对不同债务工具的特点、发行条件以及优势进行了对比，强调分析师应具备分析债务契约与文书的能力。信用分析师还必须熟悉债务契约与文书的格式、内容以及如何对它们进行解释，分析师需要对其真实信息和信用信息进行鉴别。

重要概念

贷款 债券 中期票据 混合债券工具 商业票据 私募市场 银行承兑汇票 融资租赁 公司债券 可转换公司债券 分离交易的可转换公司债券 短期融资券 债务契约

复习思考题

1. 中国市场债券工具包括哪些内容？

2. 短期融资券与中长期企业债券相比，具有哪些优势？

3. 企业可通过发行企业债或股票进行融资，试对比两者相对于企业的优缺点。

4. 中小企业集合债券包括哪些类型？对于中小企业融资来说有哪些好处？

5. 分析师从哪几个方面分析债务契约或信用协议？

参考文献

［1］刘喜和，郭娜. 我国住房抵押贷款信用风险因素分析［J］. 山东社会科学，2012（3）.

［2］王煦. 我国企业债券信用利差的影响因素研究［C］. 天津财经大学，2012.

［3］申世军，陈珊. 我国债券市场的持有结构特征及优化建议［J］. 中国货币市场，2011（1）.

［4］林振超. 公司债券融资及创新案例分析［D］. 财政部财政科学研究所，2010.

［5］刘星海. 可转换债券定价模型及其实证研究［D］. 西南大学，2009.

［6］甘婷. 上市公司可转换债券融资与公司绩效的实证研究［D］. 兰州理工大学，2009.

［7］曹斌.上市公司可转换债券发行对业绩影响的实证研究［D］.江苏大学，2009.

［8］徐冰.我国上市公司发行可转换债券对公司绩效影响的实证分析［D］.浙江大学，2008.

第十一章　债务结构与偿债保障措施

债务结构有广义和狭义之分。狭义的债务结构是指企业长期债务资金的构成和相互之间的比例关系；广义的债务结构是指企业债务的构成和相互之间的比例关系。企业债务按照不同标准有多种分类方式，构成企业复杂的债务结构，如债务期限结构、债务工具结构、债务布置结构、债务优先结构等。

偿债保障机制大体可分为事前保障和事后保障两类。所谓事前保障，即要防止偿债危机的出现，而事后保障则是指当企业出现偿债危机时对债权的保护措施。这些保障机制既有债权人的自我审慎原则，也有债权人和债务人双方协商确定的合约规则，还有债务工具设计中的风险配置机制。

第一节　债务结构分析

一、债务风险结构

债务风险最终表现为到期不能还本付息，以致破产还债，这里风险产生的标志和界限是还本付息期，如果还本付息期是无止限的，债务在实质上就具有了主权性融资的特征。所以债务风险体现在还本付息期，而债务风险结构是通过债务期限来表现的，这样债务风险结构就具体转化为以下两种结构：(1) 债务的期限结构。总体上讲，各种债务都可以分别归属于长期负债和短期负债，这是西方资产负债表的基本分类，在实践中，人们也可以增加中期负债的类型，以便更准确地描述各种期限债务的风险程度。一般来说，随着债务偿还期的延长，企业债务风险逐渐弱化，可见债务风险是偿还期的反函数。在西方国家，债务的期限结构直接明示于资产负债表中，足见债权人和企业对债务风险的关心程度。在债务的期限结构管理中，企业为避免债务风险，将尽可能增加长期负债，但是却受到来自长期负债成本高于短期负债成本的掣肘，这就必须寻找负债期间与负债成本的均衡。(2) 债务的到偿还期结构。如果说债务的期限结构描述了不同期限的债务的风险，那么债务的到偿还期结构则说明到同一个偿还日的所有债务的偿还所带来的风险，而不问到同一偿还日的各种债务的偿还期限的长短。所以这里债务风险与偿还期无关，而仅仅与还债日相同或"还债高峰"相关。从数量上来看，如果各种长短债务在同一时日偿还，也就是债务的清偿数额增加，那么，这种债务风险是同一日债务偿还数额的正函数。在债务的到偿还期结构管理中，企业为避免还债高峰，在不考虑企业现金回流的条件下，应尽可能将偿还日均匀分布于各时点上，分散偿还风险。以上两种债务风险，是从债务的内部结构来研究的。但如果从企业整个融资看，判断还债风险还必须联系以下两个方面进行：其一，是主权性融资与债务融资结构。即便企业短期债务占总债务比重大，但如果主权性融资占整个融资的比重很大，它将大大降低债务到期还本付息的风险，并为清偿债务提供前提。但是，随之而来的是必然加大的企业的融资成本。其二，是债务偿还期与债权收回期的对称结构，进一步扩展为现款的流入期结构，如果两者能合理、有效衔接，即使还债出现同日高峰，也能有足够的现款进行清偿。后两种债务结构可称为外部结构。只有将内外部两种结构结合起来，才能整体确定债务的最终和实际风险。

二、债务成本结构

总的来说，债务成本也即利息的高低，取决于债务市场的债务融资的供求状况，通过这种供求关系的相互作用，就产生了债务市场均衡利率，包括长期债务市场利率和短期债务市场利率。但是，在每个具体的借贷场合，利率又受通货膨胀、拖欠风险、税收、可随时偿还性和可销售性（指债券）等因素的影响，而使企业债务成本出现高低不等的利率结构。

（一）债务的长短期利率结构

长期利率一般高于短期利率，这是因为长期债务的价格等因素（如债券价格）的变化多于短期债务，贷款人将面临更多的风险，相应要取得更高的风险收益。仅以企业合理确定债务成本结构来看，应多选择短期利率贷款，以降低平均债务成本。甚至企业可以全依靠借新债还旧债使短期债务得以延长，而无须支付长期利率。但是由于短期债务的流动性压力（短时还本付息），企业面临极大的债务风险。所以，企业只能通过长期利率和短期利率的合理构造，寻找一种均衡利率或平均债务成本。

（二）债务的利率支付结构

债务的利率支付结构分为到偿还期支付利率和持续支付利率。两种支付方式产生债务成本差异的原因是资金的时间价值。前种支付方式无须每期付息，也就是无须企业付出资金的时间价值，而后种支付方式则必须企业付出资金的时间价值。在其他条件相同的情况下，企业应尽可能选择到偿还期支

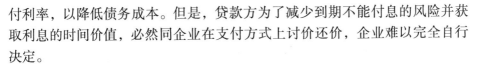

付利率，以降低债务成本。但是，贷款方为了减少到期不能付息的风险并获取利息的时间价值，必然同企业在支付方式上讨价还价，企业难以完全自行决定。

（三）债务的利率习性结构

债务的利率习性结构为固定利率和变动利率。最近数年，由于通货膨胀的影响，贷款人为减少通货膨胀给固定利率带来的收益损失，而采取变动利率。企业在进行债务融资过程中，究竟选择何种利率，取决于对通货膨胀的预期和与贷款人的讨价还价。就目前而言，如果预期通货膨胀上升，企业乐于采取固定利率，相反，贷款人则乐于采取变动利率。这样，企业可以从中获得通货膨胀溢价。但是，如果贷款人的预期同企业一致时，利率习性的确定只能由双方所处的市场地位来确定（即举债市场是贷方市场还是借方市场）。

（四）债务利息征税结构

它分为免税利息和交税利息。如美国，无论是州、市政府债券，还是联邦政府债券，利息收入都是免征所得税的。在企业的债务中也有类似的情况，利息免交所得税，相比交税利息来说，相对降低了企业的融资成本。因为从贷款人的角度看，他必须获得平均利润，所以他对利息收入支付的所得税，只能是通过企业提高利息率来弥补，这就是征税利息率高于免税利率的原因。由于对利息是否征税，不是企业行为，而是政府行为，所以，企业很难对该债务成本结构进行直接调整。

三、债务功能约束结构

贷款人为事先避免企业不能及时偿债的风险，常常对企业举债的使用进行约束。它采取直接约束和间接约束的形式，前者是在直接规定贷款的用途，从而企业受到了灵活调取资金的限制，这在经营状况变化很大的时期，对企业常常造成极大不利；后者并不直接规定贷款的用途，但必须对贷款提供担保（包括实物、证券或其他担保），从而间接限制了担保物或项目的功能作用。依此两种约束形式，债务的功能约束也分为两类：（1）无用途限制债务与有用途限制债务。一般来说通过金融中介取得的贷款，尽管用途限制的范围不一，但都有明确的用途限制，如积压物资贷款、季节性贷款，而通过债券市场融资则很少有用途限制，即不论企业为何目的举债，贷款不作限制。通常无用途限制债务利率较高，而有用途限制债务利率较低，企业只能在债务成本与用途限制之间寻求均衡；（2）无担保债务与有担保债务。后者是企业必须以公司厂房、土地、设备、证券等抵押，或以某些其他条款的条件

（如未按时支付上期公司债利息者，不得发行新公司债等）而进行的举债。前者则无须任何实物、证券、条款作为担保和条件，如信用公司债等。在相同条件下，应尽可能扩大无担保债务的比重。但实际举债时，如果其他条件相同，无担保债务的利息率要高于有担保债务的利息率，这就迫使企业在融资成本与举债担保之间寻求均衡。

四、债务流动性结构

债务的流动性是就长期债务和短期债务而言，对企业来说，因短期债务流动快，企业面临流动性压力，其风险增大。而长期债务则恰好相反。所以，这里流动性主要是联系着风险来进行研究的。我们研究的流动性是指债务的随时清偿性和可转换性。这样就形成了两种基本的流动性结构：（1）债务的清偿性结构，可分为可随时清偿性债务和不可随时清偿性债务。前者是指举债人在偿还期以前可以随时偿债的债务。可随时清偿性是附加在债务上的对借款人有利的一种特性，这一特性允许借款人在偿还期前还款，从而减少总的利息支付。尤其对于债务融资来说，可允许企业在偿还期前剔除利率非常高或具有其他不满意的特征（例如限制股息支付）的债券。不可随时清偿的债务则规定企业只能在借款期到来日或其他规定的支付日进行偿付，由于可随时清偿性债务是对借款人有利而对贷款人不利，所以，可随时清偿债务比不可随时清偿债务的利率要高，这就决定了企业必须在融资成本与清偿性之间寻求均衡。（2）债务的转换性结构，分为可转换债务与不可转换债务。前者是指按照一定的转换价格或转换比例能转换为同一举债企业其他融资形式（如主权性筹资）的债务，如将公司的债券转换为普通股。不可转换债务则只能锁死在最初的举债形式上，不能转换为其他形式。相对而言，可转换债务具有高度的灵活性，企业可以以具有不同的报酬率，不同的转换溢价等条件的可转换债务寻求最佳的长期融资方式，如将有偿还期的债务转换为无偿还期的普通股。同时，可转换债务的利率（或成本）比不可转换债务要低。但是，相对而言，可转换债务却存在较大的潜在财务损失的可能性。当转换成其他融资形式的市场价格（如普通股价格）大大高于转换价格时，企业就会面临财务损失，使举债成本大大增加。而当其市场价格未如预期那样上涨（如大大低于转换价格）时，可转换债务的转换就不能实现，它很可能断绝企业获得新的长期资金的其他来源，这样，企业也必然要在有利和不利之间作出选择。

五、优先级排序

同一发行人所发行的债务可能因清偿顺序的差异而分为不同的层次，较高层次债务的债权人当债务人违约破产时具有优先的求偿权。一般常见的债务结构按破产清算时求偿权的优先程度由高到低排序依次为：以经营性资产作为抵押担保的债务；一般无担保债务和其他一般负债；次级债务。

通常主体的信用级别与其一般无担保债务/优先无担保债务的信用级别相等。顺序先于一般无担保债务的债务，有级别上调的可能；顺序低于一般无担保债务的债务，有级别下调的可能。

次级债务的债权人在清偿顺序上位于一般债务的债权人之后，只有在一般债务的债权人的偿付要求得到完全满足的情况下，剩余资产才可用于满足次级债务债权人的偿付要求。同理，当一般债务和次级债务的债权人获得完全偿付后，剩余的资产才可以由股东分配。这就造成次级债务的债权人面临的期望损失程度将大于一般债务的债权人，因此次级债务的信用级别可能低于一般债务的信用级别。信用级别较低的发行人所发行的次级债务，其债项级差向下调整的可能性较大。

理论上，母公司与子公司之间，还可能存在"结构性次级"（Structural Subordination）的问题。如果母公司是无经营性资产的控股公司，则拥有经营性资产的子公司的债权人在发生破产清算时，相当于具有优先于控股母公司债权人的清偿顺序，即只有当子公司的债权人完全得到偿付后，剩余资产才可能用于满足控股母公司债权人的偿付要求。控股母公司债权人持有的并不是次级债务，相对于子公司的债权人来说处于"次级"地位，称为"结构性次级"。

考虑到"结构性次级"这一因素后，债务的层次将更加复杂，新的债务结构可能会包括以下的层次（按清偿优先程度由高到低排列）：以经营性资产作为抵押担保的债务；经营性子公司的一般债务；一般无担保债务和其他一般负债；次级债务；控股母公司的一般债务；控股母公司的次级债务。

"结构性次级"可能因存在母公司对子公司提供借款、子公司对母公司的债务提供担保以及控股公司资产组合的多样化和债务的集中化等因素而产生变化，从而改变控股母公司债权人相对"次级"的地位；另一方面，公司治理完善程度、法律环境等可能影响母公司对子公司控制能力的因素也会影响"结构性次级"存在的可能性。

当债务的结构确定后，优先于一般无担保债务的债务可以获得向上的级差调整（Notching up），而位于一般无担保债务之后的债务可以获得相应的向下的级差调整（Notching down）。调整的幅度与债务的层次有关，层次越低的债务，期望损失程度越大，债项级差下调的幅度就会越大。

债项级差调整的幅度还受到发行人违约风险的影响。发行人的违约风险越大，即信用级别越低，则违约损失程度对债项信用级别的影响越大，因此，相应地级差调整的幅度也就越大。同样的债项，当发行人的信用级别处于投资级（BBB 级及以上）时，级差调整的幅度是 1 个刻度，当发行人的信用级别处于投机级（BBB 级以下）时，级差调整的幅度就可能是 2 个刻度。

第二节　担保

担保是为确保特定的债权人实现债权，以债务人或第三人的信用或者特定财产来督促债务人履行债务的制度。担保是为担保债权实现而采取的法律措施。从我国担保法的内容看，债务的担保是指以当事人的一定财产为基础的，能够用于督促债务人履行债务，保障债权实现的方法。

根据我国现行法律规定，担保有五种方式：保证、抵押、质押、留置和定金。其中，保证产生的权利为债权，不具有优先受偿性；定金产生的权利也是债权，同样不具有优先受偿性；抵押、留置、质押取得的是担保物权，对担保物及其变现所得的价款具有优先受偿的权利。常用的担保方式为：保证、抵押、质押。

有效的担保措施可以增强对债权人偿付要求的保障，减小违约损失的程度，因此可以提高债项的信用级别。只有当担保能完全弥补违约损失，即预期违约回收率达到 100% 的时候，债项级别才有向上调整的可能。

需要注意的是，只有担保人的信用级别高于发行人的信用级别时才能对债项级别起到增信作用，信用级差调整后的债项级别并不一定等同于担保人的信用级别，即使由 AAA 级担保人担保的债项也并不一定能获得 AAA 级的债项级别。如前所述，实际上，债项级差调整的幅度由担保对债务偿还的保障程度和发行人的信用级别决定。在同样的保障程度下，信用级别较低的发行人，可获得较大的信用级差上调幅度；从另一角度来说，信用级别较高的发行人，为获得同样的信用级差上调幅度，对担保增信措施的要求也会较信用级别较低的发行人高。

担保最多可获得与担保人一样的信用评级。一般情况下，有效的担保只提升 1~2 个小级别，如从 A- 到 A 或 A+。

短期信用评级中，违约概率的重要性远大于其他因素，因此担保等改善违约损失率的措施对级别的影响较小。

一、保证担保

保证指债务人以外的第三人为债务人履行债务而向债权人所做的一种担

保。《合同法》定义：保证担保是指保证人和债权人约定，当债务人不履行债务时，保证人按照约定履行债务或者承担责任的行为。保证担保主体包括：工商企业、金融机构、政府、基金等。保证人称为第三人，被保证人称为债务人，保证人需具有清偿能力，可以是公民，法人和其他经济组织，但国家机关和公益法人的担保人资格受到限制。企业法人的分支机构只能在企业法人的书面授权范围内进行保证行为，企业法人的职能部门不得担任保证人。共同保证也是保证的一种，是指两个以上的民事主体担任同一债务的保证人的保证行为。共同保证分为按份共同保证和连带共同保证。按份共同保证是指两个以上的保证人按照约定的份额承担保证责任。连带共同保证是两个以上的保证人分别对全部债务承担保证责任的保证行为。政府担保也是一种保证担保，政府担保是指政府出面以国家信用为基础为金融资产提供担保，受国家信用的影响，此种担保形式对基础资产的信用给予了最大程度的升级。总体来看，只有担保人的信用级别高于发行人的信用级别时才能对债项级别起到增信作用。

二、抵押担保

抵押是指债务人或者第三人不转移对《担保法》第三十四条所列财产的占有权，而将该财产抵押作为债权的担保。当债务人不履行债务时，债权人有权依法将抵押财产折价或以拍卖、变卖抵押财产的价款优先受偿。抵押也可用于金融衍生工具交易中的信用风险管理，通常抵押条款都要明确在特定账户内必须维持的最低金额。实际上，期货市场的保证金要求类似抵押，柜台交易的衍生工具经常使用现金或高流动性、低风险证券作为抵押。

抵押金额的确定可以基于合约市值水平，也可以基于信用评级。市值或信用评级的变化使所需抵押发生变化。抵押的种类主要包括：（1）不动产抵押，是指以不动产为抵押物而设置的抵押，所谓不动产是指不能移动或移动后会丧失其原有价值或失去其使用价值的财产，如土地、房屋、各种地上附着物等；（2）动产抵押，是指以动产作为抵押物而设置的抵押，动产是指可以移动并且移动后不影响其使用价值，不降低其价值的财产；（3）权利抵押，是指以法律规定的各种财产权利作为抵押物客体的抵押；（4）财团抵押，又称企业抵押，是指抵押人（企业）以其所有的动产、不动产及权利的集合体作为抵押权客体而进行的抵押；（5）共同抵押，又称总括抵押，是指为了同一债权的担保，而在数个不同的财产上设定的抵押；（6）最高额抵押，是指抵押人和抵押权人协议，在最高额限度内，以抵押物对一定期间内连续发生的债权作担保。

三、质押担保

质押也称质权，就是债务人或第三人将其动产移交债权人占有，将该动产作为债权的担保，当债务人不履行债务时，债权人有权依法就该动产卖得价金优先受偿①。

该财产称为质物，提供财产的人称为出质人，享有质权的人称为质权人。质权分为动产质权和权利质权两种。动产质权是指可移动并因此不损害其效用的物的质权；权利质权是指以可转让的权利为标的物的质权。

按质物不同，质押可分为动产质押、不动产质押和权利质押，我国担保法只规定了动产质押和权利质押。

动产质押的质权人因保管质物不善使之灭失或毁损的，应承担民事责任，在可能造成灭失或毁损质物时，出质人可以要求质权人将质物提存或提前清偿债务而返还质物，而质权人则可以要求出质人提供相应的担保，出质人不提供的，质权人可以对质物拍卖或变卖后用于优先受偿或者与出质人约定的第三人提存。

常见质押包括：应收账款、高速公路收费权、财政补贴受益权、股权等。表内应收账款质押能够增加 1~2 个小级别。上市公司股权以每股净资产或10~15 倍市盈率计价；其他权利（非上市公司股权、采矿权、海域权、林权、收费权、收益权）在目前评级实践中增级效力较差，不建议使用。

第三节　其他偿债保障措施

一、流动性支持

债券偿债保障措施中使用的流动性支持主要包括银行提供的流动性支持、政府提供的流动性支持、工商企业提供的流动性支持等。流动性支持分为可撤销或不可撤销（有条件或无条件）两类。政府偿债基金可视为流动性支持的一种方式。在评级过程中，如下几种情况需要特别注意：同一级政府的流动性支持不予增级；银行信贷支持一般有增信作用但不增级，银行授信不具有增级作用；项目回购安排，债券持有人不具有法律上的优先受偿权，一般

---

① 抵押与质押的区别在于：（1）抵押的标的物通常为不动产、特别动产（车、船等），质押则以动产为主；（2）抵押要登记才生效，质押则只需占有就可以；（3）抵押只有单纯的担保效力，而质押中质权人既支配质物，又能体现留置效力；（4）抵押权的实现主要通过向法院申请拍卖，而质押则多直接变卖。

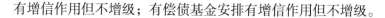

有增信作用但不增级；有偿债基金安排有增信作用但不增级。

二、保险

保险公司发出的免受损失保险单，由保险人发出，保护作为结构融资或债券发行基础的抵押品价值，通常并不保证债权人能收回本金和利息，实质上并不是一种担保。但在保险市场上，AAA级信用担保的数量比在其他市场上多，因此保险担保具有其他担保无法比拟的优点。如在保险人信用级别下降的情况下，保险担保更易于保持金融资产的信用级别。理由是大多数情况下由多个保险人共同参与到同一金融产品业务中来，当其中一个信用级别降低时，保险结构内部可将其转移到另一位置，并由另一个符合要求的保险人弥补这一空缺。但在信用证市场上，一旦银行信用级别降低，其所担保的所有证券的信用级别也会随之下降。

本章小结

同一发行人所发行的债务可能因清偿顺序的差异而分为不同的层次，较高层次债务的债权人当债务人违约破产时具有优先的求偿权。一般常见的债务结构按破产清算时求偿权的优先程度由高到低排序依次为：以经营性资产作为抵押担保的债务、一般无担保债务和其他一般负债、次级债务。

担保是指法律为确保特定的债权人实现债权，以债务人或第三人的信用或者特定财产来督促债务人履行债务的制度。根据我国现行法律规定，担保有五种方式：保证、抵押、质押、留置、定金。其中，保证和定金产生的权利都是债权，不具有优先受偿性；抵押、留置、质押取得的是担保物权，对担保物及其变现所得的价款具有优先受偿的权利。保证、抵押和质押是最常用的担保方式，其他偿债保障措施包括流动性支持和保险。

重要概念

结构性次级　担保　保证　抵押　质押　偿债保障措施　流动性支持

复习思考题

1. 考虑到"结构性次级"，新的债务结构包括哪些层次？
2. 债项级差调整的幅度由哪些因素决定？怎样获得较大的信用级差上调幅度？
3. 试对比保证、抵押和质押三者担保方式的不同。
4. 论述结构化融资交易最大化债务杠杆的几种方法。

参考文献

[1] 汪静.负债融资的财务效应研究[J].中外企业家,2014(4).

[2] 曹梦娇.中小企业集合债券信用评级方法研究[C].天津财经大学,2013.

[3] 彭强.企业偿债能力指标研究[J].经营管理者,2011(21).

[4] 祁麟.从企业的安全性谈企业的偿债能力分析[J].黑龙江科技信息,2014(27).

[5] 陈晓军,冷志宏.浅析对企业负债的管理[J].科技资讯,2007(2).

[6] 张福康.论上市公司负债融资的作用和偿债保障机制[J].扬州大学学报(人文社会科学版),2014(1).

[7] 罗秀琴.浅谈负债经营与偿债保障机制[J].西南科技大学学报(哲学社会科学版),2013(4).

[8] 张育军.促进企业债发展的关键是建立偿债保障机制[J].金融信息参考,2014(5).

[9] 汪辉.上市公司债务融资、公司治理与市场价值[J].经济研究,2013(8).

[10] 侯利.公司债券市场发展的意义及对策[J].生产力研究,2012(6).

第十二章　可转换公司债券信用评级

可转换公司债券是指以公司债券的形式发行，持有人可以在一定期间内依据约定的条件（转换价格和转换比率）转换成公司股份的债券。如果持有人放弃转换的权利，公司必须在债券到期时偿还本金。在转换之前，投资人是公司的债权人，转换后则成为公司的股东。投资于债券能得到固定的利息，而持有股票可以获得不固定的股利和资本利得。

第一节　可转换公司债券的基本理论

一、可转换公司债券的定义

可转换公司债券是指投资者可以依据公司的未来业绩和转换条件来决定是转换成股票，还是继续持有的债券。如果在转换期间内，公司业绩好、股价上升，转换成股票就可以得到较高的资本收益及分红。由于债券市场与股票市场间的联动效应，在市场上可转换公司债券价格与股票价格波动具有很强的相关性。

（一）可转换公司债券的特点

可转换公司债券具有如下特点：

一是债权性。可转换债券是一种长期债券，具有普通债券的许多特征。例如，具有利率面值、利率和期限的规定。投资者可以选择持有债券到期，收取本金和利息。

二是股权性。可转换债券在转换成股票前是债券，但在转换成股票后，债权就由股权代替。原债券持有人就由债权人变成公司的股东，可参与公司的经营决策和红利分配。

三是可转换性。可转换债券赋予投资人一种转换权，即债券持有者可按照发行时约定的价格将债券转换成公司的股票。这种转换权是投资人的选择权。如果债券持有人不想转换，则可以继续持有债券，直到偿还期满时收取本息，或者在流通市场出售变现。

在可转换债券的设计中还可附有如下条款：

一是附有回售条款。它规定当公司股票的市场价格持续低于转换价（即按照约定可转换债券换成股票的价格）达到约定幅度时，债券持有人可以把债券按照约定回售给债券发行人。

二是附有强制赎回条款。它规定在一定时期内，若公司股票的市场价格高于转换价达到一定幅度并持续一段时间时，发行人可按照约定条件强制赎回债券。

（二）可转换公司债券的要素

可转换公司债券的主要要素有：发行总额、债券的期限和票面金额、募集期、票面利率、发行价格、转换价格和转换比率、转换期、申请转股的程序、转换价格的调整、赎回条款和回售条款、转股后的上市安排、转股时不足一股金额的处理、自身的上市交易安排等。

其中主要概念的含义是：

1. 转换期：指转换为股份的起始日至结束日期间。

2. 转换价格：指以债券面额转换为股票的基准价格；转换比率：每张债券可以转换成股票的数量。

3. 赎回：指公司股票在一段时期内连续高于转股价格达到某一幅度时，公司按事先约定的价格买回未转股的债券。

4. 回售：指公司股票在一段时间内连续低于转股价格达到某一幅度时，债券持有人可按事先约定的价格向公司回售未转股的债券。

5. 转股价格的调整：指因发行新股、送股及其他原因引起公司股份发生变化时，发行人对转股价格的调整。

二、可转换公司债券的价值

可转换公司债券具有三重价值：理论价值、转换价值和市场价值。理论价值是它作为一般债券的价值；转换价值是可以转换为普通股票的价值；市场价值是前二者的统一，同时受到市场供求关系等因素的影响。

可转换公司债券的理论价值等于在公开市场与该债券有相同收益率和信用风险的不可转换的一般债券的价格，可以按一般债券投资者所要求的必要收益率将债券的本金和利息折成现值来计算。在较长时期内，可转换公司债券的理论价值不是一成不变的。货币市场上利率的变化、发行公司信用风险的变化都将会引起理论价值的变化。市场上一般利率的上升和公司信用等级的下降，会引起一般债券价值的下降。

可转换公司债券的转换价值是指它可转为股票的潜在价值，即可转换公司债券转换为公司普通股后而具有的价值，其价值大小等于转换比率与当时普通股市价之乘积。例如：A 公司 1998 年发行可转换公司债券时普通股当时的市场价格为 44 元，转换比率是 20，则其转换价值在当时为：CV = 20 × 44 = 880 元。由于债券转换比率一般是不变的，债券转换价值将随发行公司普通股市价变动而变动。如果股票价格上升，则转换价值也上升，这时可转换公司债券价值主要表现为它的转换价值。在通常情况下，转换价值大小是债券持有者决定是否转换的一个主要基准。当转换价值大于债券面值时，行使转换权是可行的。当然，如果投资者确信有更高的转换价值时，他可在转换期内继续持有债券而暂不行使转换权。

可转换公司债券的市场价值是指在证券交易市场上（二级市场）买者与卖者最后成交的价格。市场价格的高低将受转换价值大小的影响；同时，反过来它又影响着转换价值的高低。例如，假定可转换公司债券的市场价格低于转换价值，套利者将在债券市场上以市场价格买进可转换公司债券，然后将其转换为普通股，在股票市场将普通股卖出，从中赚取价差利润（资本利得）。这一套利过程继续下去的结果是使可转换公司债券的价格上扬，转换价值下降，因为普通股市价下跌，直至债券市场价格与转换价值相等。如果股价下跌，可转换公司债券的市场价格低于一般债券价值时，持券者将会保持该债券，不行使转换权而获取稳定利息收入。因为投资者意识到，不论转换价值如何低，可转换公司债券的市场价格不会跌至一般债券价值之下。因此，可转换公司债券的市场价格不会低于转换价值和理论价值中任意一较低者。当转换价值高低于理论价值时，理论价值是市场价格的下限。当转换价值超出理论价值时，转换价值是市场价格的上限。

三、发行可转换公司债券的好处

发行可转换公司债券对于公司主要有以下几点好处：

1. 可转换公司债券给发行公司提供了长期稳定的资本供应。由于可转换公司债券兼具债券与股票的性质，可以在一定条件下由可转换公司债券转换成没有到期日的普通股，因而克服了一般公司债券通常有到期日需还本付息的偿债压力，使公司在一定程度上获得了长期稳定的资本供应。

2. 可转换公司债券给发行公司提供了较低成本的资金供应。可转换公司债券以较低成本筹资主要表现在它的票面利率通常比一般的公司债券的票面利率低，在一些发达资本市场，可转换公司债券的利率比普通债券的利率一般低 20% 左右，我国近期发行的"南化转债"的年利率为 1%，以后每年增加 0.2 个百分点，也远低于银行同期定期存款和国债、企业债券的利率，从而较大程度上降低了发行公司的筹资成本。其主要原因是可转换公司债券给投资者提供了在一定条件下将之转换为股票的机会，而这将可能使可转换公司债券的投资者在未来从股票的差价或红利上获取可观的盈利作为对较低发行票面利率的补偿。尤其对那些处于成长期的企业，更可利用自身股票的吸引力，通过发行可转换公司债券大幅度降低筹资成本，使公司获得更加廉价的资本供应。

3. 可转换公司债券给发行公司提供了同等条件下获取更多资本的机会。比如，一般而言，可转换公司债券的转股价是高于当前发行公司的股票价格的，这样，就同等股本扩张来讲，发行可转换公司债券就比直接发行股票为发行公司筹得了更多的公司资本。

4. 可转换公司债券给发行公司提供了进行股权和债权比重调节的工具。因为，可转换公司债券兼具债券与股票的双重特征，在转换前，它是公司负债，转换后，它又变成了公司的资本。这样，如果公司股权比重过高，可以通过发行可转换公司债券来回购股权从而提高每股收益，但这时公司负债比率会上升，而一旦可转换公司债券全部转换为股票则总股本又会恢复如前。当公司短期负债比率过高，可以通过发行可转换公司债券来替换短期债务，待可转换公司债券转股后，则公司股本增加，负债比率降低，这就是可转换公司债券调节公司股权债务的运行机制。

5. 可转换公司债券的发行还有利于公司股票价格的长期稳定，促进了公司证券的销售，为企业开辟了一条筹集资金和进行债务重组的新渠道。

6. 可转换公司债券的发行可以保护现有股东的利益。由于可转换公司债券在发行一段时间后才能转换成股票，短期内不会摊薄每股的权益。即使在转换发生时，公司现有股东的权益也不会被立即稀释，而是分期分批地逐渐摊薄。

第二节　我国发行可转换公司债券的实践

从 1991 年 8 月起，我国已有几家企业陆续在境内外发行了可转换债券，如深宝安，中纺机、深南玻、镇海炼化、庆铃汽车、华能国际等。总体来说，由于企业只看到了可转换公司债券的优点，过多地考虑企业自身利益，忽视了投资者的利益，因此我国发行的可转换公司债券多数并不成功。如宝安集团在 1993 年和 1994 年实施分红配股时，分别实施 10 股送 7 股派 1.22 元红利和 10 股送 2.5 股派 1 元红利的方案，而未对可转换债券的转股价格进行调整，使可转换公司债券价格远高于二级市场股票价格，结果导致转换失败。1996

年，我国政府对公司发行可转换债券进行规范，于 1997 年 3 月颁布了《可转换公司债券管理暂行办法》，国内市场上新产生了南化转债、丝绸转债、机场转债、鞍钢转债、茂炼转债等几个品种，筹集资金 47 亿元。2001 年 4 月，中国证监会又发布了《上市公司发行可转换公司债券实施办法》。2001 年 5 月，西宁特钢决定发行 4.9 亿元可转换公司债券，期限为 5 年，所募集到的资金将全部用于建设"合金钢小型连续式轧钢工程"。"合金钢小型连续式轧钢工程"总投资约 6.3 亿元，建设期约 2 年，已由国家经贸委批准建设。2001 年 5 月东方电子发布公告，公司拟发行可转换公司债券 5.5 亿元，期限为 5 年，票面年利率 2%，募集资金将主要投向电力市场运营支持系统和集控级综合防误监控系统等项目。

一、宝安转债的经验教训

深圳市宝安企业（集团）股份有限公司 1992 年 10 月 20 日发行了 5 亿元宝安可转换债券，期限为 3 年，年息 3%，每年付息一次。债券以张为计量单位，每张面值 5000 元（与现在的规定有所不同），按面值全部向社会公开发行，发行完成后上市交易。自 1993 年 6 月 1 日起至到期日，持有人可选择转换宝安 A 种股票或继续持有债券。在债券到期前半年内，宝安公司可以每张 5150 元人民币赎回债券，无须征得持有人同意，但须在赎回行动前 60 天先行公告。发行时，转股价为 25 元。后来根据公司股票的分红派息情况测算，宝安转券转换价格为 19.392 元/股，每手宝安转券（2500 元/手）可转换 128 股宝安股票，同时每手退还现金 17.82 元。这一转股价以后没有调整。

根据宝安可转换债券上市公告书中所列转换价格调整公式：

调整后转换价格 = [（调整前转换价格 − 现金息）×增加新股本前人民币普通股本 + 新股发行价×新增人民币普通股]/增加新股后的人民币普通股总股本 = [（25 − 0.09）×26403 + 1×0.3×26403] ÷ 1.3×26403 = 19.392 元。

每手可转换宝安股股数 = 每手宝安转券面值/调整后转换价格 = 2500/19.392 = 128.919 股。

每手退还现金 = 不足一股部分 × 调整后转换价格 = 0.919 × 19.392 = 17.82 元。

截至 1996 年初，宝安转券已转换为股票的共计 1350.75 万张，约占发行总额的 2.7%，共转换深宝安 A 股 671584 万股。宝安转券的推出，作为我国企业筹资手段的一种创新，具有积极意义，但是，宝安转券的转股量很小，二级市场投资者普遍亏损。应该说，宝安转券有一定的教训。首先，宝安转券之所以换股不多，原因主要在于设计换股价格时未考虑到股市非正常的剧烈变动，转换价格定得太死，没有调整的余地，以及股市持续低迷。其次，对于投资者来讲，不能转股就意味着亏损。因为 1993～1995 年，我国通胀水平和利率水平一直较高，持有宝安转券只能获取 3% 的年息显然是很不合算的，机会成本很高，导致投资者亏损。最后，基于发行转券之初的证券市场行情，当时宝安集团以及广大投资者认为到期之前转券将会完成转换。因此，转券资金的投向更多地注重于较为长期的投资，包括深圳盐田港、武汉南湖机场以及参股投资等既符合产业政策又有长远盈利前景的项目。后来要偿还转债，而上述项目的开发回报期长，因此出现了财务问题。

二、机场转债的实践

2000 年 2 月，虹桥机场发行 13.5 亿元的公司可转换债券，是《可转换公司债券管理暂行办法》出台后首家发行可转换债券的 A 股上市公司。那么虹桥机场可转换债券的方案与其他上市公司以及非上市公司发行的可转换债券的方案有什么差别？

（一）可转换债券的利率

一般而言，可转换债券的利率低于同期资本市场上其他融资方式的成本。1997 年《可转换公司债券管理暂行办法》规定：可转换债券的利率不得超过同期银行存款的利率水平。1998 年发行的南化转债以及丝绸转债的票面利率也只有 1%（以后每年递增 0.2%）。本次虹桥机场发行可转换债券的利率为 0.8%，与银行活期存款利率相当，不仅低于银行同期的贷款利率，而且还低于 1998 年发行的南化转债以及丝绸转债的利率，这得益于当时的宏观经济形势，由于当时我国经济正处于调整时期，市场的资金成本比较低。另外，对于当时的投资者对转债的认识程度而言，大部分投资者投资转债的目的是为获得资本收益，这也为机场转债以较低的利率成本募集资金提供了条件。扣除债券的避税效应，发行人实际支付的利息为 $0.8\% \times (1-0.15) = 0.68\%$，这样，虹桥机场的债务负担大大减轻，每年支付利息所需的现金流量也很少，对于虹桥机场这种有大量现金的公司而言不构成财务负担。以如此低的成本获得资金，对现有的股东是有利的，也有利于虹桥机场股价的上涨，从而对可转债的投资者有利，促进转债向转股方向发展。

（二）转换价格以及调整条款

对于可转换债券来说，能否转换成功取决于在转换期内，其股价能否在一定的时期内持续高于转股价。一般而言，可转换债券的转股价格应该高于发行时股票在一定时期内的平均价格，所以可转换债券一般被认为是一种看涨期权。但是对于我国证券市场而言，由于市场的投机性相对较强，股价有

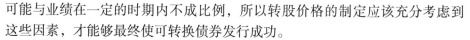

可能与业绩在一定的时期内不成比例，所以转股价格的制定应该充分考虑到这些因素，才能够最终使可转换债券发行成功。

虹桥机场的转股价格的制定也充分考虑了国际惯例以及可转换债券管理法规的条款，以公司股票前一个月的平均价格 9.73 元为基准，将转股价格定为 10 元，溢价比率为 2.77%。这个转股价格是比较合理的，相对于 1999 年虹桥机场每股收益 0.44 元，其市盈率仅为 22.7 倍，而且这一转股价格还低于虹桥机场公布发行可转换债券时二级市场 10.10 元的股价，保证了机场转债的投资价值。虹桥机场在转换价格的调整方面，也具有自己的特点。首先它设定了比较完整的转换价格的自动调整方案，使公司能够根据其配股以及增发新股等资本运作方式的变化自动调整可转换债券的转股价格。为了促进转股，公司还规定当公司向股东派送现金红利时，转股价格不作调整。另外，虹桥机场可转换债券的方案还赋予公司在不违反任何当时生效的法律法规的前提下在机场转债的存续期内降低转股价格的权利，并对这一权利进行了一定的限制。这一条款虽然不是可转换债券通常采用的条款，但是对于公司转债最后转换成功具有极其重要的意义。因为一般发行转债的公司的真正的意图是促成债券转股。该条款的设置能够预防由于预期之外的事件导致股票在二级市场表现不佳，致使转股不能顺利进行。

（三）赎回条款

虹桥机场的转债中包括到期赎回条款以及有条件提前赎回的条款。当公司股票的价格在一定的时期内，即 2000 年 8 月 25 日之后的 40 个交易日内，至少 30 个交易日的股价高于有效转股价格的 130% 以上时，公司有权提前赎回转债。这一条款有效地激励了在市场行情高涨时期转股的进行，并保障公司原有股东的权利。此次机场转债并没有设定无条件赎回的条款，对于倾向于转股的可转换债券来说这是正常的，而且能够充分保障转债持有人的权利。

（四）回售条款

在可转换债券的方案中，有的回售条款是有条件的，如：当公司的股价连续在一定的时期内低于转股价一定幅度时，为了保障投资者的利益，债券的持有人有权利向发行公司提出赎回要求。有的回售条款是无条件的，发行公司可以在约定的时间内购回要求回售的转债持有人所持有的可转换债券。回售条款包括回售时间、回售价格等要素。虹桥机场可转换债券为了保护投资者的利益设置了无条件回售的条款，投资者在指定的回售日内可以以预定的回售价格将所持有的可转换债券回售给上市公司。为了保障投资者的权利，使投资者真正享有回售的权利，在机场转债的赎回以及回售条款中规定，公司的有条件赎回期限不包括回售申请期。

按照一般的惯例，机场转债的转股起始日在发行完成半年后，其中有半年的过渡期，以便于投资者对可转换债券进行定位，作为向公众发行的投资工具，这种安排无疑对投资者有利。另外虹桥机场转债的期限为 5 年，虽然较国际上一般转债的期限短，但是比较符合我国的经济周期以及以往转债的习惯，也比较合理。

另外，丝绸转债以及南化转债都设置了强制转换的条款，以保证最后转股的成功。但是虹桥转债并没有设置强制转换的条款，这样一方面可以降低债券的利率，另一方面由于机场转债有可以下调转股价格的条款，也能够起到同样的作用。

第三节　可转换公司债券的评级方法

可转换公司债券的信用评级，主要分析三个方面的问题：

一是股本扩张能力。主要分析公司的净利润和市盈率以及吸收债券转股的能力。我们使用的工具是股本扩张倍数。在股票价格不变的前提下，股本扩张倍数等于利润扩张倍数与市盈率扩张倍数的乘积。利润扩张倍数和市盈率扩张倍数越大，公司的股本扩张能力就越强，吸收债券转股的能力就越强，债券就越有可能转成股票，从而清偿债务。

二是综合转股能力。主要是从有关条款规定出发，考察可转换公司债券的性质是更接近于股票，还是更接近于债券。我们编制了判断基本条款和条款组合的转股能力的表格，将转股能力分为较强、一般、较弱三个档次，用于分析中国的可转换公司债券。

三是回售保障能力。可转换公司债券对公司未来现金流量的影响，主要体现在回售条款对现金流量的影响。我们通过对有条件回售、无条件回售、回售准备率、回售保障系数等的分析，来建立与可转换公司债券密切相关的评级方法。

一、股本扩张能力

分析股本扩张能力，主要是考察公司是否有能力吸收由债券转成的股份。债券转股的过程也就是公司股本扩张的过程。利润增长和市盈率增长是影响股票扩张的两个主要因素，其中利润增长是决定性因素。为分析方便起见，假定存在两种情况，一是待转股数量足够大，而且转股无摩擦，一旦股票市场价格高于转股价格，就会有足够的债券转股，提高股票供应量，从而使得股票价格回到转股价格，实现股价的无套利均衡。二是任何对股票价格有影响的信息，只在股票二级市场价格中得到反映，而不在债券二级市场中得到反映，也就是说，债券的流通价格等于一级市场的发行价格。这样，在股票价格高于转股价的时候，债券持有人只能将债券转股来获利，而不能通过出售债券获利。

定义：

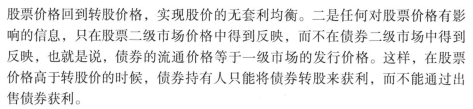

$$股本扩张倍数 = 期末股本数 / 期初股本数$$
$$净利润扩张倍数 = 期末净利润数 / 期初净利润数$$
$$市盈率扩张倍数 = 期末市盈率 / 期初市盈率$$

在股票价格不变的前提下，利润扩张能力与市盈率扩张能力是影响股本扩张能力的主要因素。这三者的关系是：

$$股本扩张倍数 = 市盈率扩张倍数 \times 净利润扩张倍数$$

公司的可转换债券的发行总额和转股价格决定了全部债券转股所需要的实际股本扩张倍数。

$$实际需要的股本扩张倍数 = （期初股本 + 发行债券总额 / 转股价格） / 期初股本$$

而公司的净利润扩张能力和市盈率扩张能力，决定了公司潜在的股本扩张能力。如果公司潜在的股本扩张能力足以覆盖实际需要的股本扩张倍数，则公司的转股能力较强。否则，转股能力较弱。

$$股本扩张能力 = 潜在的股本扩张倍数 / 实际需要的股本扩张倍数$$

由于公司的发行总额和转股价格事先已经确定，因此，有必要通过对净利润扩张倍数和市盈率扩张倍数进行分析，来预测公司的股本扩张能力，进而来评价公司债券的转股能力。净利润扩张倍数可以通过财务分析和财务预测得到。预测市盈率扩张倍数则要估计股票市场的整体市盈率以及该股票与市场市盈率的关系。从长期来讲，市盈率的扩张能力有限，并且不稳定。因此，净利润的扩张能力应该是考察的重点。如果公司的净利润扩张能力高，它的股本扩张和扩张的持续能力就比较强，反之亦然。如果净利润的扩张能力弱，而只是靠二级市场的市盈率扩张来支持股本扩张，公司的股本扩张能力就比较弱，据此设计的转股方案的可靠性就比较低。若转股价的市盈率设计得很低，市盈率扩张能力还是比较强的，可以支持较大规模的股本扩张。

在信用评级中，在净利润扩张能力占实际所需的股本扩张倍数 30% 以下的，不考虑提高发行人信用级别；净利润扩张能力占实际所需的股本扩张倍数 30%～60%，可提高发行人信用级别；净利润扩张能力占实际所需的股本扩张倍数 60% 以上的，应该提高信用级别。

二、综合转股能力

转股能力指债券在到期日或到期日之前转换成股票的能力。根据中国的情况和可转换公司债券的实际，我们设计了债券转股能力评估表。股本扩张能力是决定转股能力高低的基础因素，但是转股能力还受到转股条款、赎回条款、回售条款、向下修正条款等因素的影响。以下首先分析了可转换公司债券的基本条款的转股能力的高低，然后分析了条款组合的转股能力的高低。

表 12 - 1　　　　　　　　　　基本条款分析

减弱	一般	增强
	选择转换	强制转换
转股价不可修正		转股价可修正
较高的转股价		较低的转股价
可回售		不可回售
不可赎回		可赎回

在分析基本条款对转股能力的影响时，假设基本证券是一个没有附加任何条款的可转换债券。在此基础上，考虑有关条款的影响，是增强债券的转股能力，还是减弱债券的转股能力。

1. 强制转换安排的转股能力最高，能够保证到期债券全部转换为股票。

2. 转股价可修正也会增强债券的转股能力，因为通过下浮转股价，可以在市场状况不好的时候，吸引债券持有者转股。并且，从中国向下修正条款的设计来看，向下修正条件一般要先于回售条件出现。因此，向下修正条款可以抵消回售条款的作用。

3. 较低的转股价是吸引债券投资者购买，并促成转股的关键，较低的转股价可以增强债券的转股能力。

4. 可回售条款会在市场状况不好的时候给予债券持有者取回本息的权利，因此削弱了发行人促成转股的能力。

5. 可赎回条款给债券持有者施加了一种压力，即当市场状况比较好的时候，发行人可能赎回债券，持有人应当尽快转股。可见，赎回条款增强了债券的转股能力。

表 12 – 2	条款组合分析	
较强（A）	一般（B）	较弱（C）
强制转换 不可回售	强制转换 可回售 转股价不可修正	选择转换 可回售
强制转换 转股价不可修正	选择转换 不可回售	选择转换 转股价不可修正
强制转换 可回售 转股价可修正	选择转换 转股价可修正	选择转换 较高的转股价
选择转换 转股价比较低 转股价可修正 可赎回、可回售	选择转换 较低的转股价	

三、回售保障能力

回售条款对可转换公司债券构成了特殊的资金流出需要。有条件回售条款规定，当公司的股价连续在一定的时期内低于转股价一定幅度时，债券持有人可以向发行人售回债券，取得现金。无条件回售条款规定，发行人应在约定的时间内购回要求回售的转债持有人所持有的可转换债券。比如，虹桥机场可转换债券就设置了无条件回售的条款，投资者可以在指定的回售日内，以预定的回售价格将所持有的可转换债券回售给公司。

无条件回售，相当于发行人提前归还债券本金，给予投资者很大的利益，而发行人则承担了潜在的现金压力。是否回售的主动权掌握在债券持有人手里，是一种或有负债，并且直接影响债券的资信质量，因此，发行人应对此有所准备。

一般来讲，债券持有人回售债券有三方面考虑：一是因流动性需要提前变现；二是对债券的收益率不满意，或是对发行人的信用产生怀疑，不愿意继续持有债券；三是对发行人的股票价值走势比较悲观，不愿意转股。在这三种情况下，投资者可能不愿意继续持有债券。但是他不在二级市场上抛出债券，而是选择回售的前提是，二级市场价格低于回售价格，或是市场容量比较小，不能提供足够的流动性，或该债券已经摘牌，持有人只能选择回售债券。

如果持有人是由于急需变现而回售债券，难以成为市场的普遍行为，不会对发行人产生大的现金压力。但是，如果债券的收益率本来就很低，发行人的信用又不高，股票走势也不好，投资者就会在二级市场大量抛出债券，使得债券的市场价格低于回售价格，持有人因此选择回售。理论上看，要几个条件同时具备才会出现这种情况，但是这种情况一旦出现，对发行人的影响就比较大。大量回售相当于提前还本，如果发行人没有资金准备，就可能没有偿付能力，或是即使偿付了一部分债券，对剩余的债券的偿付能力也会有所下降。发行人如果规定了回售条款，应当对此做好准备。主要的准备方法是设立一定的回售准备金，一般由基本准备金和临时准备金组成。

如果是无条件回售，则在指定的回售期内，发行人应当有一定的资金准备，作为基本准备金，但不设立临时准备金。

如果是有条件回售，法律规定，一年可以回售一次，如果第一次出现回售条件的时候没有回售，则在当年其他时候出现回售条件的时候不能回售。发行人也应当提取一定的资金准备，作为基本回售准备金。当某一年第一次出现回售条件的时候，应立即增加临时准备金。当第一次回售条件消失的时候，可以减少临时准备金。

定义：

基本回售准备率＝基本回售准备金/流通在外债券总额

临时回售准备率＝临时回售准备金/流通在外债券总额

基本回售准备金，应当由公司根据财务状况和对回售发生可能性的把握来确定，主要考虑的因素包括：可能出现的回售金额、公司能够承受的现金准备、公司的短期投资准备等。

以流动性比较强的短期投资作为准备可能是最合适的。尤其是公司投资于与自身的股票和债券呈反向变动关系（相关系数为负）的股票和债券作为准备，可以在很大程度上降低回售给公司带来的财务风险。另外，随着债券的不断转股，流通在外债券总额会逐步下降，因此，可以同比降低回售准备金，而保持回售准备金率不变，这就可以降低公司的财务负担，提高资金使用效率。

定义：回售保障系数＝年经营性现金净流量/未偿还可转换债券余额。这个指标表明在一定期限内，公司可用于保证回售的现金总量。这一指标对增强投资者的信心有一定用处。

规定有回售条款的债券有潜在的现金流出和流动性压力。因此，在其他条件完全一样的情况下，规定有回售条款的债券的信用不会比没有回售条款

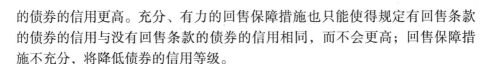

的债券的信用更高。充分、有力的回售保障措施也只能使得规定有回售条款的债券的信用与没有回售条款的债券的信用相同，而不会更高；回售保障措施不充分，将降低债券的信用等级。

四、评级的步骤

第一步，按照不可转换债券评估债券信用级别。

第二步，考察股本扩张能力，计算净利润扩张倍数、市盈率扩张倍数和股本扩张倍数。

第三步，净利润扩张能力占股票扩张能力30%以下的，不考虑提高发行人信用级别；净利润扩张能力占股票扩张能力30%～60%的，可提高发行人信用级别；净利润扩张能力占股票扩张能力60%以上的，应该提高信用级别。

第四步，评估债券的综合转股能力，给出"较强"、"一般"、"较弱"的评价。

第五步，对于"较弱"的信用等级不变；对于"一般"的可适当提高信用等级；对于"较强"的提高信用等级。

第六步，评估回售保障能力，包括回售准备措施，评估回售保障系数。

第七步，对于回售准备措施充分、回售保障系数较高的债券，保持原有信用评级；对于回售准备措施一般、回售保障系数一般的债券，可保持原有信用评级；对回售保障系数较低、没有回售准备措施的债券，可适当降低原有信用评级。

表 12 - 3　　　　　　　　　　　信用评级原则

考察项目	评价	信用评级
股本扩张能力	强	提高
	中	可提高
	弱	不变
综合转股能力	强	提高
	中	可提高
	弱	不变
回售保障能力	强	保持
	中	可保持
	弱	降低

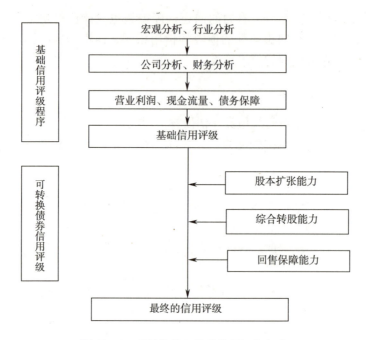

图 12 - 1   可转换公司债券信用评级程序

本章小结

可转换公司债券是指以公司债券的形式发行，持有人可以在一定期间内依据约定的条件（转换价格和转换比率）转换成公司股份的债券。可转换公司债券具有衍生性和混合性两个特点，主要要素包括发行总额、债券期限和票面金额、募集期、票面利率、发行价格、转换价格和转换比率、转换期、赎回条款和回售条款等，具有理论价值、转换价值和市场价值三重价值。

从 1991 年 8 月起，我国已有几家企业陆续在境内外发行了可转换债券，如深宝安，中纺机、深南玻、镇海炼化、庆铃汽车、华能国际等。但总体来说，由于企业只看到了可转换债券的优点，忽视了投资者的利益，因此我国发行的可转换债券多数并不成功。主要实践包括宝安转债、南化转债、丝绸转债和机场转债等。虽然从表面看可转换公司债券对信用评级有一些负面影响，但如果深入了解可转换公司债券的特点和所处的市场环境，就会发现上市公司发行可转换公司债券需要信用评级作为支撑。

对于可转换公司债券的信用评级，要分析三个方面的问题：一是股本扩张能力；二是综合转股能力；三是回售保障能力。

可转换公司债券的评级步骤如下：

首先按照不可转换公司债券评估债券信用级别；其次考察股本扩张能力，根据评估债券的综合转股能力，给出"较强"、"一般"、"较弱"的评价，再根据不同的评价调整信用等级；最后评估回售保障能力，根据回售准备措施和回售保障系数的不同调整原有信用等级。

重要概念

可转换公司债券 转换期 赎回 回售 赎回条款 回售条款 混合证券 看跌期权 延迟支付条款 次级要求权 债券—股票图谱 股本扩张能力 回售保障能力 无条件回售 基本回售准备金 回售保障系数

复习思考题

1. 可转换公司债券的衍生性和混合性分别指什么？

2. 可转换公司债券的转换价值怎样计算？什么时候行使转换权是可行的？

3. 宝安转债的实践给我们带来哪些教训？

4. 从表面上看，可转换公司债券对信用评级有一些负面影响，那么上市公司发行可转换公司债券还需要信用评级支撑吗？为什么？

5. 简述穆迪对混合证券是怎样进行评级的。

6. 混合证券对股票的复制体现在哪些方面？

7. 对于可转换公司债券的信用评级，要分析哪几个方面的问题？

8. 简述可转换公司债券的信用评级程序。

参考文献

［1］王杰．可转换公司债券持有人权利保护研究［D］．华东政法大学，2013．

［2］肖唯涵．我国上市公司运用可转换债券融资的动因及其效应分析［D］．江西财经大学，2013．

［3］陈代娣，陶丽博．美国信用评级机构监管法律制度介绍及启示［J］．债券，2012（4）．

［4］李玉霞．我国可转换债券融资问题的研究［J］．企业导报，2012（6）．

［5］袁军．分离交易的可转换公司债券法律问题探究［D］．大连海事大学，2012．

［6］赵强．当前可转换公司债券价格特性实证分析［D］．青岛大学，2012．

［7］黄宏．可转换债券市场定价研究——澄星债券案例分析［J］．西南金融，2011（9）．

［8］张鑫．可转换公司债券融资方案研究［D］．吉林财经大学，2011.

［9］祝向阳．可转换公司债券持有人利益法律保护问题研究［D］．西北大学，2010.

［10］曹凡．可转换公司债持有人的转换权保护研究［D］．天津师范大学，2010.

［11］龚晋．可交换公司债券法律制度研究［D］．复旦大学，2009.

［12］Guillaume Gosselin. New Evidence on Market Impact of Convertible Bond Issue on United States Firms. Journal of Women's Health，2003.

第四篇 案例分析

附录1 主体评级案例之 "2015 云南铜业 CP001 主体评级报告"

一、评级观点

云南铜业（集团）有限公司（以下简称"云铜集团"或"公司"）主要从事铜精矿的采选冶及销售。评级结果反映了未来我国铜产品需求将保持增长状态，公司精铜产量、铜矿储量和铜精矿自给率排名位居国内前列，铜冶炼技术保持国内先进水平及经营性净现金流能够对债务和利息提供稳定的保障等优势；同时也反映了公司2013年出现大幅亏损、运输成本较高、流动资产中存货占比较大及总有息债务占总负债比重较高等不利因素。综合分析，公司不能偿还到期债务的风险很小。

预计未来1~2年，公司将继续通过降本增效、严控成本费用等方式加强管理，主营业务将总体保持稳定，大公对云铜集团的评级展望为稳定。

主要优势/机遇

- 我国精铜产销量位居世界第一，随着电力行业的发展和城市化建设进程的不断深化，未来我国铜产品需求将保持增长态势；

- 公司铜矿资源储量较为丰富，铜精矿自给率较高，能在一定程度上保障公司的原材料来源稳定性，同时公司精铜产量在国内排名前列，具有一定的规模优势；

- 公司具有很强的技术研发和自主创新能力，矿山采选技术、铜冶炼技术处于国内先进水平；

- 作为中国铝业公司旗下的核心铜企，公司在获取资源储备方面将持续得到支持；

- 2011~2013年，公司经营性净现金流不断增加，能够对债务和利息提供稳定的保障；

- 2014年1~9月，公司通过采取降本增效、严控成本费用、对主要产品实行套期保值等手段有效改善了亏损局面，同时投资收益较为稳定，因此实现扭亏为盈。

主要风险/挑战

● 2011 年以来铜精矿及电解铜价格处于下降通道中，对铜冶炼企业盈利造成较大负面影响；

● 2013 年，公司主要产品的市场价格均持续下跌，造成成本与销售价格的倒挂，同时公司对部分严重亏损的子公司计提了大额资产减值损失，因此导致公司 2013 年出现大幅亏损；

● 公司所处的地理位置造成了偏高的运输成本，在一定程度上影响了公司的盈利能力和市场竞争力；

● 尽管 2013 年公司开始实行低库存策略，但公司存货占流动资产比例仍较大，存在一定跌价风险；

● 公司总有息债务占总负债比重较高，面临一定的偿债压力；

● 公司在建项目较多，未来面临较大的资本支出压力。

二、受评主体

公司成立于 1996 年 4 月 25 日，是经云南省人民政府、中国有色金属工业总公司批准，由原云南冶炼厂、东川矿务局、易门矿务局、大姚铜矿和牟定铜矿五家国有大中型企业共同组建，初始注册资本为人民币 10 亿元。2007 年 10 月 30 日，云南省人民政府国有资产监督管理委员会（以下简称"云南省国资委"）与中国铝业公司（以下简称"中国铝业"）签订了《关于云南铜业（集团）有限公司的战略合作暨增资扩股协议》，由中国铝业对公司增资 9.61 亿元，2007 年 11 月 30 日，中国铝业正式对公司进行增资，增资后公司注册资本为 19.61 亿元。截至 2014 年 9 月末，公司注册资本仍为人民币 19.61 亿元。

2014 年 4 月，原控股股东中国铝业经研究会议决定，原则同意按照无偿划转方式，将中国铝业所持公司 58% 的股权转给中国铜业有限公司（以下简称"中国铜业"）。2014 年 6 月 26 日，公司召开 2014 年第二次股东会议，同意上述划转方案。2014 年 7 月 8 日，划出方中国铝业和划入方中国铜业共同签署了《关于云南铜业（集团）有限公司有关股权的无偿划转协议》。2014 年 9 月 4 日，云南省工商行政管理局完成了公司的股东变更登记申请。截至 2014 年 9 月末，中国铜业、云南省国资委和云南省工业投资控股集团有限责任公司（以下简称"云南工投"）分别持有公司 58.00%、21.50% 和 20.50% 的股权，中国铜业是公司控股股东，国务院国有资产监督管理委员会（以下简称"国务院国资委"）是公司的实际控制人。

公司是以铜金属采、选、冶、加工、贸易为主业，同时回收金、银、钯、钌等稀贵金属、黑色金属，集地质勘探、科技开发、铜材加工、物流、磷化工、期货经纪、房地产开发等相关业务多元化发展的大型国有控股有色金属企业集团。截至 2014 年 9 月末，公司全资及控股的二级子公司 29 家，其中包括云南铜业股份有限公司（以下简称"云南铜业"，证券代码 000878）一家上市公司，公司对云南铜业持股比例为 48.17%。

截至 2014 年 9 月末，公司拥有 23 座铜矿山（在产 21 座、在建 2 座）和 6 座冶炼厂，保有铜资源储量超过 900 万吨，拥有 19 个系列、180 余种产品。公司在铜矿储量、自产矿铜产量、精铜产量及铜精矿自给率等方面均位列国内铜行业前列。

三、宏观经济和政策环境

2014 年第三季度，我国经济继续在合理区间运行。从长期来看，随着新型工业化、信息化、城镇化、农业现代化协同推进，经济增长方式转变，以及宏观政策调控方式的创新和完善，我国经济将实现可持续和更高质量的增长。

2014 年以来，我国国民经济运行总体较为平稳。2014 年前三季度，我国实现国内生产总值 41.99 万亿元，按可比价格计算，同比增长 7.4%；分季度看，第一季度、第二季度和第三季度同比分别增长 7.4%、7.5% 和 7.3%。受产能过剩、房地产市场调整及财政政策和货币政策效果较弱等因素影响，第三季度经济增速有所回落。2014 年前三季度，进出口总额为 3.2 万亿美元，同比增长 3.3%，增速比上半年提高 2.1 个百分点，贸易顺差为 2316 亿美元。

2014 年前三季度，第三产业增加值占国内生产总值的比重为 46.7%，比上年同期提高 1.2 个百分点，高于第二产业 2.5 个百分点，经济结构转型步伐正在不断加快。2014 年前三季度，城乡居民收入继续增加，消费平稳增长，新兴业态消费增长较快；城镇居民人均可支配收入实际累计同比上涨 6.9%，农村居民人均现金收入实际累计同比上涨 9.7%；农村居民人均现金收入实际增长快于城镇居民人均可支配收入 2.8 个百分点，城乡居民人均收入倍差 2.59，比上年同期缩小 0.05，城乡居民收入差距进一步缩小；社会消费品零售总额 18.92 万亿元，同比名义增长 12.0%，增速比上半年回落 0.1 个百分点；全国网上零售额为 1.8 万亿元，同比增长 49.9%。

2014 年前三季度，固定资产投资增速放缓，固定资产投资 35.78 万亿元，同比名义增长 16.1%，增速比上半年回落 1.2 个百分点。受国际大宗商品价格大幅下跌影响，能源资源性产品进口呈现价跌量增态势。2014 年前三季度，铁矿石、原油、大豆、铜进口均价分别下降 17.9%、1.4%、4.6% 和 6.3%，进口量分别增长 16.5%、8.3%、15.3% 和 10.5%。

针对经济运行面临一定下行压力、物价涨幅有所走低的形势，国家继续实施稳健的货币政策，灵活开展公开市场操作，搭配使用短期流动性调节工具适时适度进行双向调节，创设和开展中期借贷便利操作，在保持流动性总量适度充裕的同时着力引导市场利率，降低社会融资成本；适当调整宏观审慎政策参数，加大信贷政策支持再贷款和再贴现支持力度，发挥信贷政策的结构引导作用，鼓励金融机构更多地将信贷资源配置到"三农"、小微企业等重点领域和薄弱环节；有序推进利率市场化和人民币汇率形成机制改革，深化外汇管理体制改革。

总体而言，2014 年第三季度，我国经济继续运行在合理区间，进出口有所改善，消费平稳增长，投资增速有所放缓，经济结构调整步伐加快。从长期来看，随着新型工业化、信息化、城镇化、农业现代化协同推进，经济增长方式转变，以及宏观政策调控方式的创新和完善，我国经济将实现更可持续和更高质量的增长。

四、行业及区域经济环境

● 铜

我国精铜产销量均保持稳定增长，均位居世界第一；电力行业的发展是拉动精铜需求的主要动力，随着城市化建设进程的不断深化，我国铜产品需求仍将保持增长态势。

铜是重要的工业基础原材料，也是必不可少的战略资源，被广泛应用于电力电子、建筑、家电、机械制造以及国防工业等领域。铜产品绝大多数都是作为工业中间产品，其需求受下游行业的发展状况影响较大。在我国现阶段的铜消费领域中，电力电子行业约占 50%，建筑行业约占 9%，家电行业中的空调、冰箱合计占 10% 以上。

根据 Wind 资讯，2011～2013 年我国电网基本建设投资完成额同比增速分别为 6.92%、-0.69% 和 6.36%。我国电力行业的发展是拉动铜需求增长的主要动力，电网基本建设投资额在一定程度上保障了对精铜的需求。家电的需求增长也带动了对铜产品的需求。长期来看，随着城市化建设进程的不断深化，随着人民生活水平的不断提高，我国铜产品需求仍将保持增长。根据 Wind 资讯，2011～2013 年，我国精铜产量和消费量均保持稳定增长，我国精铜消费量占全球精铜消费量比例分别为 40.38%、43.29% 和 46.77%，位居世界第一位。

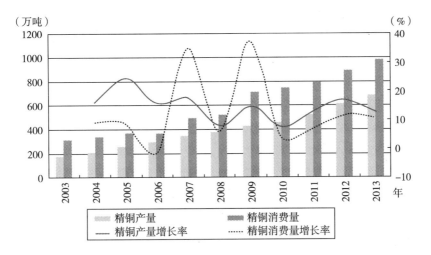

资料来源：Wind资讯。

附图1 2003~2013年我国精铜产量、消费量及各自增长率情况

我国是全球最大的精铜生产国，根据Wind资讯，2011~2013年我国精铜产量占全球精铜产量比例分别为26.05%、28.68%和32.00%，精铜产量位居世界第一。

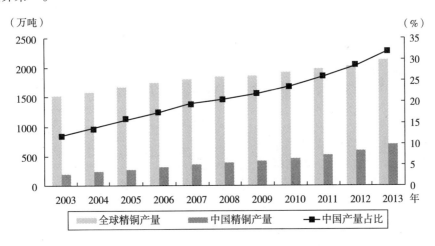

资料来源：Wind资讯。

附图2 2003~2013年全球及中国精铜产量情况

铜价易受市场供求、全球经济环境等诸多因素影响。2011年以来铜精矿及电解铜价格持续下跌，对包括公司在内的铜冶炼企业盈利造成较大负面影响。

从价格来看，铜价受市场供求、全球经济环境、美元走势、投资资金介入程度和主要消费国家货币政策等多种因素影响。铜期货属于国际期货市场的成熟品种，在一定程度上具有"金融属性"。全球流动性尤其是美元指数的走势，对铜价有较大影响，使得国际铜价在反映实体经济供需平衡以外，还受到各国尤其是美国货币政策的影响。

铜冶炼属于典型的周期性行业，铜价也存在着周期性波动，国内铜价基本跟随国际铜价走势。2011年以来铜精矿及电解铜价格的持续下跌对包括公司在内的铜冶炼企业的盈利能力造成较大负面影响。

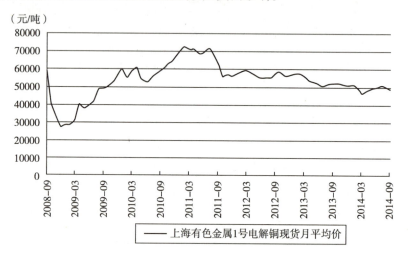

资料来源：Wind资讯。

附图3　2008年9月至2014年9月电解铜价格走势

我国铜精矿大部分依赖进口，对国际市场依赖性较强；国际铜精矿供应集中度较高，导致我国炼铜企业无论在铜冶炼加工费谈判还是在铜精矿进口谈判中都缺少话语权，影响炼铜企业的盈利水平。

我国虽是全球最大的铜消费市场，但铜矿资源相对匮乏，国内资源供给率不足25%，大部分铜精矿依赖进口，对国际市场依赖较强。铜冶炼企业进口铜精矿的价格是在国际铜价的基础上减去加工费。我国铜冶炼行业采用"铜价+加工费"的经营模式，一般铜加工费在每吨70美元/每磅7美分以上才能覆盖冶炼业务的成本。国际铜矿供应商不断压缩铜冶炼费用，严重影响铜冶炼企业的利润，同时劳动力成本、仓储运输成本和水电等费用的上涨，也进一步挤压了炼铜企业的利润空间。

国际铜精矿供应集中度较高，全球九大铜矿生产企业控制了全球约50%的铜精矿产量，供应垄断加剧了我国铜精矿进口难度，加上我国企业参与铜精矿国际采购时间较短、经验不足,导致我国炼铜企业无论在铜冶炼加工费谈判还是在铜精矿进口谈判中都缺少话语权。我国炼铜企业大多以现货合同购买铜精矿,铜精矿进口中80%是现货交易,缺乏长期稳定的供应基地和供货合同,对铜精矿的购买价格易受国际市场铜价波动的影响,进而影响炼铜企业的盈利水平。

● 其他金属板块

我国黄金、白银消费结构相对稳定,黄金需求位居全球首位;黄金、白银价格影响因素广泛,产品盈利能力受市场价格波动影响较大。2013年以来,随着全球经济温和复苏以及美国量化宽松政策提前退出的信号释放,黄金避险需求下降,黄金、白银价格均大幅下滑。

黄金、白银兼具商品和金融双重属性。中国的黄金消费结构较为稳定,可以分为工业消费和投资消费两大类,工业消费主要以珠宝首饰消费为主。近年来受到亚洲市场黄金消费上升以及欧美市场进行资产保值和避险等影响,国内外对黄金的需求呈现上升态势。2011年我国黄金消费总量为761.05吨,同比增长33.20%,超过印度,成为全球最大的黄金消费国。2012年我国黄金消费量832.18吨,同比增长9.35%。2013年,受金价回落及人民币升值刺激消费影响,我国金饰、金条、金币需求同比均出现较大增长,带动我国黄金需求达到1066吨。我国白银主要用于电子电器、银基合金及钎焊料、银工业制品及首饰、铸币及银章等,消费结构较为稳定。

黄金价格不仅由供需因素来决定,还取决于国际货币体系变化、投机和地缘政治等因素。2012年黄金价格基本维持了高位震荡的走势。2013年,随着全球经济温和复苏及美国量化宽松政策提前退出的信号释放,黄金价格不断下滑。2014年以来,黄金价格仍维持低位震荡格局。世界多数大型黄金矿业公司黄金价格成本线在每盎司1000~1200美元,黄金生产成本将对其市场价格形成一定支持。白银价格的走势与黄金价格高度相关,2013年以来也出现了类似的大幅下滑走势。截至2014年11月21日,伦敦现货黄金价格为每盎司1203.75美元,伦敦现货白银价格为每盎司16.30美元。

云南省经济发展迅速,矿产资源丰富,能够为公司发展提供一定的有利条件。

2013年云南省全省生产总值达11720.9亿元,同比增长12.1%,高于全国4.4个百分点。全年全部工业实现增加值3767.6亿元,同比增长12.0%;其中,规模以上工业增加值3470.7亿元,同比增长12.3%。全年规模以上工业中,黑色金属冶炼及压延加工业同比增长14.6%,有色金属冶炼及压延加工业同比增长15.2%。

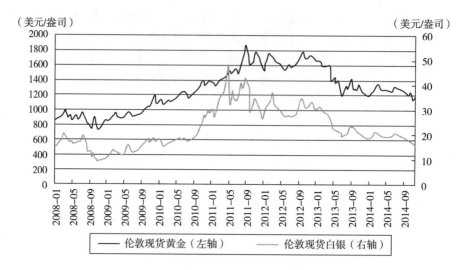

资料来源：Wind 资讯。

附图 4　2008 年以来国际黄金及白银价格走势

云南省矿产资源丰富，已发现各类矿产 150 多种，探明储量的矿产 92 种，其中 25 种矿产储量位居全国前三名，54 种矿产储量居前十位。云南省矿产资源共有九大类：黑色金属矿产、能源矿产、有色金属及贵金属矿产、化工非金属矿产、稀有及稀土矿产、特种非金属矿产、冶金辅助原料矿产、建材非金属矿产及彩石矿产等。云南省矿产具有种类多、品种全、分布相对集中、富矿优质矿储量所占比重较大、共生伴生组分多等特点，能够为公司发展提供一定的有利条件。

五、经营与竞争

2011 ~ 2013 年，公司营业收入逐年增长，但毛利润和毛利率不断下滑。公司营业收入主要来源于铜矿采、选、冶、加工及贸易业务，其他有色及黑色金属业务是公司收入的有益补充；2013 年，受铜、黄金及白银等产品价格持续下降等因素影响，公司毛利润和毛利率同比降幅很大。

公司以铜矿采、选、冶、加工及贸易为主业，公司的产品和服务可分为铜、其他有色及黑色金属、化工产品和其他四大类，其中铜矿采、选、冶、加工及贸易是公司最主要的收入来源，其他有色及黑色金属业务是公司收入的重要补充。2011 ~ 2013 年及 2014 年 1 ~ 9 月公司上述两项业务收入合计占营业收入比例均超过 95%。公司的贸易业务主要由子公司北京云铜鑫晨贸易有限公司（以下简称"北京云铜"）和上海云铜贸易有限公司（以下简称

"上海云铜")开展，在附近地区进行贸易购销业务，以精铜贸易业务为主，还包含少量的白银和锌锭。

附表1 2011～2013 年及 2014 年 1～9 月公司营业收入及毛利润构成情况

（单位：亿元、%）

项目	2014 年 1～9 月		2013 年		2012 年		2011 年	
	金额	占比	金额	占比	金额	占比	金额	占比
营业收入	529.19	100.00	557.71	100.00	471.48	100.00	400.74	100.00
铜业务①	450.79	85.18	459.20	82.34	362.59	76.90	300.10	74.89
其他有色及黑色金属	65.11	12.30	72.43	12.99	87.04	18.46	81.18	20.26
化工产品	6.11	1.15	9.28	1.66	12.02	2.55	12.78	3.19
其他	7.18	1.36	16.80	3.01	9.83	2.08	6.68	1.67
毛利润	22.64	100.00	13.48	100.00	41.57	100.00	53.70	100.00
铜业务	8.53	37.68	2.43	18.03	18.56	44.65	22.19	41.32
其他有色及黑色金属	9.37	41.39	2.53	18.77	13.02	31.32	23.01	42.85
化工产品	1.65	7.29	2.63	19.51	5.12	12.32	5.53	10.30
其他	3.09	13.65	5.89	43.69	4.87	11.71	2.97	5.53
毛利率	4.28		2.42		8.82		13.40	
铜业务	1.89		0.53		5.12		7.39	
其他有色及黑色金属	14.39		3.49		14.96		28.34	
化工产品	27.00		28.34		42.60		43.27	
其他	43.04		35.06		49.54		44.46	

资料来源：根据公司提供资料整理。

2011～2013 年，公司营业收入随着业务规模的扩张而逐年增长，但毛利润和毛利率不断下滑，主要是由于公司主要产品价格下降以及贸易量增加所致。2013 年，公司营业总收入为 558.14 亿元，其中营业收入为 557.71 亿元，其他业务收入（金融类）中手续费及佣金收入为 0.29 亿元、利息收入为 0.13

---

① 2013 年，公司铜业务中自营收入为 232.37 亿元、毛利润为 2.21 亿元、毛利率为 0.95%；贸易收入为 226.83 亿元、毛利润为 0.22 亿元、毛利率为 0.10%；2014 年 1～9 月，公司铜业务中自营收入为 144.93 亿元、毛利润为 7.59 亿元、毛利率为 5.24%；贸易收入为 305.86 亿元、毛利润为 0.94 亿元、毛利率为 0.31%。

亿元。2013 年,公司营业收入同比增长 18.29%,主要是由于子公司北京云铜和上海云铜的精铜贸易量增加所致。2013 年,公司主要产品市场价格均持续下跌,造成成本与销售价格的倒挂,导致毛利润同比大幅下降 67.57%,毛利率同比下降 6.4 个百分点。

2013 年,公司铜业务收入同比增长 26.64%,其占营业收入比重提高至 80% 以上,主要是由于公司精铜贸易量增加所致。但由于 2013 年铜、黄金和白银价格均处于下降通道,年初较高的库存成本导致全年加权营业成本处于较高水平,球团铁价格在 2013 年也持续下降,因此造成铜以及其他有色及黑色金属板块的毛利润和毛利率同比大幅下降。同时,2013 年第一季度,硫酸价格也出现了大幅下滑的走势,导致化工产品板块的盈利能力也出现下降。

2014 年 1~9 月,公司营业收入同比增长 61.40%,主要是由于精铜贸易量增加所致;2014 年 1~9 月,公司通过开展降本增效、严控各项成本、并通过期货市场做到铜、金、银三个主产品的套期保值,有效减少了主要产品价格波动对公司盈利能力的影响,因此公司毛利润同比增长 387.79%、毛利率同比增加 2.86 个百分点。

总体来看,铜矿采、选、冶、加工及贸易是公司收入的主要来源,其他有色及黑色金属、化工产品及其他业务是公司收入的有益补充。

- 铜业务

铜业务是公司的核心业务,公司铜冶炼的产品为精铜。上市子公司云南铜业是公司铜业务的经营主体。

公司精铜产量国内排名第五,具有一定的规模优势。

国内铜冶炼行业产业集中度较高,根据公司提供的数据,2013 年公司精铜产量在全国排名第五,前五名企业精铜年产量合计为 390.50 万吨,占全国产量的 57.10%。2013 年,公司精铜产量为 43.74 万吨,国内排名第五,具有一定的规模优势。

目前铜冶炼企业普遍采用的冶炼工艺包括火法和湿法两种,对于炼铜工艺的选择取决于铜矿石类型,硫化矿适合用火法进行冶炼,氧化矿适合用湿法进行冶炼。从国内乃至全球的铜矿石资源状况看,硫化矿占据绝大多数,目前世界上 80% 的铜是用火法冶炼的。从公司实际生产情况来看,2013 年全年精铜产量为 43.74 万吨,其中火法冶炼量为 43.42 万吨,湿法冶炼量仅 3248 吨,所占比例仅为 0.74%。

2013 年及 2014 年 1~9 月,公司铜精矿产能有所减少,主要由于公司根据部分矿山资源禀赋条件的变化而相应调整了产能。2014 年 1~9 月,公司精铜产能有所减少，主要是由于子公司广东清远云铜有色金属有限公司（以下简称"清远云铜"）已处于停产状态，因此减少了 10 万吨产能。

2013 年，公司铜精矿产量维持在 2012 年水平，产能利用率维持在较高水平。公司自产铜精矿大部分用于内部生产，一小部分铜精矿直接销售给各矿山周边的铜冶炼企业，总体来看外销量很小。精铜产量同比有所减少，销量有所提升。

附表2　2011～2013 年及 2014 年 1～9 月公司铜业务主要产品产销情况

指标名称	铜精矿				精铜			
	2014 年 1～9 月	2013 年	2012 年	2011 年	2014 年 1～9 月	2013 年	2012 年	2011 年
产能（万吨/年）	8.50	9.40	9.48	9.50	53.00	63.00	63.00	63.00
产量（万吨）	6.50	9.39	9.40	9.59	36.00	43.74	45.13	43.74
销量（万吨）①	1.10	0.75	0.00	1.36	35.60	46.10	43.40	39.07
产能利用率（%）	101.96	99.89	99.16	100.95	90.57	69.43	71.63	69.43
产销率（%）	16.92	7.99	0.00	14.18	98.90	105.40	96.17	89.32

注：1. 公司铜精矿主要供公司冶炼铜使用，销量表示贸易中的铜精矿，此处产销率应为外销率；
　　2. 2014 年 1～9 月产能利用率经年化处理。
资料来源：根据公司提供资料整理。

公司铜矿储量国内排名第三，铜精矿自给率较高，能够在一定程度上保障公司的原材料供应；公司大部分矿山为地下矿，在一定程度上增加了开采和安全管理成本。

我国大部分铜矿属于斑岩型铜矿，原矿中的铜品位基本在 0.5% ～0.7%，品位很低。同时由于国内铜冶炼产能远高于铜采选产能，因此大部分铜冶炼企业均需要通过在国内或者国外市场采购铜精矿，以满足自身的冶炼生产需求。因此，铜矿储量和铜精矿自给率是决定国内铜企盈利能力和市场地位的核心要素。截至 2014 年 9 月末，公司拥有 23 座铜矿山（在产 21 座、在建 2座），公司保有铜资源储量为 905 万吨，国内排名第三；铜精矿自给率（自产铜金属含量/精炼铜产量）为 22.20%，在国内主要铜企业中自给率较高，能在一定程度上保障公司的原材料供应。

---

① 精铜销量为公司自产精铜的销量，不包含贸易量，2013 年及 2014 年 1～9 月公司精铜贸易量分别为 43.60 万吨和 64.23 万吨。

公司大部分矿山为地下矿，地下矿在建设期需要开凿斜进或者竖进的巷道，开采期需要采用崩落法进行开采，之后用废石进行充填，同时要保证矿下的通风、照明，保证开采安全，难度高于露天开采，这在一定程度上增加了开采和安全管理成本。

铜精矿是公司最主要的原材料，除了依靠自有矿山之外，公司还需要从国内外采购大量铜精矿。公司与国外一些矿业公司签订了铜精矿长单合同，供应关系较稳定。为应对市场价格变化给公司经营带来的影响，公司采用"购销闭合"策略来加强对价格波动风险的控制。

公司铜冶炼的主要原材料包括铜精矿、粗铜和阳极板，其中铜精矿是最主要的原材料。公司每年根据生产计划确定对这三种原材料的采购量，由于上述三种原材料属于精铜生产过程中不同环节上的中间产品，因此在一种原材料采购不足的情况下也可以相互替代。公司的铜精矿除通过自有矿山开采之外，大部分需要外购，采购渠道分为国内和国外两种，国内采购主要来自云南省和四川省的矿山，国外采购主要是通过贸易商从智利、秘鲁、澳大利亚、蒙古等国家和地区进口。公司国内采购和自产铜精矿数量合计与国外采购数量各占50%左右。国外采购的铜精矿占比较高，主要是由于国内铜精矿产能无法满足国内铜冶炼企业的生产需求。

国内采购铜精矿的结算方式为货到付款，铜精矿入库后先预付80%的货款，剩余20%货款待品位化验后进行支付。国外采购主要以银行信用证进行结算。价格方面，公司国内采购铜精矿价格参照上海金属交易所铜价，并在交易所均价或点价的基础上扣减相应加工费或乘以相应计价系数；国外采购参照LME铜价，并在交易所铜价的基础上扣减TC/RC作为采购价格，TC/RC则通过交易双方谈判确定。

公司与国外一些矿业公司签订了长单合同，合同量较大，业务来往时间长，形成了较稳定的供应关系。2013年，公司主要国外供应商包括托克贸易（上海）有限公司和澳大利亚沙火资源公司等。同时根据生产计划和市场情况，公司也选择一些现货供应商，签订单个供应数量较少的合同。

为了应对市场价格变化给公司经营带来的影响，公司加强了对市场价格风险的控制。从2013年7月15日开始，公司在期货市场上实行"购销闭合"策略，即对采购的铜原料按照对应数量和价格进行卖出对冲，结合每日铜原料采购量，依据最终产品销量，当日完成在期货市场的套期保值，规避价格波动风险，实现购销平衡，从而做到数量和价格的完全对冲。公司自2014年全面开展铜、金、银总体购销日闭合工作，实现了当期铜、金、银原材料的购销平衡，数量和价格的完全对冲，规避价格风险。

公司销售主要采取直销方式，主要销售区域在华东、华北和西南地区。公司所处的地理位置造成了偏高的运输成本，在一定程度上影响了公司的盈利能力和市场竞争力。公司的铜产品主要包括精铜和铜加工产品，其中铜加工产品主要是电工用铜线坯、铜银合金杆和铜锡合金杆等。精铜产品的盈利模式为：公司通过对自有矿山提供的铜矿石及进口的铜矿石进行冶炼、加工，产出精铜后向下游客户进行销售。精铜的下游客户包括期货交易所、贸易公司、用铜企业（电线电缆企业和电子行业企业）等。公司的铜加工产品的盈利模式主要为：公司将精铜进一步加工成具有实际功能的铜产品，然后再对客户进行销售。

公司铜产品主要以国内市场为主，按照华北、华东、华南、西南以及云南省划分为五个大区，主要采取直销方式，以保证产品销售后货款回笼的安全性。公司铜产品主要销售区域在华东、华北和西南地区。2013 年，西南地区销售额占比为 26.27%。公司精铜的出口主要面向澳大利亚、非洲和南美洲，2013 年出口销售收入占比约为 13%。

附表3　　　　2013 年公司前五大销售客户及销售情况　　　（单位：亿元、%）

客户名称	销售金额	占营业收入比
中铝昆明铜业有限公司	42.25	7.58
上海晋金实业有限公司	16.08	2.88
铜陵有色金属集团上海国际贸易有限公司	15.64	2.80
青海合一矿业有限公司	14.27	2.56
EAST SUCCESS ENTERPRISE LIMITED	13.36	2.40
合计	101.60	18.22

资料来源：根据公司提供资料整理。

公司产品质量较高，拥有较为稳定的客户资源、畅通的国内营销网络和较高的品牌知名度，主要产品"铁峰"牌高纯阴极铜在上海、伦敦金属交易所注册交易，多年来公司铜产品保持了 80% 以上的产销率。公司的客户集中度不高，2013 年公司前五大销售客户销售金额为 101.60 亿元，占销售收入比重为 18.22%。

我国精铜消费地主要集中在沿海地带，因此在铜加工费微薄、铜价下跌时，运费成为影响铜企竞争力的重要因素。公司地处西南，距港口较远，进口铜精矿运距较远。公司主要依靠铁路运输，物流成本较高导致公司销售费用偏高，压缩了公司铜业务的利润空间，在一定程度上影响了公司的盈利能力和市场竞争力。

公司有很强的技术研发实力，矿山采选及铜冶炼技术保持国内先进水平。

公司拥有国家级技术中心和博士后工作站，技术中心下设机构增加了锌铟研究所，保持很强的技术研发和自主创新能力，矿山采选及铜冶炼技术保持国内先进水平。2013 年以来，申请专利 44 件（发明 18 件、实用新型 26 件），授权专利 30 件（发明 8 件、实用新型 22 件）。

2013 年，公司在环保方面的投入为 1.45 亿元，节能减排投资为 1.25 亿元。同期，公司单位铜冶炼综合能耗为 303 千克标准煤/吨，单位粗铜综合能耗为 281 千克标准煤/吨，均优于国家先进值。公司在节能方面的持续投资将对提高公司的产品竞争力产生积极影响。

附表 4   **2013 年公司各项能耗指标**   （单位：千克标准煤/吨）

能效指标	公司指标值	国家先进值	国家新建企业准入值	国家现有企业限定值
单位铜冶炼综合能耗	303	550	700	950
单位粗铜综合能耗	281	340	530	800

资料来源：根据公司提供资料整理。

- 其他金属及化工产品板块

2013 年，由于黄金和白银价格均大幅下降，公司黄金和白银板块均出现亏损；硫酸板块盈利能力也由于价格下降而出现下滑。

公司持续发展锌、钼、钛、铅等有色金属业务，并在铜精矿冶炼过程中回收金、银等稀贵金属及副产品硫酸，公司自有铜矿还伴生有铁矿。公司的黄金、白银、锌、球团铁、铁精矿和硫酸在公司其他金属及化工产品业务的营业收入中占比相对较高，对毛利润贡献较大，尤其是黄金和白银。2013 年，由于黄金和白银价格均大幅下降，公司黄金和白银板块均出现亏损；硫酸价格在 2013 年第一季度出现大幅下降，之后一直在低位徘徊，硫酸作为副产品生产成本相对固定，因此硫酸价格的下降造成公司硫酸板块 2013 年盈利能力也出现了下滑；锌行业由于近年来不景气，加工费收入有限，一直处于亏损状态；球团铁产品盈利水平不断下滑，主要是受铁矿石价格近年来持续下降的影响。由于公司自 2014 年开始对黄金和白银也实现了"购销闭合"，通过期货市场进行套期保值，从而规避了黄金和白银价格波动对公司盈利能力带来的影响，因此 2014 年 1~9 月公司黄金和白银业务均实现扭亏为盈。

附表5　　　　　　　**2011~2013 年及 2014 年 1~9 月公司**

其他金属及化工产品收入及盈利情况 （单位：亿元、%）

项目		黄金	白银	锌	球团铁	硫酸
2014 年 1~9 月	收入	14.33	12.44	10.91	4.61	3.19
	毛利润	2.42	2.35	-0.02	0.88	0.86
	毛利率	16.89	18.89	-0.17	19.09	26.96
2013 年	收入	15.06	19.93	8.90	6.96	4.84
	毛利润	-0.80	-3.99	-0.30	1.95	1.65
	毛利率	-5.30	-20.00	-3.38	34.09	27.99
2012 年	收入	25.67	25.72	12.80	5.61	6.90
	毛利润	6.02	4.25	-0.19	2.07	3.74
	毛利率	23.45	16.52	-1.48	36.90	54.20
2011 年	收入	19.45	29.08	14.07	7.38	7.59
	毛利润	5.42	11.42	-0.70	4.34	2.63
	毛利率	27.87	39.27	-4.98	58.81	34.65

资料来源：根据公司提供资料整理。

公司黄金、白银的产量主要取决于电解铜产量，锌、球团铁产量主要取决于铜精矿产量。公司黄金、白银在英国伦敦金属交易所（LME）注册，公司是国内最早在 LME 注册并挂牌销售产品的企业之一。公司生产的白银 90% 以上供出口。

公司化工产品硫酸是公司铜冶炼的副产品，为保证公司铜冶炼产生的废气达到环保排放标准，公司利用回收废气制酸。公司的硫酸除少量用于湿法冶炼、电解池溶液及合成磷酸氢钙外，绝大多数用于对外销售，主要用户是西南地区的磷肥生产企业，客户较为稳定。云南是全国最大的磷化工基地，公司硫酸产品的销售情况好于一般铜冶炼产品。

附表6　2012~2013 年及 2014 年 1~9 月公司其他主要产品产能及产量情况

产品名称		锌	黄金	白银	铁精矿折合量	球团铁矿	硫酸
单位		万吨	吨	吨	万吨	万吨	万吨
2014 年 1~9 月	产能	10.10	10.02	570.00	—	100.00	193.00
	产量	8.28	5.10	328.76	71.91	49.64	141.25
2013 年	年产能	10.10	10.02	570.00	—	100.00	193.00
	产量	10.76	5.37	452.00	118.82	80.41	174.78
2012 年	年产能	9.50	10.00	570.00	—	100.00	187.00
	产量	10.26	7.59	540.93	101.12	65.48	164.09

注：铁精矿为伴生矿，无固定产能，随着铜精矿开采情况变化。

资料来源：根据公司提供资料整理。

六、公司治理与管理

产权状况与公司治理：

公司建立了完善的法人治理结构，设有股东会、董事会和监事会，负责重大决策的制定。截至 2014 年 9 月末，公司注册资本为人民币 19.61 亿元，中国铜业、云南省国资委和云南工投分别持有公司 58.00%、21.50% 和 20.50% 的股权，中国铜业是公司控股股东，国务院国资委是公司的实际控制人。

公司治理结构较为完善，法人治理制度和内部管理制度健全，公司在股东和股东大会、董事和董事会、信息披露等方面已建立起较完善的基本制度框架体系。

战略与管理：

针对国内铜资源匮乏的现状，公司制定了切实可行的发展战略；同时公司在建项目较多，未来面临较大的资本支出压力。

针对国内铜资源匮乏，铜矿自给率依然不足的现状，公司强调重点发展铜产业，突出资源获取，同时发展锌、钼、钛等有色金属产业，综合回收利用金、银等稀贵、稀散金属及铁等黑色金属，按照"调整存量、优化增量、在发展中盘活存量"的原则，做大资源、做强矿山、做优冶炼，发展精深加工、优化产品结构、合理布局产业。

为实现可持续发展，公司积极开发储备矿山资源。截至 2014 年 9 月末，公司的主要在建项目包括迪庆有色普朗铜矿一期采选工程、玉溪矿业大红山铜矿—西部矿段采矿工程和玉溪矿业大红山龙都尾矿库中期中线法堆坝项目等共 9 项，合计总投资金额为 97 亿元，其中迪庆有色普朗铜矿一期采选工程单项计划总投资额达 64.71 亿元。截至 2014 年 9 月末，公司对上述 9 项在建工程共投入 35.24 亿元，2014 年第四季度、2015 年、2016 年及 2017 年分别计划投入 7.03 亿元、22.23 亿元、22.55 亿元和 9.95 亿元，未来面临较大的资本支出压力。

作为中国铝业旗下的核心铜企，公司在获取资源储备方面将持续得到支持。中国铝业提出了"调整优化铝板块，优先发展铜及重金属板块，加快发展工程技术板块，重点发展矿产资源板块，积极发展海外投资板块，创造条件发展稀有金属、贸易、金融、物流板块"的发展战略。为整合旗下铜板块业务，中国铝业于 2014 年 7 月将所持公司 58% 股权划转给全资子公司中国铜业。公司作为中国铝业旗下的核心铜企，中国铝业运用公司的人才和技术优势开发其在秘鲁、缅甸等国家的矿权，未来公司也计划和中国铝业共同开发海外矿山,预计公司未来在铜资源获取方面将持续得到支持。

抗风险能力:

随着电力行业的发展和城市化建设进程的不断深化,未来我国铜产品需求将保持增长状态。公司铜矿储量国内排名第三,铜精矿自给率较高,同时公司的采选冶炼技术均达到国内先进水平。公司产品质量较高,拥有较为稳定的客户资源、畅通的国内营销网络和较高的品牌知名度。但与此同时,2011 年以来铜精矿及电解铜价格处于下降通道中,给包括公司在内的铜冶炼企业的盈利造成较大的负面影响。公司所处的地理位置造成了偏高的运输成本,在一定程度上影响了公司的盈利能力和市场竞争力。总体来看,公司抗风险能力很强。

七、财务分析

公司提供了 2011~2013 年及 2014 年 1~9 月财务报表。天健正信会计师事务所有限公司对公司 2011 年财务报表进行了审计,并出具了带有保留意见的审计报告;天职国际会计师事务所(特殊普通合伙)对公司 2012 年和 2013 年财务报表分别进行了审计,均出具了带有保留意见的审计报告。公司 2014 年 1~9 月财务报表未经审计。

2011~2013 年公司审计报告中的保留意见主要是:(1)云铜集团在 2008 年前委托境外子公司云港投资有限公司代理贵金属期货业务,同时付款给舒卡库公司进行房地产项目开发,截至 2013 年末,应收境外企业款项共计 4.82 亿元,已全额计提坏账准备,会计师事务所无法判断上述事项对公司的总体影响;(2)中国云南国际经济技术合作公司、中国有色金属工业昆明勘察设计研究院整体划转并入云铜集团,成为其全资子公司。截至 2013 年末,公司尚未对上述事项进行会计处理,也未纳入 2013 年度报表合并范围;(3)公司对谦比希铜冶炼有限公司(以下简称"谦比希公司")采用成本法进行会计核算,2012 年公司收到谦比希公司分配的股利计人民币 30245.76 万元,但会计师事务所认为公司对谦比希公司具有重大影响,长期股权投资应采用权益法核算,公司应确认 2012 年投资收益约 34884.80 万元,与其账面反映的 2012 年投资收益的差异约 4639.04 万元,并应根据谦比希公司以前年度实现的净利润对投资收益进行追溯调整,但由于受条件限制,会计师事务所无法开展有关审计程序,以获取充分、适当的审计证据。

资产质量:

公司资产规模波动较大,2013 年资产规模有所减少,非流动资产成为公司资产主要构成部分;公司存货占流动资产比例较大,存在一定的跌价风险;

公司应收账款和其他应收款计提坏账准备数额均较大。

2011～2013 年末，公司资产规模波动较大。2013 年，公司资产规模有所减少，主要是货币资金和存货的减少；2014 年 9 月末，公司总资产较 2013 年末变化很小。从资产构成来看，2011～2012 年末，流动资产是公司资产的主要构成部分；但 2013 年以来，公司流动资产在总资产中占比同比有所下降，因此 2013 年末及 2014 年 9 月末，非流动资产成为公司资产主要构成部分。

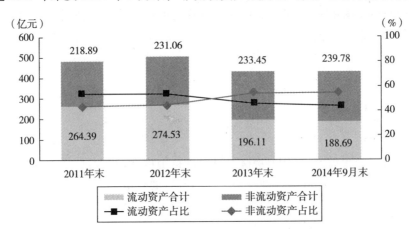

附图 5　2011～2013 年末及 2014 年 9 月末公司资产构成情况

从流动资产构成来看，存货、货币资金、预付款项、其他应收款及应收账款是流动资产的主要构成部分。

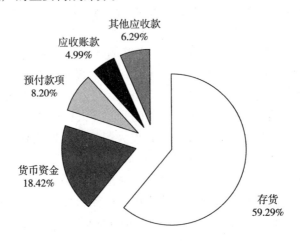

附图 6　2013 年末公司流动资产构成情况

2011～2013 年末，公司存货分别为 153.90 亿元、164.91 亿元和 116.27

亿元，波动较大，占流动资产比例分别为58.21%、60.07%和59.29%，占比始终较高。由于2011年下半年铜价大幅下跌，因此公司共计提了10.23亿元存货跌价准备。2013年，公司存货为116.27亿元，计提存货跌价准备1.69亿元，主要由原材料、自制半成品及在产品、库存商品等构成；公司存货同比减少29.50%，主要是由于公司自2013年起实行低库存策略，减少了原材料采购量所致。公司存货规模较大，存在一定的跌价风险。2014年9月末，公司存货为119.46亿元，占流动资产比重为63.31%。

2011~2013年末，公司货币资金不断减少。2013年末，公司货币资金为36.13亿元，其中银行存款35.47亿元、其他货币资金0.63亿元；货币资金同比减少29.91%，主要是由于公司偿还了部分短期借款，同时在实行低库存策略后，为保证正常生产经营而备用的资金也有所降低。2014年9月末，公司货币资金为30.05亿元，较2013年末减少16.82%，主要是由于公司降低融资规模所致。

2011~2013年末，公司预付款项有所减少。2013年末，公司预付款项为16.07亿元，主要为预付货款和工程款，其中账龄在一年以内的占比为57.91%、一至两年的占比为25.00%、三年以上的占比为13.15%，共计提坏账准备1.98亿元；预付款项同比减少43.52%，主要是由于公司加快了货款结算进度，大幅减少了未结算原材料预付款挂账所致。2014年9月末，公司预付款项为15.02亿元。

2011~2013年末，公司其他应收款有所减少。2013年末，公司其他应收款为12.33亿元，其中账龄在一年以内的占比为75.83%、三年以上的占比为13.05%，共计提坏账准备2.55亿元；2013年末，公司其他应收款前五名欠款企业合计占其他应收款比例为15.16%。2014年9月末，公司其他应收款为10.67亿元。公司其他应收款计提坏账准备数额较大的原因主要为部分其他应收款账龄较长，欠款方经营状况不佳、回收希望不大，按单项计提减值，计提比例较高。

2011~2013年末，公司应收账款有所波动。2013年末，公司应收账款账面余额为19.29亿元、计提坏账准备为9.50亿元、应收账款净额为9.79亿元，其中账龄在一年以内的占比为77.47%、三年以上的占比为17.80%；坏账主要来源于云港投资有限公司、昆明万宝集源生物科技有限公司等；2013年末，公司应收账款前五名欠款企业合计占应收账款比例为35.94%。2014年9月末，公司应收账款为10.54亿元。

公司非流动资产主要包括固定资产、在建工程、无形资产、长期股权投资以及长期待摊费用等。

2011~2013年末，公司固定资产有所波动。2013年末，公司固定资产为

108.95 亿元，主要为房屋及建筑物、机器设备等；2014 年 9 月末，公司固定资产为 104.18 亿元。

2011～2013 年末，公司在建工程有所增长。2013 年末，公司在建工程为 47.39 亿元，2013 年新增加 17.51 亿元，转入固定资产的在建工程为 8.47 亿元，主要在建工程包括迪庆有色普朗铜矿一期采选工程和大红山铜矿年产 3 万吨精矿含铜—西部矿段采矿工程等；2014 年 9 月末，公司在建工程为 58.44 亿元，较 2013 年末增加 11.05 亿元，主要是增加了对迪庆有色普朗铜矿和大红山铜矿等在建工程的投入。

2011～2013 年末，公司无形资产变化较小。2012 年末，公司无形资产同比增加 4.34 亿元，主要是探矿权和采矿权的增加。2013 年末，公司无形资产为 38.15 亿元，主要由探矿权、采矿权及土地使用权构成；2014 年 9 月末，公司无形资产为 36.32 亿元。

2011～2013 年末，公司长期股权投资有所波动。2013 年末，公司长期股权投资为 12.39 亿元，主要为对谦比希公司、云南省工业投资控股集团有限责任公司和马关云铜锌业有限公司等的投资，公司长期股权投资同比增加 3.17 亿元，主要是由于公司 2013 年将对谦比希公司的长期股权投资由成本法调整为权益法核算，此项会计政策变更采用追溯调整法，运用新会计政策追溯计算的会计政策变更累计影响数为 2.95 亿元；2014 年 9 月末，公司长期股权投资为 14.58 亿元。

2013 年末，公司长期待摊费用为 10.30 亿元，主要包括基建剥离、探矿权支出等；2014 年 9 月末，公司长期待摊费用为 10.69 亿元。

截至 2014 年 9 月末，公司受限货币资金为 5.14 亿元，其中期货保证金为 4.76 亿元、银行承兑汇票保证金为 0.38 亿元；用于抵押和质押借款的存货、固定资产、在建工程和无形资产合计为 9.82 亿元；用于质押借款的长期股权投资为 1.62 亿元。

2011～2013 年及 2014 年 1～9 月，公司存货周转天数分别为 170.78 天、133.48 天、93.00 天和 62.82 天，存货周转效率不断提升，主要是由于公司加大库存调整力度以及营业成本增速较快所致；同期，公司应收账款周转天数分别为 8.53 天、7.49 天、6.88 天和 5.19 天，应收账款周转效率有所提高。

总体来看，公司 2013 年资产规模有所减少，非流动资产成为公司资产主要构成部分；公司存货占流动资产比例较大，存在一定的跌价风险；应收账款和其他应收款计提坏账准备数额均较大。

资本结构：

公司负债规模波动较大，流动负债占总负债比重较高。2013 年末，公司负债规模有所减少；公司总有息债务占总负债比重较高，面临一定的偿债压力；流动资产对流动负债的覆盖程度较低。由于公司 2013 年亏损数额较大，造成 2013 年末未分配利润同比大幅减少。

2011~2013 年末，公司负债规模波动较大。2013 年末，公司负债规模有所减少，主要是短期借款和其他流动负债的减少。从负债结构来看，2011~2013 年末及 2014 年 9 月末，公司负债始终以流动负债为主。

附图 7　2011~2013 年末及 2014 年 9 月末公司负债构成情况

公司流动负债主要由短期借款、应付账款、一年内到期的非流动负债、预收款项及其他应付款构成。

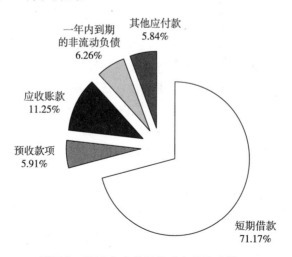

附图 8　2013 年末公司流动负债构成情况

207

2011～2013 年末，公司短期借款波动较大。2012 年末，公司短期借款同比增长 21.34%，主要是由于新增信用借款规模较大所致。2013 年末，公司短期借款为 151.32 亿元，在流动负债中占比为 71.17%，其中信用借款 148.64 亿元、抵押借款 1.60 亿元、质押借款 1.00 亿元、保证借款 0.08 亿元；短期借款同比减少 16.23%，主要是由于公司 2013 年清理库存，减少对资金的占用，从而相应减少了融资规模。2014 年 9 月末，公司短期借款为 125.82 亿元，较 2013 年末减少 16.85%，主要是由于公司继续缩减融资规模所致。

2011～2013 年末，公司应付账款有所波动。2012 年末，公司应付账款同比增长 31.50%，主要是由于采购规模增加所致。2013 年末，公司应付账款为 23.94 亿元，同比减少 26.10%，主要是由于公司为降低存货规模而减少采购量，其中账龄在一年以内的占比为 82.07%，2013 年末公司应付账款前五名单位合计占比为 13.29%。2014 年 9 月末，公司应付账款为 32.49 亿元，较 2013 年末增长 35.81%，主要是由于部分原材料采购款尚未结算所致。

2013 年末，公司一年内到期的非流动负债为 13.32 亿元，其中一年内到期的长期借款为 12.92 亿元、一年内到期的长期应付款为 0.39 亿元。2014 年 9 月末，公司一年内到期的非流动负债为 15.11 亿元。

2011～2013 年末，公司预收款项有所减少。2012 年末，公司预收款项同比减少 30.79%，主要是由于有色金属行业低迷导致客户预付货款减少，以及公司重新将云南铜业营销有限公司合并，抵消了对其的预收款项所致。2013 年末，公司预收款项为 12.56 亿元，其中账龄在一年以内的占比为 95.43%，主要为公司预收的精铜销售款，2013 年末公司预收款项前五名单位合计占比为 35.64%。2014 年 9 月末，公司预收款项为 11.31 亿元。

2011～2013 年末，公司其他应付款有所减少。2013 年末，公司其他应付款为 12.46 亿元，主要为矿产资源使用费、征地补偿费、未结清的工程款及购买设备的保证金等。其中账龄在一年以内的占比为 58.10%、一至两年的占比为 15.30%、两至三年的占比为 13.51%、三年以上的占比为 13.09%，2013 年末公司其他应付款前五名单位合计占比为 25.72%。2014 年 9 月末，公司其他应付款为 13.02 亿元。

公司非流动负债主要为长期借款。2011～2013 年末，公司长期借款变化不大。2013 年末，公司长期借款为 41.08 亿元，其中信用借款为 30.50 亿元、抵押借款 8.94 亿元、保证借款 1.63 亿元；2014 年 9 月末，公司长期借款为 46.00 亿元，较 2013 年末增长 11.99%，主要是由于公司为降低短期债务压力而适当调整了融资结构。

2011～2013 年末，公司总有息债务波动较大，占总负债比例始终维持在较高水平，短期有息债务始终是有息债务的主要构成部分。2013 年末，公司总有息债务规模大幅减少，主要是短期借款减少。2014 年以来，公司继续缩减借款规模，有息债务较 2013 年末有所减少，但公司总有息债务占总负债比重仍处于较高水平，面临一定的偿债压力。

附表7　2011～2013 年末及 2014 年 9 月末公司总有息债务及其构成情况

项目	单位	2014 年 9 月末	2013 年末	2012 年末	2011 年末
短期有息债务	亿元	148.70	169.92	230.20	171.55
长期有息债务	亿元	46.00	41.08	39.54	65.98
总有息债务	亿元	194.70	210.99	269.73	237.53
总有息债务占总负债比重	%	74.69	79.74	83.67	78.47

从公司有息债务期限结构来看，截至 2014 年 9 月末，公司有息债务主要集中在一年以内，短期偿债压力较大。

附表8　　　截至 2014 年 9 月末公司有息债务期限结构　　（单位：亿元、%）

项目	≤1 年	(1, 2] 年	(2, 3] 年	(3, 4) 年	(4, 5) 年	合计
金额	148.70	11.52	30.64	2.44	1.40	194.70
占比	76.37	5.92	15.74	1.25	0.72	100.00

2011～2013 年末，公司资产负债率和债务资本比率较为稳定，长期资产适合率有所下降。2011～2013 年末及 2014 年 9 月末，公司流动比率和速动比率有所下降，均处于较低水平，流动资产对流动负债的覆盖程度较低。

附表9　　　2011～2013 年末及 2014 年 9 月末公司部分财务指标

指标	2014 年 9 月末	2013 年末	2012 年末	2011 年末
资产负债率（%）	60.84	61.60	63.76	62.63
债务资本比率（%）	53.07	56.12	56.62	56.81
长期资产适合率（%）	93.58	92.93	100.35	115.02
流动比率（倍）	0.92	0.92	1.00	1.14
速动比率（倍）	0.34	0.38	0.40	0.48

2011～2013 年末及 2014 年 9 月末，公司所有者权益分别为 180.58 亿元、183.23 亿元、164.95 亿元和 167.79 亿元；其中归属于母公司的所有者权益分别为 120.30 亿元、123.57 亿元、112.86 亿元和 114.03 亿元。2011～2013 年末及 2014 年 9 月末，公司股本和盈余公积均无变化，资本公积有所波动。2013 年末，

公司资本公积为 102.30 亿元,主要包括中国铝业 2007 年对公司的增资溢价以及子公司云南铜业于 2007 年和 2011 年两次非公开发行股票产生的股本溢价等。2011～2013 年末及 2014 年 9 月末,公司未分配利润均为负值,主要是由于之前累积的亏损尚未完全弥补。2013 年末,公司未分配利润为 –14.65 亿元,同比减少 9.63 亿元,主要是由于公司 2013 年出现大额亏损所致。

截至 2014 年 9 月末,公司对外担保余额为 7.38 亿元,担保比率为 4.40%,全部为对参股公司谦比希公司提供的连带责任担保,目前谦比希公司经营正常。截至 2014 年 9 月末,公司或有负债为 2.87 亿元,主要是公司对子公司云南云铜稀贵新材料有限公司和云南明晨进出口有限公司计提的预计损失。

截至 2014 年 9 月末,公司有三笔未决诉讼事项,合计金额为 6.06 亿元,包括子公司云南铜业与保定大利铜业有限公司关于铜精矿代理进口合同纠纷涉及金额为 1.60 亿元、子公司云南铜业与江门市江磁电工企业优先公司关于电工用铜线坯和阴极铜买卖合同纠纷涉及金额为 1.10 亿元、子公司云南铜业与昆明万宝集源生物科技有限公司等关于阴极铜买卖合同纠纷涉及金额为 3.36 亿元。

综合来看,公司负债规模波动较大,流动负债占总负债比重较高。2013 年末,公司负债规模有所减少;公司总有息债务占总负债比重较高,面临一定的偿债压力;流动资产对流动负债的覆盖程度较低;由于公司 2013 年亏损数额较大,造成 2013 年末未分配利润同比大幅减少。

盈利能力:

附表 10　　**2011～2013 年及 2014 年 1～9 月公司收入和盈利情况**

（单位:亿元、%）

项目	2014 年 1～9 月		2013 年		2012 年		2011 年	
	金额	增长率[①]	金额	增长率	金额	增长率	金额	增长率
营业收入	529.19	61.40	557.71	18.29	471.48	17.65	400.74	7.74
利润总额	2.53	119.83	–14.46	–248.71	9.73	–13.72	11.27	3.79
净利润	1.79	113.13	–17.13	–425.82	5.26	7.24	4.90	–40.34
毛利率	4.28		2.42		8.82		13.40	
营业利润率	0.37		–3.06		1.55		2.06	
总资产报酬率	2.49		–0.91		4.53		5.10	
净资产收益率	1.07		–10.38		2.87		2.71	

① 此增长率为与 2013 年 1～9 月数据对比。

2013 年,公司主要产品市场价格均持续下降,同时公司对部分严重亏损的子公司计提了大额资产减值损失,因此公司 2013 年出现大幅亏损。2014 年 1~9 月,公司通过降本增效、严控成本费用、对主要产品实行套期保值等手段有效改善了亏损局面,同时投资收益较为稳定,因此实现扭亏为盈。

2011~2013 年,公司营业收入逐年增加。2013 年,公司营业总收入为 558.14 亿元,其中营业收入为 557.71 亿元,其他业务收入(金融类)中手续费及佣金收入为 0.29 亿元、利息收入为 0.13 亿元。2013 年,公司营业收入同比增长 18.29%,主要是由于子公司北京云铜和上海云铜的精铜贸易量增加所致。2013 年,公司主要产品市场价格均持续下跌,造成成本与销售价格的倒挂,导致毛利润同比大幅下降 67.57%,毛利率同比下降 6.4 个百分点。

2011~2013 年,公司期间费用规模波动较大,期间费用率不断下降。2012 年,公司财务费用同比增加 3.41 亿元,主要是由于美元借款汇兑损益减少所致。2013 年,公司期间费用同比大幅减少 6.45 亿元,期间费用率同比下降 2.27 个百分点,主要是由于公司融资规模减少造成财务费用降低,同时公司也加大了对管理费用的控制力度。公司管理费用较高的主要原因是公司管理层级较多,各级法人实体管理机构发生费用均计入了管理费用。

附表 11　　　2011~2013 年及 2014 年 1~9 月公司期间费用情况

（单位：亿元、%）

指标	2014 年 1~9 月	2013 年	2012 年	2011 年
销售费用	4.01	5.24	4.82	4.65
管理费用	10.05	14.49	16.26	18.12
财务费用	8.22	7.96	13.06	9.65
期间费用合计	22.28	27.69	34.14	32.41
期间费用率	4.21	4.97	7.24	8.09

2011~2013 年,公司资产减值损失分别为 11.42 亿元、3.17 亿元和 5.71 亿元,波动较大。2011 年公司资产减值损失数额较大,主要由于 2011 年铜价大幅下跌,公司计提了 10.06 亿元存货跌价损失。2012 年铜价总体维持震荡格局,公司资产减值损失也相应减少。2013 年公司资产减值损失中,固定资产减值损失为 7.99 亿元,主要为对子公司广东清远云铜有色金属有限公司、弥渡县九顶山矿业有限公司、云南普洱矿冶有限公司的固定资产计提的减值损失;坏账损失为 -3.67 亿元,主要是由于公司加大债权清收力度,部分债

权清收转回所致；存货跌价损失为 1.37 亿元。

2011～2013 年，公司投资收益分别为 0.35 亿元、5.28 亿元和 5.05 亿元。2012 年，公司投资收益主要为对谦比希公司等公司的长期股权投资收益以及处置对部分子公司的长期股权投资产生的投资收益。2013 年，公司投资收益主要是对谦比希公司等公司的长期股权投资收益以及处置可供出售金融资产取得的投资收益。

2011～2013 年，公司营业外收入较为稳定。2013 年，公司营业外收入为 3.32 亿元，其中政府补助为 1.76 亿元，违约金收入为 0.37 亿元。

2011～2013 年，公司利润总额分别为 11.27 亿元、9.73 亿元和－14.46 亿元；净利润分别为 4.90 亿元、5.26 亿元和－17.13 亿元。2013 年，公司利润总额和净利润下降并发生大额亏损的原因如下：(1) 2013 年公司主要产品的市场价格均持续下跌，同时年初高成本库存量较大，导致加权后的原材料成本仍处于较高水平，因此造成铜销售价格下降幅度大于成本下降幅度，黄金和白银也出现了成本与销售价格的倒挂，另外 2013 年硫酸价格的下跌也造成了硫酸业务利润的下滑；(2) 公司在 2013 年对部分严重亏损的子公司共计提了 7.99 亿元资产减值损失。

2014 年 1～9 月，公司营业收入为 529.19 亿元，同比增长 61.40%，主要是由于精铜贸易量增加所致；毛利率为 4.28%，同比增加 2.86 个百分点；期间费用率为 4.21%，同比下降 1.67 个百分点。2014 年 1～9 月，公司通过采取深入开展降本增效，严控各项成本费用，实行"购销闭合"策略，通过期货市场做到铜、金、银三个主产品的套期保值，最大限度规避市场风险等多项措施，有效改善了 2013 年大幅亏损的局面。2014 年 1～9 月公司实现投资收益 2.38 亿元（投资收益主要来自于对谦比希公司的长期股权投资）、营业外收入 0.57 亿元，公司利润总额为 2.53 亿元，成功实现扭亏为盈。

综合来看，2013 年，受主要产品市场价格均持续下降等因素影响，公司 2013 年出现大幅亏损；2014 年 1～9 月，公司通过对主要产品实行套期保值等手段有效改善了亏损局面，同时投资收益较为稳定，因此实现扭亏为盈。

现金流：

2011～2013 年，公司经营性净现金流不断增加，能够对债务和利息提供稳定的保障；公司投资性和筹资性净现金流均为净流出。

2011～2013 年，公司经营性净现金流不断增加。2012 年，公司经营性净现金流同比增加 21.28 亿元，主要是由于经营性应付项目同比大幅增加所致。

2013 年，公司经营性净现金流同比增加 21.39 亿元，主要是由于公司在 2013 年加大了对库存商品的清理力度，造成存货大幅减少所致。

2011～2013 年，公司投资性净现金流均为净流出，主要由于公司持续对铜矿开采冶炼进行资本投入并对相关生产设施进行投资。2011～2013 年，公司筹资性净现金流不断减少。2013 年，公司筹资性净现金流同比大幅减少 40.34 亿元，主要是由于公司进一步压缩了融资规模所致。

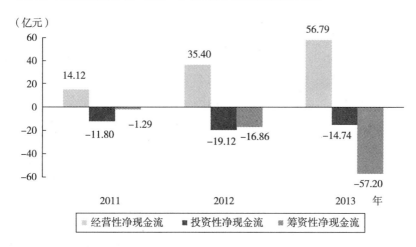

附图 9　2011～2013 年公司现金流情况

2011～2013 年，公司经营性净现金流不断增加，公司经营性净现金流对债务和利息的保障程度均持续提升。由于 2013 年公司盈利水平的下滑，造成 EBIT 和 EBITDA 对利息的保障程度有所减弱。

附表 12　　　　　　　　**2011～2013 年及 2014 年 1～9 月**

公司经营性净现金流对债务及利息的覆盖情况

财务指标	2014 年 1～9 月	2013 年	2012 年	2011 年
经营性净现金流/流动负债（%）	12.24	23.36	14.01	5.57
经营性净现金流/总负债（%）	9.71	19.35	11.33	4.29
经营性净现金流利息保障倍数（倍）	3.09	5.25	2.64	1.04
EBIT 利息保障倍数（倍）	1.29	−0.36	1.71	1.81
EBITDA 利息保障倍数（倍）	1.59	0.89	2.68	2.68

2014 年 1～9 月，公司经营性净现金流、投资性净现金流及筹资性净现金流分别为 25.49 亿元、−9.60 亿元和 −22.03 亿元。

综合来看，2011~2013 年，公司经营性净现金流不断增加，能够对债务和利息提供稳定的保障；公司投资性和筹资性净现金流均为净流出。

偿债能力：

2011~2013 年末及 2014 年 9 月末，公司货币资金分别为 52.38 亿元、51.55 亿元、36.13 亿元和 30.05 亿元；有息债务分别为 237.53 亿元、269.73 亿元、210.99 亿元和 194.70 亿元。2013 年以来，公司通过清理库存减少了资金占用，同时又通过调整债务融资结构降低了短期借款规模，但截至 2014 年 9 月末，公司现金比率为 14.73%，存在一定的资金压力。2011~2013 年末及 2014 年 9 月末，公司资产负债率在 60%~64% 区间波动，较为稳定；流动资产对流动负债的覆盖程度始终不高；有息债务占总负债比例分别为 78.47%、83.67%、79.74% 和 74.69%，占比较高，公司面临一定的偿债压力。2013 年，受主要产品价格下降等因素影响，公司大幅亏损，但 2014 年 1~9 月公司实现扭亏。2011~2013 年，公司经营性净现金流不断增加，能够对债务和利息提供稳定的保障。此外，公司持股 40% 的谦比希公司能够给公司带来稳定的投资收益。同时，子公司云南铜业作为上市公司，可以利用资本市场进行融资，具备良好的财务灵活性。综合分析，公司的偿债能力很强。

八、债务履约情况

根据公司提供的由中国人民银行征信中心出具的《企业信用报告》，截至 2014 年 10 月 21 日，公司本部无异常未结清信贷信息记录，有 14 笔不良类已结清贷款和 6 笔关注类已结清贷款，公司未能提供相关说明文件。截至本报告出具日，公司及子公司云南铜业在债券市场发行债务融资工具的到期本息均已按期兑付，公司于 2014 年 8 月 14 日发行的 5 亿元 2014 年度第一期短期融资券尚未到期。

九、结论

公司铜矿储量国内排名第三，铜精矿自给率较高，同时公司的采选冶炼技术均达到国内先进水平。公司产品质量较高，拥有较为稳定的客户资源、畅通的国内营销网络和较高的品牌知名度。作为中国铝业旗下的核心铜企，未来公司在获取资源储备和资金支持方面将得到强有力的支持。但与此同时，2011 年以来铜精矿及电解铜价格处于下降通道中，给包括公司在内的铜冶炼企业的盈利造成较大的负面影响。公司所处的地理位置造成了偏高的运输成本，在一定程度上影响了公司的盈利能力和市场竞争力。2013 年，公司主要产品市场价格均持续下跌，造成成本与销售价格的倒挂，同时公司对部分严重亏损的子公司计提了大额资产减值损失，因此导致公司 2013 年出现大幅亏损。2014 年 1 ~ 9 月，公司通过降本增效、严控成本费用、对主要产品实行套期保值等手段有效改善了亏损局面，同时投资收益较为稳定，因此实现扭亏为盈。综合分析，公司不能偿还到期债务的风险很小。

预计未来 1 ~ 2 年，公司将继续通过降本增效、严控成本费用等方式加强管理，主营业务将总体保持稳定。因此，大公对云铜集团的评级展望为稳定。

附录 2 债项评级案例之 "2015 云南铜业 CP001 债项评级报告"

一、评级观点

云南铜业（集团）有限公司（以下简称"云铜集团"或"公司"）主要从事铜精矿的采选冶及销售。评级结果反映了未来我国铜产品需求将保持增长态势，公司精铜产量、铜矿储量和铜精矿自给率排名位居国内前列，铜冶炼技术保持国内先进水平及经营性净现金流能够对债务和利息提供稳定的保障等有利因素；同时也反映了公司 2013 年出现大幅亏损、运输成本较高、流动资产中存货占比较大及总有息债务占总负债比重较高等不利因素。综合分析，公司能够对本期融资券的偿还提供很强的保障。

有利因素

• 我国精铜产销量位居世界第一，随着电力行业的发展和城市化建设进程的不断深化，未来我国铜产品需求将保持增长态势；

• 公司铜矿资源储量较为丰富，铜精矿自给率较高，能在一定程度上保障公司的原材料来源稳定性，同时公司精铜产量在国内名列前茅，具有一定的规模优势；

• 公司具有很强的技术研发和自主创新能力，矿山采选技术、铜冶炼技术处于国内先进水平；

• 作为中国铝业公司旗下的核心铜企，公司在获取资源储备方面将持续得到支持；

• 2011～2013 年，公司经营性净现金流不断增加，能够对债务和利息提供稳定的保障；

• 2014 年 1～9 月，公司通过采取降本增效、严控成本费用、对主要产品实行套期保值等手段有效改善了亏损局面，同时投资收益较为稳定，因此实现扭亏为盈。

不利因素

• 2011 年以来铜精矿及电解铜价格处于下降通道中，对铜冶炼企业盈利

216

造成较大负面影响；

- 2013 年，公司主要产品的市场价格均持续下跌，造成成本与销售价格的倒挂，同时公司对部分严重亏损的子公司计提了大额资产减值损失，因此导致公司 2013 年出现大幅亏损；
- 公司所处的地理位置造成了偏高的运输成本，在一定程度上影响了公司的盈利能力和市场竞争力；
- 尽管 2013 年公司开始实行低库存策略，但公司存货占流动资产比例仍较大，存在一定跌价风险；
- 公司总有息债务占总负债比重较高，面临一定的偿债压力；
- 公司在建项目较多，未来面临较大的资本支出压力。

二、发债情况

本期融资券概况

云铜集团已于 2014 年在银行间市场交易商协会注册了总额为 30 亿元的短期融资券，分期发行，其中第一期（2014 年度第一期）5 亿元人民币已于 2014 年 8 月发行完毕，本期为第二期（2015 年度第一期），发行金额 10 亿元人民币，发行期限为 365 天。融资券面值 100 元，采用簿记建档、集中配售方式发行，到期一次性还本付息。本期融资券无担保。

募集资金用途

本期融资券募集的资金将全部用于偿还银行贷款。

三、发债主体情况

公司成立于 1996 年 4 月 25 日，是经云南省人民政府、中国有色金属工业总公司批准，由原云南冶炼厂、东川矿务局、易门矿务局、大姚铜矿和牟定铜矿五家国有大中型企业共同组建，初始注册资本为人民币 10 亿元。2007 年 10 月 30 日，云南省人民政府国有资产监督管理委员会（以下简称"云南省国资委"）与中国铝业公司（以下简称"中国铝业"）签订了《关于云南铜业（集团）有限公司的战略合作暨增资扩股协议》，由中国铝业对公司增资 9.61 亿元。2007 年 11 月 30 日，中国铝业正式对公司进行增资，增资后公司注册资本为 19.61 亿元。截至 2014 年 9 月末，公司注册资本仍为人民币 19.61 亿元。

2014 年 4 月，原控股股东中国铝业经研究会议决定，原则同意按照无偿划转方式，将中国铝业所持公司 58% 的股权转给中国铜业有限公司（以下简称"中国铜业"）。2014 年 6 月 26 日，公司召开 2014 年第二次股东会议，同意上述划转方案。2014 年 7 月 8 日，划出方中国铝业和划入方中国铜业共同签署了《关于云南铜业（集团）有限公司有关股权的无偿划转协议》。2014年9月4日，云南省工商行政管理局完成了公司的股东变更登记申请。截至2014年9月末，中国铜业、云南省国资委和云南省工业投资控股集团有限责任公司分别持有公司58.00%、21.50%和20.50%的股权，中国铜业是公司控股股东，国务院国有资产监督管理委员会是公司的实际控制人。

公司是以铜金属采、选、冶、加工为主业，同时回收金、银、钯、钌等稀贵金属、黑色金属，集地质勘探、科技开发、铜材加工、物流、磷化工、期货经纪、房地产开发等相关业务多元化发展的大型国有控股有色金属企业集团。截至2014年9月末，公司全资及控股的二级子公司29家，其中包括云南铜业股份有限公司（以下简称"云南铜业"，证券代码000878）一家上市公司，公司对云南铜业持股比例为48.17%。

根据公司提供的由中国人民银行征信中心出具的《企业信用报告》，截至2014年10月21日，公司本部无异常未结清信贷信息记录，有14笔不良类已结清贷款和6笔关注类已结清贷款，公司未能提供相关说明文件。截至本报告出具日，公司及子公司云南铜业在债券市场发行债务融资工具的到期本息均已按期兑付，公司于2014年8月14日发行的5亿元2014年度第一期短期融资券尚未到期。

我国精铜产销量均保持稳定增长，均位居世界第一。电力行业的发展是拉动精铜需求的主要动力，随着城市化建设进程的不断深化，我国铜产品需求将保持增长态势。铜价易受市场供求、全球经济环境等诸多因素影响。2011年以来铜精矿及电解铜价格持续下跌，对包括公司在内的铜冶炼企业盈利造成较大负面影响。我国铜精矿大部分依赖进口，对国际市场依赖性较强。国际铜精矿供应集中度较高，导致我国炼铜企业无论在铜冶炼加工费谈判还是在铜精矿进口谈判中都缺少话语权，影响炼铜企业的盈利水平。我国黄金、白银消费结构相对稳定，黄金需求位居全球首位。黄金、白银价格影响因素广泛，产品盈利能力受市场价格波动影响较大。2013年以来，随着全球经济温和复苏以及美国量化宽松政策提前退出，黄金避险需求下降，黄金、白银价格均大幅下滑。

云南省经济发展迅速，矿产资源丰富，能够为公司发展提供一定的有利条件。

公司以铜矿采、选、冶、加工及贸易为主业，公司的产品和服务可分为铜、其他有色及黑色金属、化工产品和其他四大类，其中铜矿采、选、冶、加工及贸易是公司最主要的收入来源，其他有色及黑色金属业务是公司收入的重要补充。公司的贸易业务主要由子公司北京云铜鑫晨贸易有限公司（以下简称"北京云铜"）和上海云铜贸易有限公司（以下简称"上海云铜"）开展，在附近地区进行贸易购销业务，以精铜贸易业务为主，还包含少量的白银和锌锭。

2013 年，公司精铜产量为 43.74 万吨，国内排名第五，具有一定的规模优势。截至 2014 年 9 月末，公司拥有 23 座铜矿山（在产 21 座、在建 2 座），公司保有铜资源储量为 905 万吨，国内排名第三；铜精矿自给率（自产铜金属含量/精炼铜产量）为 22.20%，在国内主要铜企业中自给率较高，能在一定程度上保障公司的原材料供应。

公司大部分矿山为地下矿，地下矿在建设期需要开凿斜进或者竖进的巷道，开采期需要采用崩落法进行开采，之后用废石进行充填，同时要保证矿下的通风、照明，保证开采安全，难度高于露天开采，这在一定程度上增加了开采和安全管理成本。

公司铜冶炼的主要原材料包括铜精矿、粗铜和阳极板，其中铜精矿是最主要的采购原材料。公司的铜精矿除通过自有矿山开采之外，大部分需要外购，采购渠道分为国内和国外两种。国内采购铜精矿主要来自云南省和四川省的矿山，国外采购主要是通过贸易商从智利、秘鲁、澳大利亚、蒙古等国家和地区进口。为应对市场价格变化给公司经营带来的影响，公司采用"购销闭合"策略来加强对价格波动风险的控制。

公司的铜产品主要包括精铜和铜加工产品。公司铜产品主要以国内市场为主，按照华北、华东、华南、西南以及云南省划分了五个大区，主要采取直销方式。公司铜产品主要销售区域为华东、华北和西南地区。

公司产品质量较高，拥有较为稳定的客户资源、畅通的国内营销网络和较高的品牌知名度，主要产品"铁峰"牌高纯阴极铜在上海、伦敦金属交易所注册交易，多年来公司铜产品保持了 80% 以上的产销率。公司主要依靠铁路运输，物流成本较高导致公司销售费用偏高，压缩了公司铜业务的利润空间，在一定程度上影响了公司的盈利能力和市场竞争力。公司有很强的技术研发实力，矿山采选及铜冶炼技术保持国内先进水平。

2013 年，由于黄金和白银价格均大幅下降，公司黄金和白银板块均出现亏损；硫酸板块盈利能力也由于价格下降而出现下滑。

综合分析，大公对云铜集团 2015 年度企业信用等级评定为 AA＋级。

预计未来 1～2 年，公司将继续通过降本增效、严控成本费用等方式加强管理，主营业务将总体保持稳定。因此，大公对云铜集团的评级展望为稳定。①

---

① 发债主体的信用状况是评价短期融资券发行信用风险的基础，本部分观点详见《云南铜业（集团）有限公司 2015 年度企业信用评级报告》。

四、资本结构

公司负债规模波动较大，流动负债占总负债比重较高。2013 年末，公司负债规模有所减少；公司总有息债务占总负债比重较高，面临一定的偿债压力；流动资产对流动负债的覆盖程度较低。由于公司 2013 年亏损数额较大，造成 2013 年末未分配利润同比大幅减少。

2011～2013 年末，公司负债规模波动较大。2013 年末，公司负债规模有所减少，主要是短期借款和其他流动负债减少。从负债结构来看，2011～2013 年末及 2014 年 9 月末，公司负债始终以流动负债为主。

附图 10　2011～2013 年末及 2014 年 9 月末公司负债构成情况

公司流动负债主要由短期借款、应付账款、一年内到期的非流动负债、预收款项及其他应付款构成。

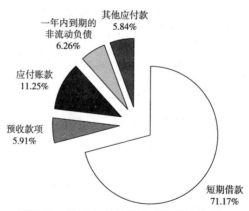

附图 11　2013 年末公司流动负债构成情况

220

2011~2013 年末，公司短期借款波动较大。2012 年末，公司短期借款同比增长 21.34%，主要是新增信用借款规模较大所致。2013 年末，公司短期借款为 151.32 亿元，在流动负债中占比为 71.17%，其中信用借款 148.64 亿元、抵押借款 1.60 亿元、质押借款 1.00 亿元、保证借款 0.08 亿元。短期借款同比减少 16.23%，主要是由于公司 2013 年清理库存，减少对资金的占用，从而相应减少了融资规模。2014 年 9 月末，公司短期借款为 125.82 亿元，较 2013 年末减少 16.85%，主要是公司继续缩减融资规模所致。

2011~2013 年末，公司应付账款有所波动。2012 年末，公司应付账款同比增长 31.50%，主要是采购规模增加所致。2013 年末，公司应付账款为 23.94 亿元，同比减少 26.10%，主要是由于公司为降低存货规模而减少采购量，其中账龄在一年以内的占比为 82.07%，2013 年末公司应付账款前五名单位合计占比为 13.29%。2014 年 9 月末，公司应付账款为 32.49 亿元，较 2013 年末增长 35.81%，主要是部分原材料采购款尚未结算所致。

2013 年末，公司一年内到期的非流动负债为 13.32 亿元，其中一年内到期的长期借款为 12.92 亿元，一年内到期的长期应付款为 0.39 亿元。2014 年 9 月末，公司一年内到期的非流动负债为 15.11 亿元。

2011~2013 年末，公司预收款项有所减少。2012 年末，公司预收款项同比减少 30.79%，主要是由于有色金属行业低迷导致客户预付货款减少以及公司重新将云南铜业营销有限公司合并而抵消了对其的预收款项所致。2013 年末，公司预收款项为 12.56 亿元，其中账龄在一年以内的占比为 95.43%，主要为公司预收的精铜销售款，2013 年末公司预收款项前五名单位合计占比为 35.64%。2014 年 9 月末，公司预收款项为 11.31 亿元。

2011~2013 年末，公司其他应付款有所减少。2013 年末，公司其他应付款为 12.46 亿元，主要为矿产资源使用费、征地补偿费、未结清的工程款及购买设备的保证金等。其中账龄在一年以内的占比为 58.10%、一至两年的占比为 15.30%、两至三年的占比为 13.51%、三年以上的占比为 13.09%，2013 年末公司其他应付款前五名单位合计占比为 25.72%。2014 年 9 月末，公司其他应付款为 13.02 亿元。

公司非流动负债主要为长期借款。2011~2013 年末，公司长期借款变化不大。2013 年末，公司长期借款为 41.08 亿元，其中信用借款为 30.50 亿元、抵押借款 8.94 亿元、保证借款 1.63 亿元；2014 年 9 月末，公司长期借款为 46.00 亿元，较 2013 年末增长 11.99%，主要是由于公司为降低短期债务压力而适当调整了融资结构。

2011~2013 年末，公司总有息债务波动较大，占总负债比例始终维持在较高水平，短期有息债务始终是有息债务的主要构成部分。2013 年末，公司总有息债务规模大幅减少，主要是短期借款的减少。2014 年以来，公司继续缩减借款规模，有息债务较 2013 年末有所减少。但公司总有息债务占总负债比重仍处于较高水平，面临一定的偿债压力。

附表 13　2011～2013 年末及 2014 年 9 月末公司总有息债务及其构成情况

项目	单位	2014 年 9 月末	2013 年末	2012 年末	2011 年末
短期有息债务	亿元	148.70	169.92	230.20	171.55
长期有息债务	亿元	46.00	41.08	39.54	65.98
总有息债务	亿元	194.70	210.99	269.73	237.53
总有息债务占总负债比重	%	74.69	79.74	83.67	78.47

截至 2014 年 9 月末，公司未来一年内到期的有息债务为 148.70 亿元，主要集中在 2014 年第四季度和 2015 年第一季度。

附表 14　截至 2014 年第四季度至 2015 年第三季度有息债务期限结构

（单位：亿元）

项目	短期借款	一年内到期的非流动负债	应付票据	其他流动负债	合计
2014 年第四季度	49.64	0.78	0.90	0.00	51.32
2015 年第一季度	40.51	1.40	1.87	0.00	43.78
2015 年第二季度	15.97	6.44	0.00	0.00	22.41
2015 年第三季度	19.70	6.50	0.00	4.99	31.19
合计	125.82	15.12	2.77	4.99	148.70

2011～2013 年末，公司资产负债率和债务资本比率较为稳定，长期资产适合率有所下降。2011～2013 年末及 2014 年 9 月末，公司流动比率和速动比率有所下降，均处于较低水平，流动资产对流动负债的覆盖程度较低。

附表 15　2011～2013 年末及 2014 年 9 月末公司部分财务指标

指标	2014 年 9 月末	2013 年末	2012 年末	2011 年末
资产负债率（％）	60.84	61.60	63.76	62.63
债务资本比率（％）	53.07	56.12	56.62	56.81
长期资产适合率（％）	93.58	92.93	100.35	115.02
流动比率（倍）	0.92	0.92	1.00	1.14
速动比率（倍）	0.34	0.38	0.40	0.48

2011～2013 年末及 2014 年 9 月末，公司所有者权益分别为 180.58 亿元、183.23 亿元、164.95 亿元和 167.79 亿元，其中归属于母公司的所有者权益分别为 120.30 亿元、123.57 亿元、112.86 亿元和 114.03 亿元。2011～2013 年末及 2014 年 9 月末，公司股本和盈余公积均无变化，资本公积有所波动。2013 年末，公司资本公积为 102.30 亿元，主要包括中国铝业 2007 年对公司的增资溢价以及子公司云南铜业于 2007 年和 2011 年两次非公开发行股票产生的股本溢价等。2011～2013 年末及 2014 年 9 月末，公司未分配利润均为负值，主要是由于之前累积的亏损尚未完全弥补。2013 年末，公司未分配利润为 -14.65 亿元，同比减少 9.63 亿元，主要是由于公司 2013 年出现大额亏损所致。

截至 2014 年 9 月末，公司对外担保余额为 7.38 亿元，担保比率为 4.46%，主要是对参股公司谦比希铜冶炼有限公司（以下简称"谦比希公司"）提供的连带责任担保，目前谦比希公司经营正常。截至 2014 年 9 月末，公司或有负债为 2.87 亿元，主要是公司对子公司云南云铜稀贵新材料有限公司和云南明晨进出口有限公司计提的预计损失。

截至 2014 年 9 月末，公司有三笔未决诉讼事项，合计金额为 6.06 亿元，包括子公司云南铜业与保定大利铜业有限公司关于铜精矿代理进口合同纠纷涉及金额为 1.60 亿元、子公司云南铜业与江门市江磁电工企业优先公司关于电工用铜线坯和阴极铜买卖合同纠纷涉及金额为 1.10 亿元、子公司云南铜业与昆明万宝集源生物科技有限公司等关于阴极铜买卖合同纠纷涉及金额为 3.36 亿元。

综合来看，公司负债规模波动较大，流动负债占总负债比重较高；2013 年末，公司负债规模有所减少；公司总有息债务占总负债比重较高，面临一定的偿债压力；流动资产对流动负债的覆盖程度较低；由于公司 2013 年亏损数额较大，造成 2013 年末未分配利润同比大幅减少。

五、内部流动性

公司资产规模波动较大，2013 年资产规模有所减少，非流动资产成为公司资产主要构成部分；公司存货占流动资产比例较大，存在一定的跌价风险；公司应收账款和其他应收款计提坏账准备数额均较大。

2011～2013 年末，公司资产规模波动较大。2013 年，公司资产规模有所减少，主要是货币资金和存货的减少；2014 年 9 月末，公司总资产较 2013 年末变化很小。从资产构成来看，2011～2012 年末，流动资产是公司资产的主要构成部分，但自 2013 年以来，公司流动资产在总资产中占比同比有所下

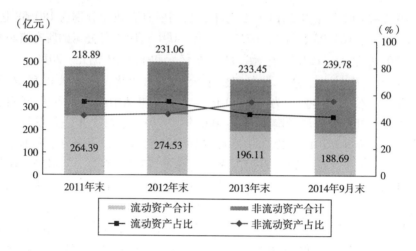

附图12 2011～2013年末及2014年9月末公司资产构成情况

降，因此2013年末及2014年9月末，非流动资产成为公司资产主要构成部分。

从流动资产构成来看，存货、货币资金、预付款项、其他应收款及应收账款是流动资产的主要部分。

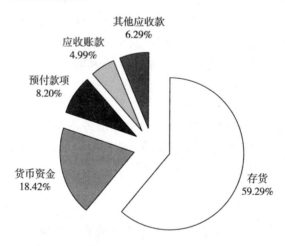

附图13 2013年末公司流动资产构成情况

2011～2013年末，公司存货分别为153.90亿元、164.91亿元和116.27亿元，波动较大，占流动资产比例分别为58.21%、60.07%和59.29%，占比始终较高。由于2011年下半年铜价大幅下跌，因此公司共计提了10.23亿元存货跌价准备。2013年，公司存货为116.27亿元，计提存货跌价准备1.69亿元，主要由原材料、自制半成品及在产品、库存商品等构成；公司存货同比减少 29.50%，主要是由于公司自 2013 年起实行低库存策略，减少了原材料采购量所致。公司存货规模较大，存在一定的跌价风险。2014 年 9 月末，公司存货为 119.46 亿元，占流动资产比重为 63.31%。

2011~2013 年末，公司货币资金不断减少。2013 年末，公司货币资金为 36.13 亿元，其中银行存款 35.47 亿元、其他货币资金 0.63 亿元；货币资金同比减少 29.91%，主要是公司偿还了部分短期借款，同时在实行低库存策略后，为保证正常生产经营而备用的资金也有所降低。2014 年 9 月末，公司货币资金为 30.05 亿元，较 2013 年末减少 16.82%，主要是由于公司降低融资规模所致。

2011~2013 年末，公司预付款项有所减少。2013 年末，公司预付款项为 16.07 亿元，主要为预付货款和工程款，其中账龄在一年以内的占比为 57.91%、一至两年的占比为 25.00%、三年以上的占比为 13.15%，共计提坏账准备 1.98 亿元；预付款项同比减少 43.52%，主要是由于公司加快了货款结算进度，大幅减少了未结算原材料预付款挂账所致。2014 年 9 月末，公司预付款项为 15.02 亿元。

2011~2013 年末，公司其他应收款有所减少。2013 年末，公司其他应收款为 12.33 亿元，其中账龄在一年以内的占比为 75.83%、三年以上的占比为 13.05%，共计提坏账准备 2.55 亿元；2013 年末，公司其他应收款前五名欠款企业合计占其他应收款比例为 15.16%。2014 年 9 月末，公司其他应收款为 10.67 亿元。公司其他应收款计提坏账准备数额较大的原因主要为部分其他应收款账龄较长、欠款方经营状况不佳、回收希望不大，按单项计提减值，计提比例较高。

2011~2013 年末，公司应收账款有所波动。2013 年末，公司应收账款账面余额为 19.29 亿元、计提坏账准备为 9.50 亿元、应收账款净额为 9.79 亿元，其中账龄在一年以内的占比为 77.47%、三年以上的占比为 17.80%；坏账主要来源于云港投资有限公司、昆明万宝集源生物科技有限公司等；2013 年末，公司应收账款前五名欠款企业合计占应收账款比例为 35.94%。2014 年 9 月末，公司应收账款为 10.54 亿元。

公司非流动资产主要包括固定资产、在建工程、无形资产、长期股权投资以及长期待摊费用等。

2011~2013 年末，公司固定资产有所波动。2013 年末，公司固定资产为 108.95 亿元，主要为房屋及建筑物、机器设备等；2014 年 9 月末，公司固定资产为 104.18 亿元。

2011~2013 年末，公司在建工程有所增长。2013 年末，公司在建工程为

47.39 亿元，2013 年新增加 17.51 亿元，转入固定资产的在建工程为 8.47 亿元，主要在建工程包括大红山铜矿年产 3 万吨精矿含铜——西部矿段采矿工程、牟定郝家河深部采矿技改工程等；2014 年 9 月末，公司在建工程为 58.44 亿元，较 2013 年末增加 11.05 亿元，主要是增加了对迪庆有色普朗铜矿和大红山铜矿等在建工程的投入。

2011～2013 年末，公司无形资产变化较小。2012 年末，公司无形资产同比增加 4.34 亿元，主要是探矿权和采矿权的增加。2013 年末，公司无形资产为 38.15 亿元，主要由探矿权、采矿权及土地使用权构成；2014 年 9 月末，公司无形资产为 36.32 亿元。

2011～2013 年末，公司长期股权投资有所波动。2013 年末，公司长期股权投资为 12.39 亿元，主要为对谦比希公司、云南省工业投资控股集团有限责任公司和马关云铜锌业有限公司等的投资，公司长期股权投资同比增加 3.17 亿元，主要是由于公司 2013 年将对谦比希公司的长期股权投资由按成本法核算调整为按权益法核算，此项会计政策变更采用追溯调整法，运用新会计政策追溯计算的会计政策变更累计影响数为 2.95 亿元；2014 年 9 月末，公司长期股权投资为 14.58 亿元。

2013 年末，公司长期待摊费用为 10.30 亿元，主要包括基建剥离、探矿权支出等；2014 年 9 月末，公司长期待摊费用为 10.69 亿元。

截至 2014 年 9 月末，公司受限货币资金为 5.14 亿元，其中期货保证金为 4.76 亿元、银行承兑汇票保证金为 0.38 亿元；用于抵押和质押借款的存货、固定资产、在建工程和无形资产合计为 9.82 亿元，用于质押借款的长期股权投资为 1.62 亿元。

2011～2013 年及 2014 年 1～9 月，公司存货周转天数分别为 170.78 天、133.48 天、93.00 天和 62.82 天，存货周转效率不断提升，主要是由于公司加大库存调整力度以及营业成本增速较快所致；同期，公司应收账款周转天数分别为 8.53 天、7.49 天、6.88 天和 5.19 天，应收账款周转效率有所提高。

总体来看，公司 2013 年资产规模有所减少，非流动资产成为公司资产主要构成部分；公司存货占流动资产比例较大，存在一定的跌价风险；应收账款和其他应收款计提坏账准备数额均较大。

2013 年，公司主要产品市场价格均持续下降，同时公司对部分严重亏损的子公司计提了大额资产减值损失，因此公司 2013 年出现大幅亏损；2014 年 1～9 月，公司通过降本增效、严控成本费用、对主要产品实行套期保值等手段有效改善了亏损局面，同时投资收益较为稳定，因此实现扭亏为盈。

2011～2013 年，公司营业收入逐年增加。2013 年，公司营业总收入为

558.14 亿元，其中营业收入为 557.71 亿元，其他业务收入（金融类）中手续费及佣金收入为 0.29 亿元、利息收入为 0.13 亿元。2013 年，公司营业收入同比增长 18.29%，主要是子公司北京云铜和上海云铜的精铜贸易量增加所致。2013 年，公司主要产品市场价格均持续下跌，造成成本与销售价格的倒挂，导致毛利润同比大幅下降 67.57%，毛利率同比下降 6.4 个百分点。

附表 16　　　　2011～2013 年及 2014 年 1～9 月公司收入和盈利情况

（单位：亿元、%）

项目	2014 年 1～9 月		2013 年		2012 年		2011 年	
	金额	增长率①	金额	增长率	金额	增长率	金额	增长率
营业收入	529.19	61.40	557.71	18.29	471.48	17.65	400.74	7.74
利润总额	2.53	119.83	-14.46	-248.71	9.73	-13.72	11.27	3.79
净利润	1.79	113.13	-17.13	-425.82	5.26	7.24	4.90	-40.34
毛利率	4.28		2.42		8.82		13.40	
营业利润率	0.37		-3.06		1.55		2.06	
总资产报酬率	2.49		-0.91		4.53		5.10	
净资产收益率	1.07		-10.38		2.87		2.71	

①此增长率为与 2013 年 1～9 月数据对比。

2011～2013 年，公司期间费用规模波动较大，期间费用率不断下降。2012 年，公司财务费用同比增加 3.41 亿元，主要是由美元借款汇兑损益减少所致。2013 年，公司期间费用同比大幅减少 6.45 亿元，期间费用率同比下降 2.27 个百分点，主要是由于公司融资规模的减少造成财务费用的降低，同时公司也加大了对管理费用的控制力度所致。公司管理费用较高的主要原因是公司管理层级较多，各级法人实体管理机构发生费用均计入了管理费用。

附表 17　　　　2011～2013 年及 2014 年 1～9 月公司期间费用情况

（单位：亿元、%）

指标	2014 年 1～9 月	2013 年	2012 年	2011 年
销售费用	4.01	5.24	4.82	4.65
管理费用	10.05	14.49	16.26	18.12
财务费用	8.22	7.96	13.06	9.65
期间费用合计	22.28	27.69	34.14	32.41
期间费用率	4.21	4.97	7.24	8.09

2011～2013 年，公司资产减值损失分别为 11.42 亿元、3.17 亿元和 5.71

亿元，波动较大。2011年公司资产减值损失数额较大，主要由于2011年铜价大幅下跌，公司计提了10.06亿元存货跌价损失。2012年铜价总体维持震荡格局，公司资产减值损失也相应减少。2013年公司资产减值损失中，固定资产减值损失为7.99亿元，主要为对子公司广东清远云铜有色金属有限公司、弥渡县九顶山矿业有限公司、云南普洱矿冶有限公司的固定资产计提的减值损失；坏账损失为-3.67亿元，主要是由公司加大债权清收力度，部分债权清收转回所致；存货跌价损失为1.37亿元。

2011~2013年，公司投资收益分别为0.35亿元、5.28亿元和5.05亿元。2012年，公司投资收益主要为对谦比希公司等公司的长期股权投资所产生的收益以及处置对部分子公司的长期股权投资产生的投资收益。2013年，公司投资收益主要是对谦比希公司等公司的长期股权投资收益以及处置可供出售金融资产取得的投资收益。

2011~2013年，公司营业外收入较为稳定。2013年，公司营业外收入为3.32亿元，其中政府补助为1.76亿元，违约金收入为0.37亿元。

2011~2013年，公司利润总额分别为11.27亿元、9.73亿元和-14.46亿元；净利润分别为4.90亿元、5.26亿元和-17.13亿元。2013年，公司利润总额和净利润下降并发生大额亏损的原因如下：（1）2013年公司主要产品的市场价格均持续下跌，同时年初高成本库存量较大，导致加权后的原材料成本仍处于较高水平，因此造成铜销售价格下降幅度大于成本下降幅度，黄金和白银也出现了成本与销售价格的倒挂，另外2013年硫酸价格的下跌也造成了硫酸业务利润的下滑；（2）公司在2013年对部分严重亏损的子公司共计提了7.99亿元资产减值损失。

2014年1~9月，公司营业收入为529.19亿元，同比增长61.40%，主要是精铜贸易量增加所致；毛利率为4.28%，同比增加2.86个百分点；期间费用率为4.21%，同比下降1.67个百分点。2014年1~9月，公司通过采取深入开展降本增效、严控各项成本费用、实行"购销闭合"的经营模式、通过期货市场做到铜、金、银三个主产品的套期保值、最大限度规避市场风险等多项措施，有效改善了2013年大幅亏损的境况。2014年1~9月公司实现投资收益2.38亿元（投资收益主要来自于对谦比希公司的长期股权投资）、营业外收入0.57亿元，利润总额为2.53亿元，成功实现扭亏为盈。

综合来看，2013年，受主要产品市场价格均持续下降等因素影响，公司2013年出现大幅亏损；2014年1~9月，公司通过对主要产品实行套期保值等手段有效改善了亏损局面，同时投资收益较为稳定，因此实现扭亏为盈。

2011~2013年，公司经营性净现金流不断增加，能够对债务和利息提供稳定的保障；公司投资性和筹资性净现金流均为净流出。

2011～2013 年，公司经营性净现金流不断增加。2012 年，公司经营性净现金流同比增加 21.28 亿元，主要是经营性应付项目同比大幅增加所致。2013 年，公司经营性净现金流同比增加 21.39 亿元，主要是由于公司在 2013年加大了库存商品的清理力度，造成存货大幅减少所致。

2011～2013 年，公司投资性净现金流均为净流出，主要由于公司持续对铜矿开采冶炼进行资本投入，并对相关生产设施进行投资。2011～2013 年，公司筹资性净现金流不断减少。2013 年，公司筹资性净现金流同比大幅减少40.34 亿元，主要是由于公司进一步压缩了融资规模所致。

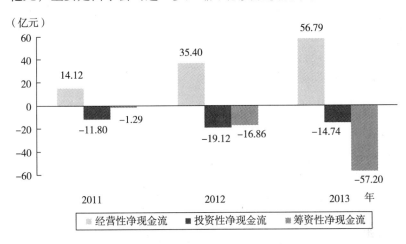

附图 14 2011～2013 年公司现金流情况

2011～2013 年，公司经营性净现金流不断增加，公司经营性净现金流对债务和利息的保障程度均持续提升。由于 2013 年公司盈利水平的下滑，EBIT和 EBITDA 对利息的保障程度有所减弱。

附表 18　　　　　　　**2011～2013 年及 2014 年 1～9 月**
公司经营性净现金流对债务及利息的覆盖情况

财务指标	2014 年 1～9 月	2013 年	2012 年	2011 年
经营性净现金流/流动负债（％）	12.24	23.36	14.01	5.57
经营性净现金流/总负债（％）	9.71	19.35	11.33	4.29
经营性净现金流利息保障倍数（倍）	3.09	5.25	2.64	1.04
EBIT 利息保障倍数（倍）	1.29	-0.36	1.71	1.81
EBITDA 利息保障倍数（倍）	1.59	0.89	2.68	2.68

2014 年 1～9 月，公司经营性净现金流、投资性净现金流及筹资性净现金

流分别为 25.49 亿元、-9.60 亿元和 -22.03 亿元。

综合来看，2011~2013 年，公司经营性净现金流不断增加，能够对债务和利息提供稳定的保障；公司投资性和筹资性净现金流均为净流出。

六、外部流动性

公司具有良好的融资能力，外部流动性来源较为充足，加强了对本期融资券的保障程度。

云铜集团及子公司云南铜业多次在中国银行间债券市场发行短期融资券等债务融资工具，直接债券融资能力较强。子公司云南铜业作为上市公司，可以利用资本市场进行融资，具备良好的财务灵活性。此外，公司还与国内多家银行建立了长期的合作关系。

总体看来，公司具有良好的直接和间接融资能力，外部流动性来源较为充足，加强了对本期融资券的保障程度。

七、短期偿债能力及结论

2013 年末及 2014 年 9 月末，公司货币资金分别为 36.13 亿元和 30.05 亿元；短期有息债务分别为 169.92 亿元和 148.70 亿元。2013 年以来，公司通过清理库存减少了资金占用，同时又通过调整债务融资结构降低了短期借款规模，但截至 2014 年 9 月末，公司现金比率为 14.73%，存在一定的资金压力。2013 年末及 2014 年 9 月末，公司流动资产对流动负债的覆盖程度始终不高；有息债务占总负债比例分别为 79.74% 和 74.69%，占比较高，公司面临一定的偿债压力。2013 年，受主要产品价格下降等因素影响，公司大幅亏损，但 2014 年 1~9 月公司实现扭亏为盈。2011~2013 年，公司经营性净现金流不断增加，能够对债务和利息提供稳定的保障。

综合分析，公司能够对本期融资券的到期偿付提供很强的保障。